効率よく筋肉をつけるための

山本式
アスリート栄養学

三大栄養素編

山本義徳
Yoshinori Yamamoto

上

永岡書店

はじめに

「バランスのよい食事を心がけましょう」。医師も栄養士も、この言葉を金科玉条のように振り回します。でも、バランスがよいとは、具体的にどんな食事を指すのでしょうか？

犬や猫はペットフードばかり食べているのに、昔と比べて非常に長生きするようになりました。長寿で知られるクジラやサメも、口に入れるのはいつも同じようなものばかりです。さまざまな種類の食物を食べること＝バランスがよい食事だと考える人もいますが、ヒトのように多彩な種類のものを食べる生き物は、他に存在しません。

また、「バランス」を本来の意味でとらえるなら、1回の食事内容は例えば白米100gと肉100g、野菜を100g、水を100g……のようになるはずです。しかし、これがバランスのよい食事だとは、誰も言わないでしょう。

バランスという言葉はそれ自体がよいニュアンスを持っているため、バランスのよい食事というだけで正しいことのように思えてしまい、そこで思考停止してしまいます。

しかし、食における「バランス」に、具体的な意味はありません。重要なのはバランスではなく、実は栄養素それぞれの「絶対量」なのです。

では、私たちの健康レベルを高めたり、アスリートのパフォーマンスを高めたりするのに必要な栄養素それぞれの絶対量はどれくらいなのでしょうか。

この疑問に対する解を求めるために必要な情報が、この書には書かれています。

この書は2017年にPOD (Print on Demand)で発行された『アスリートのための最新栄養学　上下巻』に加筆し、イラストなどを加えて読みやすくしたものです。上巻では炭水化物とタンパク質、脂肪。下巻ではビタミンとミネラル、スカベンジャーについて解説してあります。

五大栄養素と、スカベンジャーについて最新の知識を得たいアスリートやトレーナーのために。そして、筆者に生涯学習の扉を開けてくれた故・三石巌氏のために。

山本義徳

Contents

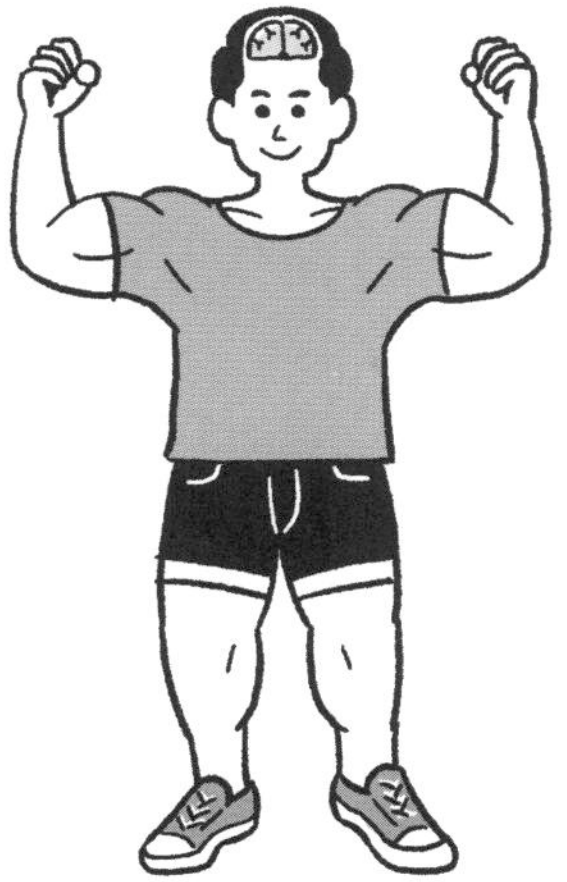

Part 2 筋肉づくりに不可欠 タンパク質とアミノ酸

Chapter 9 アルギニン、シトルリン、オルニチンとは 245

Chapter 10 その他のアミノ酸やアミノ酸類縁物質 261

Chapter 11 ペプチドの作用 301

Part 3

筋肉維持に役立つ 脂肪酸とケトン体

Contents

◎本文中に多出する（※1）といった※と数字の表記は、筆者が執筆の際に参考にした文献や研究報告を示し、巻末の「参考文献・資料一覧」で出典を記載しています。

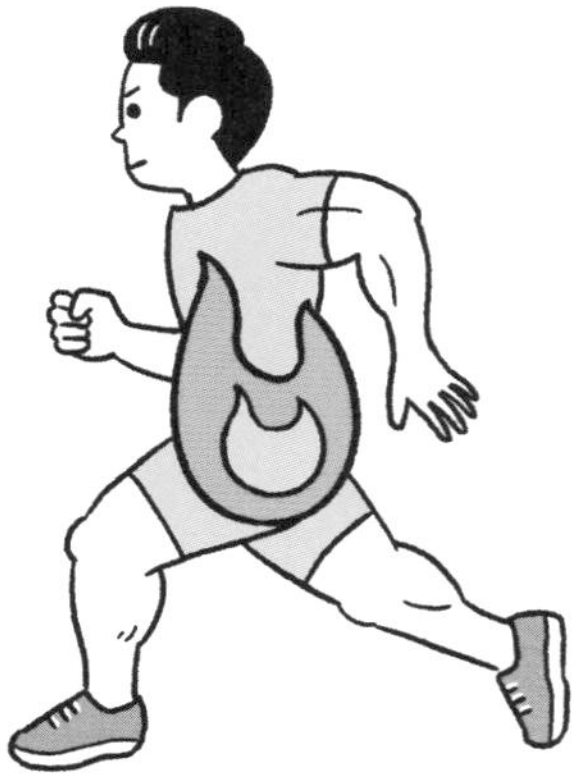

Part 1

体のエネルギー源

炭水化物

炭水化物の基礎知識

炭水化物は、体のエネルギー源になる「糖質」と、
体内に消化吸収されにくい「食物繊維」に分けられます。

主な炭水化物の働き

糖質は体内でブドウ糖に変わり、脳や神経組織、赤血球、筋肉などにエネルギー源として供給されます。食物繊維は、体内の余分な老廃物を吸着して排泄する作用があり、一部は大腸で発酵分解されてエネルギーになります。

多く含まれるもの

穀類(ごはん、パン、めん類など)/イモ類(サツマイモ、ジャガイモなど)/野菜類(かぼちゃ、トウモロコシなど)/果物類(バナナ、マンゴー、干し柿、ブドウなど)/砂糖・甘味類(上白糖、ハチミツ、メープルシロップなど)

不足すると

- エネルギー不足から、疲労感、脱力感が生じる。
- 食物繊維不足から、便秘になりやすくなる。
- 筋肉を構成しているタンパク質や脂肪が分解されてエネルギーとして利用される(糖新生)。
- 不足状態が続くと、糖新生が促進され、筋肉量が減少する。

摂り過ぎると

- 余ったブドウ糖は肝臓や筋肉にグリコーゲンとして貯蔵される。
- グリコーゲンとしての貯蔵量を超えると脂肪組織に運ばれ、体脂肪として蓄積され、肥満や糖尿病、高血圧などの生活習慣病の原因になる。
- 食物繊維の過剰摂取は、下痢を起こしやすくする。

糖質は体内でブドウ糖に分解される

私たちの体は、食べ物に含まれる糖質をブドウ糖（グルコース）に分解し、エネルギーとして利用しています。主食であるごはんの糖質も、体内で最終的にブドウ糖という最小単位の「単糖」になります。

ごはんのデンプンは、ブドウ糖（グルコース）がつながったもの。

体内でブドウ糖（グルコース）に分解されて、体のエネルギー源になったり、肝臓にグリコーゲンとして貯蔵されたりする。

食物繊維は腸内環境を整え、糖質や脂質の吸収をゆるやかにする

食物繊維は腸の動きを活発にさせて排泄を促すほか、腸内の善玉菌を増やして腸内環境を整える作用があります。また、ブドウ糖の吸収速度をゆるやかにして食後の急速な血糖値の上昇を防いだり、コレステロールの吸収を抑制する働きもあります。

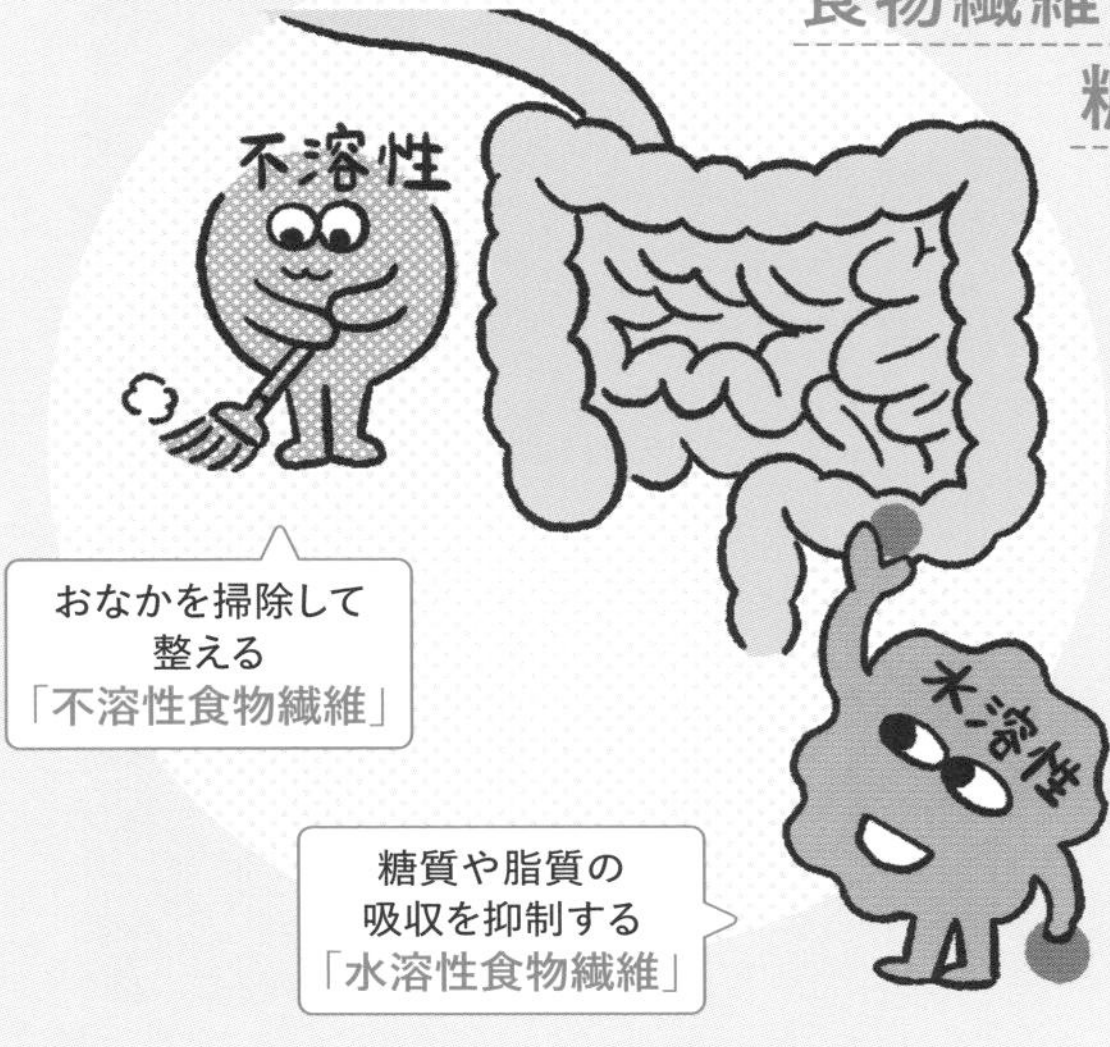

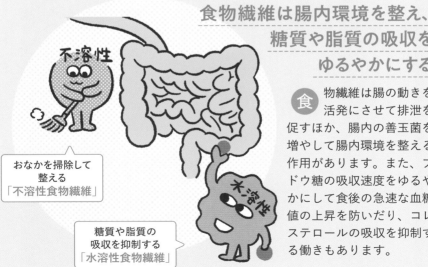

Chapter 1

炭水化物とは何か

3大栄養素の一つである「炭水化物」は、糖質と食物繊維を合わせたものです。ここでは「糖質」にスポットを当てて紹介します。

炭水化物は質のよいエネルギー源

「炭水化物は太るから、控えめにしないとね～」「運動する人は吸収の速い炭水化物、例えばバナナなんかを食べるとイイよ」。少し前まで一般の人が口にすることが少なかった「炭水化物」という言葉。それが今では、日常で普通に使われるようになってきました。

また、「糖質制限」もブームになってきました。過激なところでは、「糖質は毒である」と主張する医師まで出てきています。その一方で「朝バナナダイエット」や「おにぎりダイエット」など、炭水化物を摂取してダイエットに役立てようとする人たちもいますし、数多くの管理栄養士は「糖質をしっかり摂取しましょう！」と言っています。

いったいどちらが正しいのか。また「炭水化物」と「糖質」の違いは何か。炭水化物について詳しく学び、正しい知識を身につけることができれば、怪しいダイエットにダマされることもありません。しっかりと勉強していきましょう！

そもそも炭水化物って何？

「炭素と水を含む化合物」。これを略すと、「炭水化物」になります。なんだか難しい専門用語みたいですが、実はコレ、単に「糖分」のことなのです。昔は「含水炭素《がんすいたんそ》」とも呼ばれていました。お菓子や果物が甘いのは、糖分である炭水化物が含まれているからです。ごはんを口の中でずっと噛んでいると甘くなるのも、唾液でごはんのデンプンが分解され、甘みのあるブドウ糖になるからです。**ごはんだけでなく、パンやパスタ、うどんなど「主食」となるものは、ほとんどが炭水化物を多く含んでいる**と思ってください。

では、なぜ主食になるものには炭水化物が多いのでしょうか。それは、**「炭水化物は良質のエネルギー源となる」**からです。タンパク質や脂肪もエネルギーとなりますが、とりわけ炭水化物は消化吸収がよく、胃腸に対する刺激も少ない。そして一時的に大量に摂取して筋肉や肝臓に溜め込むこともできる。**さらには余計な老廃物を出すこともない**というクリーンなエネルギー源なのです。

なお、**炭水化物には「食物繊維」も含まれます。**一般的には消化吸収されるものを「栄養素」と呼びますが、食物繊維は消化吸収されません。ですから食物繊維は本来、栄養素の仲間には入らないのです。

しかし、食物繊維には、さまざまな効用があります。そこで、吸収される「糖質」と、吸収されない「食物繊維」を合わせて、「炭水化物」と呼ぶことになっています。

食物繊維については別に解説しますので、この章ではこのまま「糖質」に絞って話を進めていくことにしましょう。

糖質の種類と特徴

糖質はもともと、緑色植物の光合成によってつくられる化合物です。植物は太陽光線のエネルギーによって、二酸化炭素と水からブドウ糖(グルコース)をつくり、ブドウ糖が数多く結合することによって、デンプンなどの糖質がつくられます。

結合するブドウ糖の数によって、**糖質は単糖類《たんとうるい》、二糖類《にとうるい》、多糖類《たとうるい》に分類されます。**それぞれにどんな種類、性質があるか、順番に見ていきましょう。

主な単糖類の種類とその性質

3つに分類された**糖質の中で、一番小さいもの（これ以上分解されないもの）**が、**「単糖類」です。**単糖類には、ブドウ糖（グルコース）の他、果糖（フルクトース）やガラクトース、マンノースなどがあります。

●ブドウ糖（グルコース）

果物や野菜などに含まれ、ブドウに多く含まれることから、ブドウ糖という名がついたといわれています。特に、脳や赤血球の主要なエネルギー源となり、健康な人の血液中にはブドウ糖が約0・1％の濃度で存在しています。ブドウ糖以外の糖類も、消化吸収されたり、肝臓で変換されたりして、最終的にブドウ糖となって血液中で運ばれます。

●果糖（フルクトース）

果物やハチミツに多く含まれています。非常に甘味が強く、ショ糖（砂糖）やイヌリンの構成成分にもなります。その一方で、中性脂肪や尿酸*を増やす作用があります。大量に摂取することは控えましょう。詳しくは後述します。

＊尿酸
細胞内のプリン体という成分が肝臓で分解されるときに生じる代謝物。体内で尿酸が増え過ぎると、痛風、動脈硬化、心臓病、脳卒中、腎不全などのリスクが高まる。

●**ガラクトース**

乳製品に含まれる乳糖が分解されると、ガラクトースとブドウ糖になります。自然界にはガラクトースの形では存在しません。乳糖の過剰摂取により、体内にガラクトースが増え過ぎると、白内障の発症リスクが高まるという説もあります。詳しくは後述します。

●**マンノース**

こんにゃくマンナンなど、食物繊維のマンナンの成分となります。

主な二糖類の種類とその性質

単糖類の分子が2つ結合して、そこから1分子の水が外れると、「二糖類」になります。代表的なものとして、ショ糖や乳糖、麦芽糖などがあげられます。この他、イソマルトースやトレハロースも二糖類の仲間です。

●**ショ糖（スクロース）**

砂糖のこと。ブドウ糖1分子と果糖1分子で構成されています。天然ではサトウキビやテンサイなどに含まれ、調味料や菓子の原料として広く用いられています。砂糖を多く摂取することは果糖を多く摂取することにつながります。これが砂糖の問題点です。なぜなら、**果糖の過剰摂取は、中性脂肪の増加や肥満のリスクを高める**からです。

●乳糖《にゅうとう》（ラクトース）

ガラクトースとブドウ糖が結合してできるのが乳糖で、母乳には約6・7％、牛乳には約4・5％の乳糖が含まれています。アジア人には、もともと乳糖を分解する酵素が少ないことが知られています。そのため、乳糖をうまく消化吸収できず、腹部膨満感や下痢などの症状を引き起こすことがあり、これを「乳糖不耐症《にゅうとうふたいしょう》」と呼びます。

●麦芽糖《ばくがとう》（マルトース）

グルコースの分子が2つ結合すると、麦芽糖になります。麦の発芽時に生じるため、この名前がついています。腸内で発酵しやすいため、便通を促す作用があります。

主な多糖類の種類

単糖類が数多く結合したものを、「多糖類」と呼びます。その代表的なものが、「デンプン」です。そしてデンプンが酵素や酸《さん》などによって細かく分解されると、より小さい分子量の「デキストリン」というデンプンの一種になります。この他、セルロースやイヌリンなどの食物繊維も、多糖類の仲間に含まれます。

口に入れた糖質の運命

単糖類は消化の過程で分解の必要がありませんが、二糖類や多糖類は消化酵素*によって細かく分解される必要があります。ここでは、口から入れた糖質の運命をたどってみましょう。

摂取した糖質は、まず唾液中のアミラーゼにより、デンプンやデキストリンが分解されます。しかし、食べ物が口の中に停滞する時間は短いため、その作用はわずかです。逆に言えば、**口の中でよく噛んで食べるようにすれば、アミラーゼがよく働いて分解が進み、消化がよくなります。**

前述しましたが、ごはんをよく噛んでアミラーゼが作用する時間を長くすると、デンプンをブドウ糖にまで分解することができ、甘味を感じるようになります。唾液に含まれるアミラーゼは胃酸によって作用が停止しますが、そうなるまでに30分ほどかかります。それまでの間は、

＊ **消化酵素**
口から入った食べ物の栄養素を分解（消化）して、小腸で吸収できる状態にする働きを持つ酵素。分解される栄養素ごとに種類の異なる消化酵素がある。

●多糖類や二糖類がブドウ糖まで分解される流れ

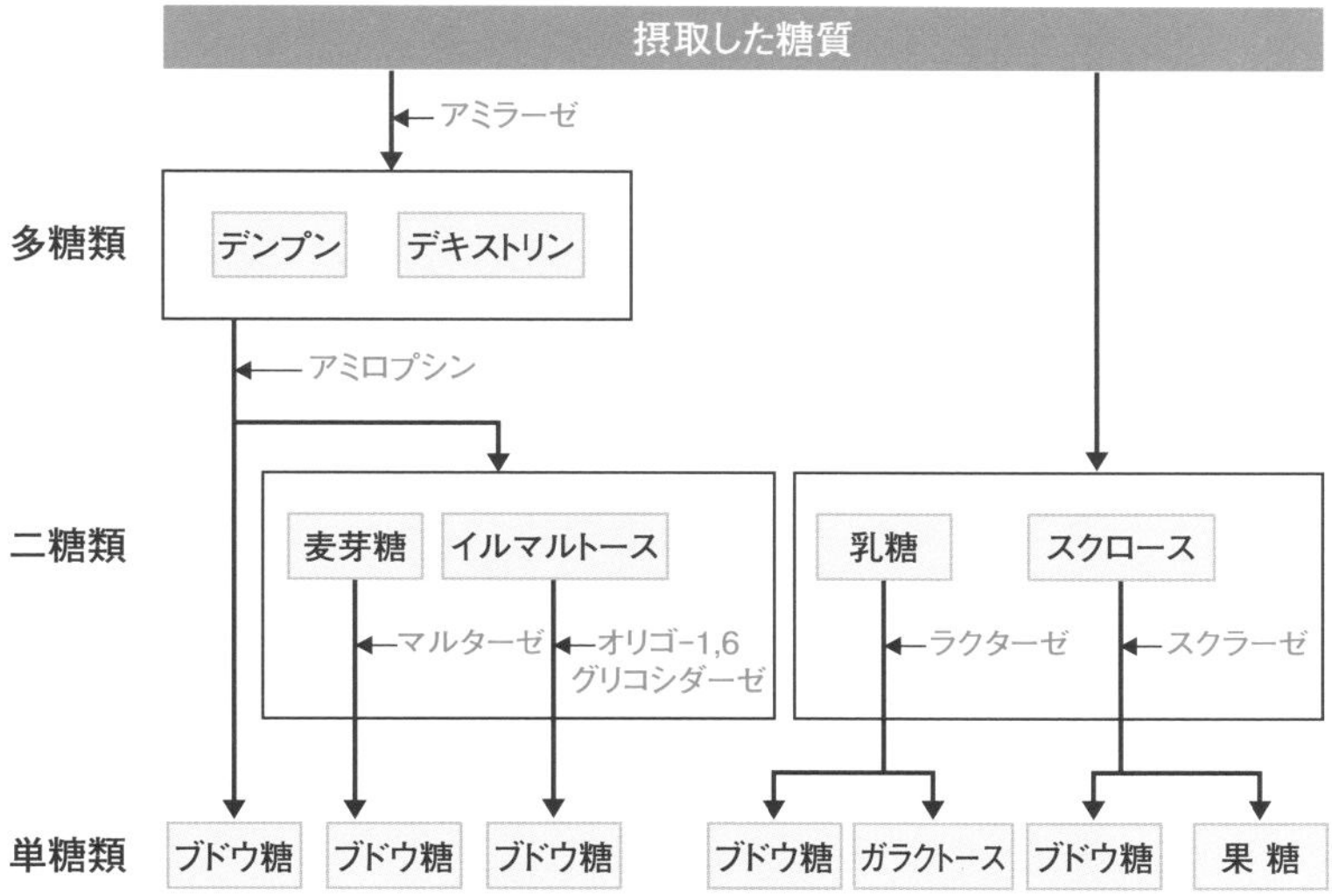

胃の中に入ってからもアミラーゼの消化作用が続くのです。

このように**最初に食物が入る「口の中」に、糖質を消化する酵素が存在する**ということに、糖質の重要性が示されているのではないでしょうか。

胃から小腸に運ばれたデンプンやデキストリンは、膵液のアミロプシンによって麦芽糖やブドウ糖、イソマルトースにまで消化されます。麦芽糖はマルターゼ*によってブドウ糖に分解され、イソマルトースはオリゴ-1,6グリコシダーゼによってブドウ糖に分解されます。

なお、乳糖はラクターゼ、スクロースはスクラーゼによって、それぞれ単糖類

***マルターゼ**

小腸などの消化液に含まれるもので、麦芽糖（マルトース）を分解する酵素。

に分解されます。このようにして単糖類（ブドウ糖や果糖、ガラクトース）にまで分解された糖質は、小腸から吸収されて門脈《もんみゃく》を通り、肝臓に送られます。そして、果糖やガラクトースも結局はブドウ糖に変換され、グリコーゲンとして筋肉や肝臓に蓄えられたり、血糖として血液中を移動したりします。

SGLT2阻害薬は糖質の吸収を抑制

近年、ＳＧＬＴ２《エスジーエルティーツー》阻害薬という糖尿病の治療薬が認可されました。これまでもαグルコシダーゼ阻害薬という糖質の消化をゆるやかにする薬が使われてきたのですが、ＳＧＬＴ２阻害薬はさらに働きが強く、１日に60〜１００ｇに相当する糖質の吸収を抑えることができるのです。

では、ＳＧＬＴとは何でしょうか。グルコースが細胞に取り込まれるときは「トランスポーター*（輸送担体）」が必要になります。これには2種類あって、**Glucose Transporter（GLUT）と、Sodium-Glucose Co-Transporter（SGLT）**に分けられます。

SGLTはナトリウム依存性トランスポーターのことです。ナトリウムは細胞内濃度が低く、細胞外濃度が高いため、細胞の外から中に入ろうとするパワー（浸透圧《しんとうあつ》）が働きます。このパワー

＊トランスポーター
細胞膜上に存在する特殊なタンパク質。栄養素などさまざまな物質を細胞内に取り込み、代謝物を細胞外に排出する輸送担体のこと。

により、ブドウ糖の濃度が低いほうから高いほうへと移動することが可能になるのです。

尿は腎臓でつくられますが、最初に1日150ℓもの「原尿《げんにょう》」がつくられます。これは血液中の不要分を濾過《ろか》したものです。原尿は尿細管《にょうさいかん》へと流れ、そこでアミノ酸や糖など必要なものが血液中に「再吸収」されます。

このとき、糖の再吸収のために働くのがSGLT2です。**SGLT2を阻害すれば糖が再吸収されず、食事から摂った糖を尿中に大量に排出できる**ということで、SGLT2阻害薬が糖尿病の治療薬として認可されました。

これはダイエットにも有効です。他の糖尿病の治療薬と併用した研究(※1)では、SGLT2阻害薬を使用した群のほうが顕著に皮下脂肪、そして内臓脂肪が減少しています。また、アディポネクチン(➡55ページ)も増加し、HbA1c*も改善しています。

さまざまなSGLT2阻害薬を比較した調査によれば、およそ24週間で3kg程度を無理なく落とすことができています。(※2)

ただし、尿中に糖を排出しようとすると細菌が繁殖しやすくなり、膀胱炎《ぼうこうえん》、尿道炎《にょうどうえん》、腎盂腎《じんうじん》炎《えん》などの尿路感染症のリスクが高まります。また、尿に糖が増えると、尿の量も増加します。

＊HbA1c（ヘモグロビン エー ワン シー）
赤血球に含まれるヘモグロビンにブドウ糖が結合したもの。HbA1cの検査値が高いと、血糖値が高い状態だと考えられる。

すると、脱水が起こって血液が凝固しやすくなるため、心筋梗塞や脳梗塞などの心血管系の病気のリスクも高まります。

さらに体内の糖質の量が減るため、肝臓で糖質以外の物質からブドウ糖をつくり出す**「糖《とう》新生《しんせい》」**も起こりやすくなります。長期運用により筋分解も起こり、2年間にわたって調査したところ、体重減少効果はほとんど消え去っているものもありました。(※2)

こうした研究の結果を踏まえると、**SGLT2阻害薬は長期にわたって連用するのではなく、スポット的に使うようにしたほうがいい**でしょう。「ダイエット中だけど、今日は付き合いで多めに食べなければいけない」。あるいは「どうしても我慢できなくてスイーツを大量に食べたい」。そんなときにだけ飲むようにするのです。効果は、約24時間継続します。

糖新生の仕組み

糖新生とは、何でしょうか?

厚生労働省の策定した「日本人の食事摂取基準」によると、糖質は総エネルギーの50~70%を目指すべしとされています。活動レベルの高い人の場合、1日の総エネルギーはおおよそ

3000kcalが必要だとされているため、その50～70％となると1500～2100kcal。炭水化物は1gあたり4kcalですので、357～525gの糖質が必要ということになります。

しかし、食事でこれだけの糖質を摂取できるとは限りません。胃腸の調子が悪かったり、食事ができなかったりして十分に糖質が摂取できないと、エネルギーが確保できなくなります。特に赤血球は糖質を唯一のエネルギー源にしているので、糖質が足りないとヤバイのです。

このような場合に備えて、**体内で糖を新しく合成する経路があります。それが「糖新生」**。**アミノ酸や乳酸、ピルビン酸、グリセロールなどを材料として、ブドウ糖を生み出す**ことができるのです。

ただし、問題もあります。**糖新生は筋肉から取り出されたアミノ酸も材料にするため、糖新生が活発になるほど、筋肉が壊されてしまう**のです。

体内の糖質がゼロに近い状態のとき、1日につくられるブドウ糖の量は80g程度とされています。その内訳は、乳酸やピルビン酸から35～40g、脂肪由来のグリセロールから20g、タンパク質由来のアミノ酸（主にアラニン）から15～20g、ケトン体から10～11gと報告されています。（※3）

また、糖新生は決して効率のよい経路ではありません。アミノ酸のアラニンを例にとると、ブドウ糖1分子を生み出すために6分子のATP*が必要となります。さらに、$-NH_2$を尿素にするために2分子のATPが必要になります。ATPは、生命活動のためのエネルギーを貯蔵している物質なので、消費の少ないほうが効率的といえるのです。

一方、解糖系《かいとうけい》(➡28ページ)はブドウ糖をピルビン酸や乳酸にする経路です。これによってATPが最終的に2分子つくられます。食事から十分なブドウ糖が摂取できない場合は乳酸やピルビン酸、グリセロール、アミノ酸などから糖新生によってブドウ糖がつくり出されます。解糖系の逆が糖新生というわけではありません。

ただ、糖新生を活発にすることにより、ダイエットは簡単になるはずです。「筋肉が落ちても構わないから、とにかく体重を減らしたい」というのであれば、糖質の摂取を減らして糖新生を活発にすることも有効な手段となるでしょう。

果糖・ガラクトースの問題点

「果糖」というと、果物に含まれる体によさそうな糖質というイメージがあります。でも、本

＊ATP(Adenosine Tri Phosphate)
アデノシン三リン酸のこと。生命活動のためのエネルギーを蓄える物質。経口摂取したエネルギー(食物)は、ATPに変換しないとエネルギーとして利用できない。

●受動輸送と能動輸送

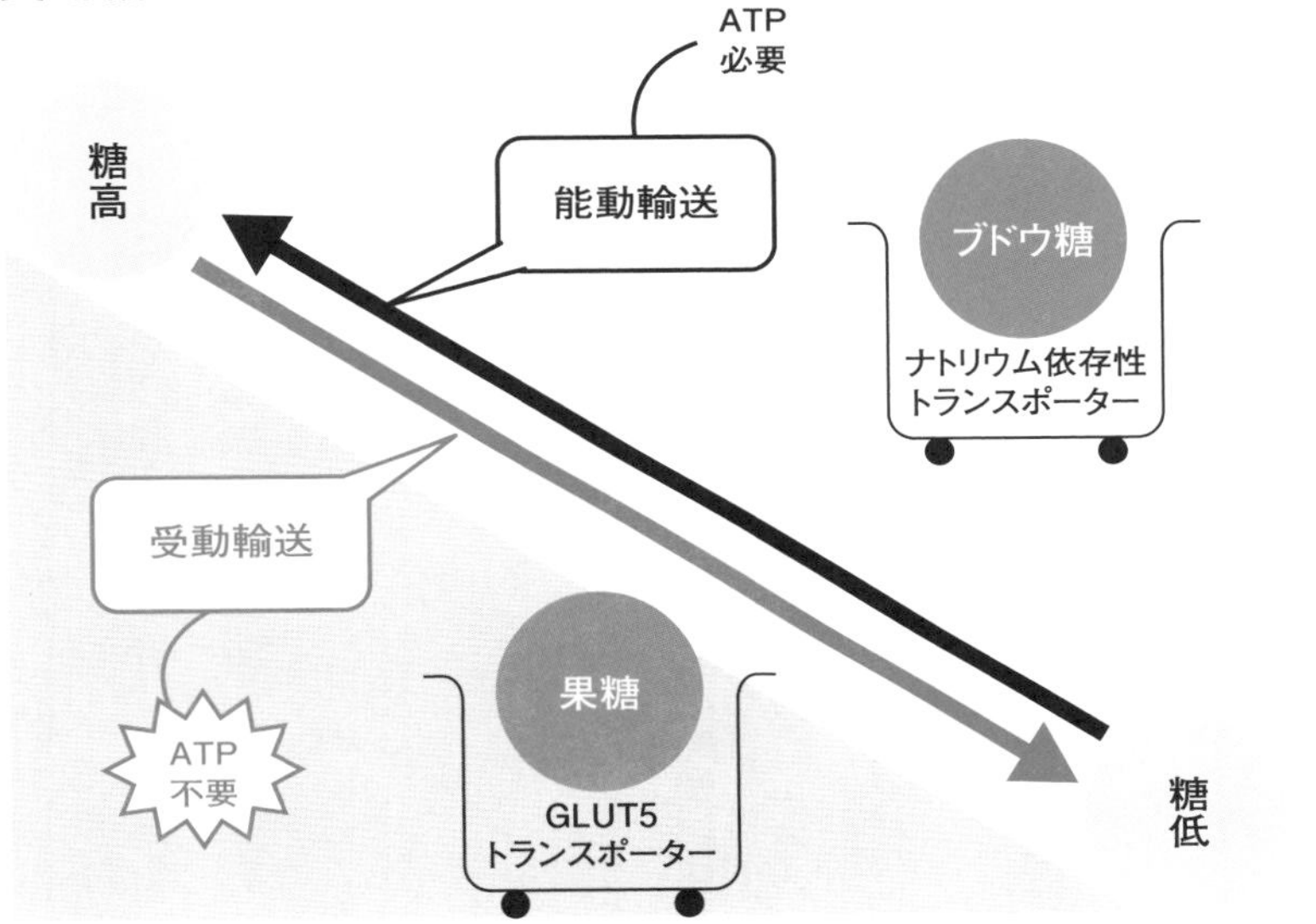

当は違います。果糖は痛風《つうふう》の原因になったり、AGEs＊（Advanced Glycation End Products）を生成したり、中性脂肪を増やして脂肪肝を誘発したりとさまざまな問題を生じさせます。

果糖によってこのような問題が引き起こされる要因は何でしょうか。それは、**果糖が、「受動輸送」によって小腸に吸収される**ことが関係しています。

GLUT《グルット》5というトランスポーターによって果糖は小腸に吸収されますが、これは水に落としたインクが広がっていくように、自然と濃度の高いものから低いものへ移動していく「拡散輸送」です。この場合、果糖の濃度が高いほうから低い

＊ **AGEs（エイジズ）**
食事などで過剰摂取した糖が、体内のタンパク質と結びつくことでできる終末糖化産物のこと。

ほうにしか移動できません。

ＳＧＬＴ２阻害薬のところで説明したとおり、**ブドウ糖はナトリウム依存性トランスポーターという運搬装置によって「能動輸送」されます。**そのため、小腸からの吸収は果糖よりもブドウ糖のほうが速くなります。さて、問題はここからです。

エネルギーを生み出す解糖系*においてブドウ糖は「グルコース６リン酸」になります。そして次に「フルクトース６リン酸」になり、さらに「フルクトース1,6ビスリン酸」になります。ここまでの反応においては、もちろん酵素が使われます。

このとき十分にＡＴＰがあると、「もうエネルギーをつくらなくてもよい」と体は判断します。すると酵素の働きが悪くなり、解糖系がストップします。このような働きを**「ネガティブフィードバック」**と呼びます。

一方で、果糖は肝臓に入るとフルクトース１リン酸になり、それがフルクトース1,6ビスリン酸となって、いきなり解糖系に入ることができます。つまり**ブドウ糖はここまで来るのに酵素による調節を受けますが、果糖は酵素による調節を受けない**のです。

そのため果糖の解糖系における代謝は歯止めが利かず、すべてアセチルＣｏＡ*になります。

＊**解糖系**
糖から生きていくためのエネルギーの素をつくる仕組みで、ブドウ糖(グルコース)をピルビン酸や乳酸に変換させる経路のこと。

そして余ったアセチルＣｏＡが、中性脂肪を増やすという流れになります。

このように、**果糖はいったん吸収されると、ブドウ糖よりも速く代謝されます。**また、肝臓での代謝が主なので、**筋グリコーゲンを増やすこともできません。**

さらに果糖はアセチルＣｏＡを増やすだけでなく、脂肪酸合成に関わる酵素の活性を高めることによっても、中性脂肪を増やしてしまいます。特に、肝臓での働きが大きいため、脂肪肝になりやすいのです。（※4）

膵臓がんで亡くなったスティーブ・ジョブズが、果物ばかりを食べるダイエットをしていたことはよく知られています。ベジタリアンの中でも、特に果物を重視する「フルータリアン」だったとか。一見健康そうですが、果糖はトランスケトラーゼというペントースリン酸経路（解糖系の側路）で使われる酵素の活性を高め、膵臓がんの増殖を促進してしまうのです。（※5）

また、果糖の代謝酵素のフルクトキナーゼには2種類あるのですが、そのうちの一つ、フルクトキナーゼＣは肝臓や小腸、腎臓に存在し、果糖との結合性が高いため、急速に代謝されてＡＴＰの減少を引き起こします。

それにより、インスリン抵抗性（血糖値を調節しているインスリンの効き目が悪くなった状態）や脂肪肝となり、体脂肪増加の一因となる可能性が指摘されています。（※6）

＊アセチルCoA

ブドウ糖からつくられたピルビン酸や、脂肪酸のβ酸化によってつくられる高エネルギー化合物。

なお、「果糖」という名前だからといって果物だけが悪いわけではなく、むしろ**「砂糖」や「果糖ブドウ糖液糖」などの糖類のほうが、はるかに果糖の摂取源として問題になります。**

バナナやメロン、イチゴ、パイナップルなど、１００ｇあたりに含まれる果糖の量はせいぜい２ｇ程度ですが、レモネードを１００ml飲むと、いきなり20ｇの果糖を摂取することになります。また、「某社」のレーズンブランには１００ｇあたり15ｇもの果糖が入っています。

このように大量に糖質を摂取してしまう原因は砂糖。**砂糖は「果糖＋ブドウ糖」なので、砂糖を摂ると果糖も一緒に摂ることになってしまう**のです。

もっといけないのが、**「果糖ブドウ糖液糖」**。これは砂糖より安価で甘みが強いため、清涼飲料水に多く使われています。ジュースをがぶ飲みしたりするのはやめましょう。

さらに果糖にはＡＧＥｓをつくり出すという問題もありますが、詳しくは後述します。

「砂糖の摂り過ぎは体に悪い」というのは、既に一般的な認識といっても間違いではないでしょう。最近の調査でも、砂糖は糖尿病の一因となることがわかっています。（※７）

また、雑誌「Nature《ネイチャー》」にも、砂糖の問題点（メタボの元凶となり、高血圧の原因となったり肝障害を引き起こしたりするなど）について研究者たちの意見がまとめられています。（※８）

マサチューセッツ工科大学のアレックス・シャウス教授は、子供たちを砂糖の消費量別に分けて調査したところ、砂糖消費量の一番高かった群は一番低い群に比べてＩＱが25％も低かったと報告しています。

同様に、イギリスのブリストル大学の研究チームの報告では、甘いものやポテトチップスを食べていた幼児は、将来的にＩＱが低くなるとのこと。そして、脂肪や砂糖を多く摂取していた3歳の子供は、健康的な食生活の子供に比べて5年後のＩＱが低くなっていたそうです。

ちなみにカリフォルニア大学ゴメスピニージャ教授による実験ではラットに高果糖食を与え、6週間飼育した実験でもＩＱの低下が認められたとのこと。ただし、同時にオメガ3脂肪酸を与えると、そのダメージは避けられたそうです。

このように、大量の果糖や砂糖は避けるべきだということは間違いなさそうです。

なお、他の単糖類では、ガラクトースも問題となる可能性があります。体内でうまくブドウ糖に変換されればよいのですが、うまくいかないとガラクトースは目の水晶体に溜まり、白内障の原因になる可能性があるとのこと。１９７０年の報告ではヨーグルトを与えられた若いラットは2～3カ月で白内障になっています。（※9）

もちろんこれは超大量のヨーグルトなので現実的ではありませんが、研究者は「１００％

の割合でそうなった」と言っており、少ない量なら絶対安全だとは言い切れません。

満腹感の科学とレジスタントスターチ

お腹いっぱい食べたときの幸福感は、何ものにも代えられません。この「満腹感」は、どのようにして起こっているのでしょうか。

まずは、セロトニンとの関連を解説しましょう。

セロトニンは、アミノ酸のトリプトファンから合成される神経伝達物質で、精神的な安定をもたらしたり、抗重力筋や交感神経に適度な緊張をもたらしたり、睡眠や体温の調節などに関与したりする働きがあります。そして、満腹中枢*を刺激する働きもあるのです。

これを利用して、**セロトニンを増やす「単調な運動の繰り返し」を行ったり、レバーや魚類、乳製品や大豆製品などトリプトファンを多く含む食品を摂取したりすることで、満腹感を偽装することが可能です。**逆に、セロトニンが不足していると、食べても満腹感を得にくくなり、過食や肥満になりやすいといわれています。

＊満腹中枢
脳の視床下部にあり、摂食をコントロールする中枢神経。血糖値の上昇が満腹中枢を刺激して、満腹感をもたらし、食欲を抑制する。

また、食べ物を消化すると、小腸から「コレシストキニン（ＣＣＫ）」というホルモンが分泌されます。本来は、胆汁の分泌を促し、膵臓から消化液を出すホルモンですが、これは同時に満腹感を脳に届けるシグナルともなります。「ＰＹＹ3-36」というホルモンも消化管から分泌され、満腹感のシグナルとなるようです。

普通に食事をしていれば、ＣＣＫやＰＹＹ3-36が分泌されますが、**食事量が少なかったり、摂取したのがノンカロリーのものだったりすると、これらのホルモンが分泌されず、満足することができません。これは、ノンカロリードリンクの問題点でもあります。**もちろん、血糖値が上がらないということも理由です。

そして、生体アミンの「ヒスタミン」も満腹中枢を刺激します。ヒスタミンは「ヒスチジン」というアミノ酸からつくられますので、ヒスチジンの多い食物（カツオやマグロ、ブリなど）を食べることで、脳内のヒスタミンを増やして満腹感を与えると考えられます。

また、**「咀嚼」もヒスタミンを増やしてくれます。**噛む回数を増やすことによってその刺激が脳内の結節乳頭核《けっせつにゅうとうかく》というところに働き、ヒスタミンが生成されるのです。だいたい一口あたり、30回くらい噛むようにするとよいと言われます。

さて、ダイエットが目的の場合、「消化吸収を邪魔するもの」や「いっぱい食べても体脂肪が増えにくいもの」を利用することで、カロリー摂取を抑えるという方法があります。ここでよく使われるのが**「レジスタントスターチ（難消化性デンプン）」**です。レジスタントスターチを細かく分けると、次の４つになります。

レジスタントスターチの４タイプ

タイプⅠ＝　もともと消化酵素が作用しない構造をしたもの
タイプⅡ＝　アミロースが多く、消化酵素に抵抗性を持つもの
タイプⅢ＝　加熱した後に冷えて溶解性が低下したもの
タイプⅣ＝　化学的に合成されたもの

デンプンは「アミロース」と「アミロペクチン」に分けることができます。アミロペクチンは枝分かれ構造が多くなっていて表面積が広く、そのため消化酵素が働きやすくなっています。

もち米などは100％がアミロペクチンで、吸収が非常に速くなっています。

普通のお米は20％前後がアミロースですが、ブランド米のミルキークイーンなどは約12％がアミロースのため、モチモチした食感になります。

つまり、**アミロースが多いと消化酵素が働きにくい**わけです。

トウモロコシから抽出したWeightain（ウェイテイン）というタイプⅠとタイプⅡを混合したレジスタントスターチを使った研究では、Weightain群は昼食と夕食の摂取量が少なくなり、カロリーにして3～5％の違いとなりました。また朝食後だけでなく、昼食後でも、空腹をあまり感じなかったとのことです。（※10）

ごはんを炊いて時間が経ち、冷えてしまうとアミロースが再結晶化したり、デンプンが老化（β化）したりして消化が悪くなります。こうしたものもレジスタントスターチで、タイプⅢに分類されます。一般に「ダイエットに役立つレジスタントスターチ」と呼ばれるものがコレです。

ジャガイモはＧＩ値（➡51ページ）が高いのですが、冷やすと一気にＧＩ値が低くなります。それもレジスタントスターチとなるからなのです。

さて「レジスタントスターチ（難消化性デンプン）」と聞いて、ピンと来る方も多いのではないでしょうか。実は同じようなものが既に日本で市販されています。それが**難消化性デキストリン**。これはトウモロコシから抽出した食物繊維で、特に消化の悪い成分を取り出して水溶性にしたものです。

難消化性デキストリンは脂肪の吸収を遅らせます。脂質の消化過程においてリパーゼによる分解後、親水性の非常に小さい分子であるミセルからの脂肪酸やモノグリセロールの放出を抑制することにより、脂質の吸収を遅らせ、便への脂質排泄を増やすのです。

また、糖の消化吸収速度を遅くして、食後の血糖値の上昇を抑える作用もあります。つまり脂質だけでなく、炭水化物にも効くようです。

レジスタントスターチなどの吸収阻害系の食物はミネラルの吸収も阻害してしまうことが多いのですが、難消化性デキストリンは逆にカルシウムやマグネシウム、鉄、亜鉛などの吸収を促進することが動物実験で確認されています。効果を得るためには、**難消化性デキストリンを食事の少し前に5g程度を飲むようにするといい**でしょう。

糖尿病患者が実際に血糖値を測定したブログには、まったく効果がなかったという結果が出ていましたが、個人差も大きいものと思われます。

また、レジスタントスターチは腸内細菌によって代謝され、短鎖《たんさ》脂肪酸《しぼうさん》を生み出しますが、これが大腸がんを予防したり、インスリン抵抗性を改善したりといったメリットをもたらしてくれるようです。なお、糖質は1gあたり4kcalですが、レジスタントスターチは1gあたり2kcalだとされています。

ワークアウトドリンクの糖質

トレーニング開始後、数時間の間は筋タンパクの入れ替わりが激しくなっています。そしてタンパク合成よりも、むしろ筋タンパクの分解のほうが激しくなっています。（※11）

これを防ぐためには、**運動中にワークアウトドリンクとして糖質を摂取すること**です。体重1kgあたり1gの糖質をトレーニング中に摂取することで、タンパク分解を抑制でき、窒素バランスをプラスにできたという報告があります。（※12、※13）

また、運動中の糖質摂取により、低強度・長時間の運動であれ、高強度・短時間の運動であれ、パフォーマンスが改善されることは数々の研究により明らかとなっています。（※14、※15、※16、※17、※18、※19）

運動後よりも、運動中に糖質を摂取したほうがよいことは言うまでもありません。しかし、運動中に大量のドリンクを飲むと、胃もたれして不快感が生じ、パフォーマンスにも悪影響が生じます。そうならないようにするには、ドリンクの吸収速度が重要になってきます。

速く吸収される糖質としては、分解の必要がない単糖類であるブドウ糖が真っ先に思い浮かびます。しかし消化だけでなく、吸収を考える場合、**「浸透圧」*が関係**してきます。

ドリンクの吸収速度を速くしたい場合、そのドリンクが「等張性《とうちょうせい》」であることが必要となります。等張性というのは、人間の体の細胞と同じ浸透圧であるということ。同じ浸透圧だと、水は胃から小腸に移行しやすいのです。

しかし、小腸から水が吸収されるときは浸透圧が低いほうが有利となります。等張性よりも浸透圧が低いことを「低張性《ていちょうせい》(hypotonic)」と呼びます。「ただの水」は低張性なので、等張性のドリンクよりも小腸においては速く吸収されるのです。

つまり、**胃から小腸への移行だけでなく、小腸での吸収速度も考えると、「やや低張性」のドリンクがよい**ということになります。

ブドウ糖は分子が小さいため、浸透圧が高くなってしまいます。しかし、いも類やトウモロ

＊ **浸透圧**

半透膜という膜を境に隣り合う濃度の異なる水分は、濃度を一定にしようとして、濃度の低いほうから高いほうへと移動する。この力を浸透圧という。

コシのデンプンを分解したデキストリンは分子が大きいため、浸透圧を下げることができます。そこで「やや低張性」のドリンクをつくるには、デキストリンを利用することが大切です。

次はデキストリンの質について考えましょう。

Weightainは、トウモロコシから抽出したアミロースですが、**「モチトウモロコシ（Waxy Maize）」**という品種のトウモロコシから抽出したアミロペクチン（デンプンの主成分の一つ）もあります。

マルトデキストリンは、デンプンを加水分解して精製したブドウ糖で、吸収スピードが速いのが特徴です。普通のトウモロコシからつくられます。

「モチトウモロコシを原料としたマルトデキストリン」に、さらに酵素を働かせて分子を均一に細かくしたものがあり、それを**クラスターデキストリン（CCD）**と呼びます。

クラスターデキストリンは、同じ大きさの分子が数多く連なっているもので、ブドウ糖などに比べると分子の数が多いため、浸透圧を低く保つことができます。よって胃から腸への排出時間が非常に短くなり、運動中に飲んでも胃もたれすることなく、エネルギー補給が容易です。そして胃から腸までスムーズに移行してからは持続的に吸収されるため、持久力の改善にも効果が期待できます。（※20、※21、※22）

普通のマルトデキストリンを使う場合、糖質濃度を6％程度に抑えることで、胃もたれしにくく、吸収を適度に速めることができます。クラスターデキストリンの場合は10％くらいでも大丈夫なようです。

体重が70kgのトレーニーでしたら、マルトデキストリンなら1ℓの水に40g程度、クラスターデキストリンなら70g程度を入れて、トレーニング中にドリンクを飲み切る。それだけでトレーニング効果がグンと高くなるはずです。

Chapter 2

インスリンの働き

筋肉増強に欠かせないインスリンには、脂肪を増やす作用もあります。どうすれば、脂肪を減らし、筋肉を増やせるのか、インスリンの働きを知ることから始めましょう。

そもそも「インスリン」とは?

筋肉を増やすときに、もっとも重要となるホルモンは何でしょうか。それは男性ホルモンでも成長ホルモンでもなく、「インスリン」です。しかし、インスリンには筋肉だけでなく、脂肪を増やす作用もあって、そこが悩みどころとなります。

その点も基本的には、**インスリンの働きをうまく高めてあげれば、「体脂肪を減らし、筋肉を増やしていく」ことができます。**もちろんベテランになってきたら、この2つを両立させることは難しいのですが、トレーニングを始めて間もない初級～中級者でしたら、決して不可能ではありません。

では、そのための具体的な方法について詳しく解説していきましょう。

インスリンの働き、それは「血糖値を下げること」です。血液中の糖分を体の組織内に送り込んであげるのが、インスリンの仕事です。血糖値を上げるホルモンはアドレナリンやグルカゴン、甲状腺ホルモンなどいろいろあるのですが、**血糖値を下げる働きのあるホルモンはインスリンただ一つです。**

インスリンは栄養を運び込む

インスリンは、膵臓の膵島《すいとう》(ランゲルハンス島)を構成するβ細胞が分泌するホルモンです。ちなみにランゲルハンス島のα細胞からは、インスリンと逆の働きをする「グルカゴン」が分泌されます。

さて、**インスリンの分泌には「基礎分泌」と「追加分泌」の2種類があります。**インスリンは常にごく少量が分泌されていて、これを「基礎分泌」と言います。そして食事をして血液中にブドウ糖が流れ込んでくると、「追加分泌」が起こります。どちらも血糖値を一定に保つために働いています。この「血糖値を一定に保つ」ということには、どんな意味があるのでしょうか。

食事をすると栄養素が血管に流れ込んできて、血糖値が上がります。そしてインスリンが追加分泌されることによって、血糖値は一定のレベルにまで下がります。これは、インスリンが筋肉や脂肪、肝臓に糖分を送り込むことによって、血液中の糖分が減ることで起きる現象です。また、インスリンは「糖分を送り込む」作用の他に、アミノ酸を筋肉に送り込む作用も持っています。

逆に言えば、食事をしてもインスリンが働いてくれないと、栄養を細胞に送り届けることができません。そのため、インスリンがうまく働かない糖尿病の患者は、放置しておくとどんどん痩せていってしまうのです。

なお、インスリンの他の働きとして、「肝臓でグリコーゲンを合成する」というものもあります。

この**「糖分やアミノ酸を筋肉に送り込む」というインスリンの働きは、筋肉を大きくしていく上で非常に有利に働きます。**単純に考えれば、バルクアップを目指すならインスリンをどんどん分泌させていけばよいことになるわけです。しかし、そう簡単にはいきません。

インスリンは体脂肪を合成する

残念ながら、インスリンは脂肪細胞にも働いてしまいます。脂肪細胞に送り込まれる糖分は全体の3％程度にすぎないのですが、**インスリンは脂肪を合成する「リポタンパクリパーゼ（LPL）」という酵素の働きを助け、さらに脂肪を分解する「ホルモン感受性リパーゼ（HSL）」という酵素の働きを邪魔してしまう**のです。これについてはPart3で詳述します。

つまり、インスリンが多く分泌されると、体脂肪は合成されやすく、同時に分解されにくいという状況に陥ってしまうわけです。

特に、糖質と脂肪を大量に同時摂取するといけません。ブドウ糖が大量に存在すると、解糖系におけるグリセロール3リン酸*が遊離《ゆうり》脂肪酸《しぼうさん》と結合し、体脂肪が合成されます。

食事で脂肪も多く摂取していると、遊離脂肪酸も増えますので、それだけ体脂肪が増えやすくなるのです。

ただし、脂肪をあまり摂取していなくても糖質を過剰摂取すると、結局は同じことになってしまいます。肝臓ではブドウ糖が過剰になると、すぐさま脂肪に変換されます。そこでできた脂肪は**VLDL（超低密度リポタンパク質）**を形成し、血中に放出されます。これが脂肪細胞に移行し、リポタンパクリパーゼによって脂肪酸へと分解され、やはりグリセロール3リン酸と結びついて体脂肪になってしまうわけです。

＊グリセロール3リン酸
中性脂肪を構成するグリセロールがリン酸化されたもの。

糖尿病患者はどんどん体重が減る、と書きました。糖尿病の場合はインスリンそのものが分泌されなかったり、インスリンが細胞に作用しなかったりといった病的な現象で、体重が減っていきます。しかし、病気でなくてもインスリンの分泌そのものが減ってくれば、脂肪細胞への栄養の取り込みも減って痩せるのです。

ですから、体脂肪を減らしたい場合には、筋肉量を増やして体を大きくするバルクアップを狙う場合とは逆に、インスリンがあまり出てこないようにしなければなりません。ただし、**インスリンが出てこないということは、筋肉への栄養の取り込みも減るので、筋肉が落ちてしまう可能性もある**ということです。

インスリンの分泌メカニズム

やや専門的になりますが、インスリンの分泌メカニズムについても解説しておきましょう。

膵臓のβ細胞には、GLUT《グルット》2という「運び屋」（トランスポーター）がいます。糖質が消化されてブドウ糖が血液中に流れるようになると、GLUT2がブドウ糖をβ細胞に運び込みます。するとブドウ糖から、エネルギー源であるATPがつくられます。

このときATPにより、ATP感受性K^+（カリウムイオン）チャネルが閉鎖され、脱分極《だつぶんきょく》が

＊**遊離脂肪酸（NEFA）**
脂肪組織の中性脂肪が分解されて生じる脂肪酸。

●脱分極が起こりインスリンが分泌される仕組み

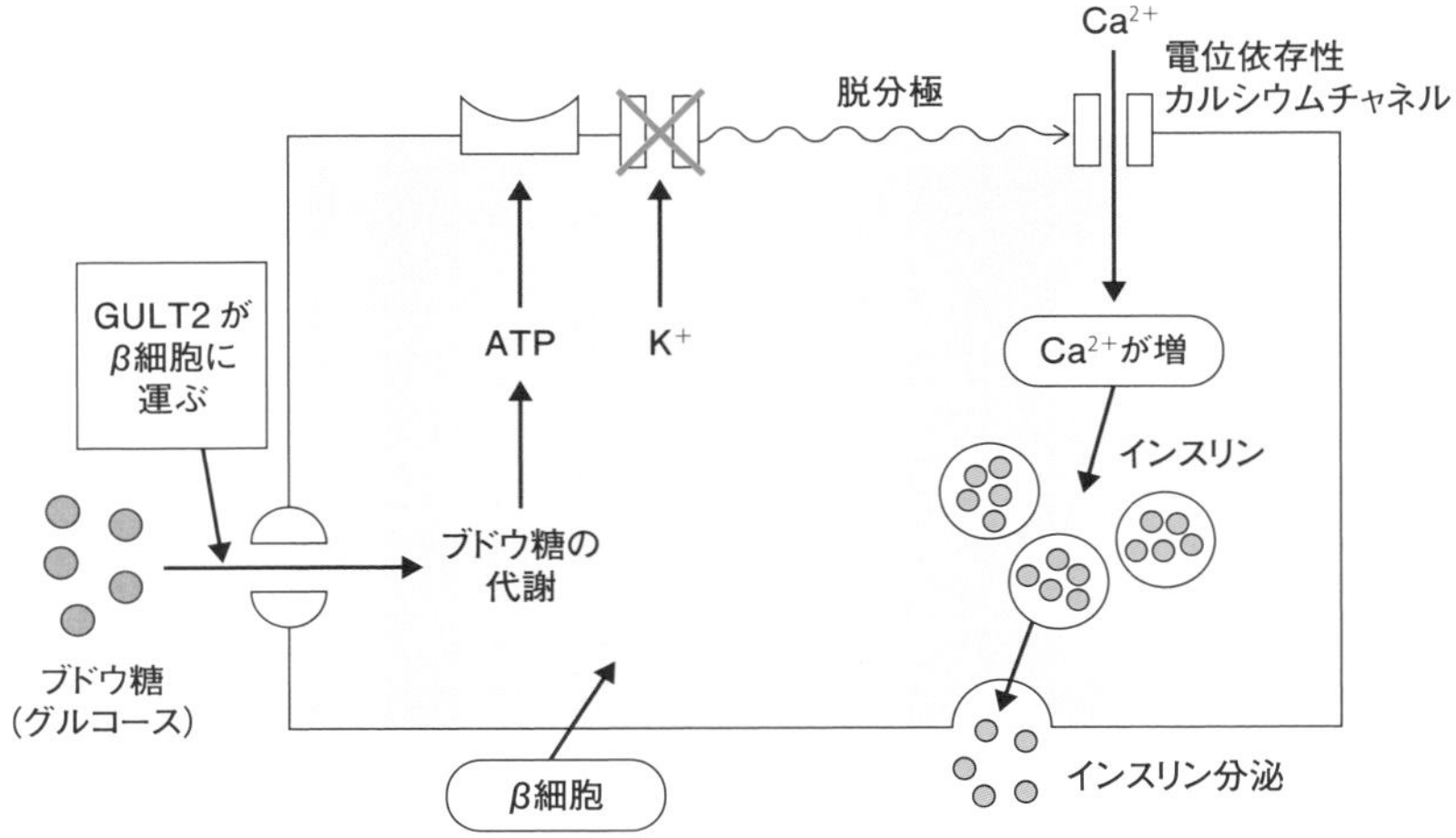

起こります。さてATP感受性K^+チャネルとは？　また脱分極とは？

細胞は細胞膜を境にして、内部がマイナス、外部がプラスとなっています。これは「マイナスの極とプラスの極に分かれている」と言い換えることができますが、この状態を「分極《ぶんきょく》」と呼びます。

また、プラスとマイナスの差のことを「膜電位《まくでんい》」と呼び、これは通常、だいたいマイナス70mVになっています。

そしてなんらかの原因によって、プラスとマイナスの差がなくなって膜電位が0mVになることがあります。これを「**脱分極**」と呼びます。

細胞には「K^+漏洩《ろうえい》チャネル」という通

路があります。プラスイオンを持つK^+が、そこから流出するため、普段は膜電位がマイナスになっているのです。

しかし、ブドウ糖からＡＴＰがつくられると、K^+漏洩チャネルが閉鎖されます。すると膜電位がなくなって、脱分極が起こるという仕組みです。

β細胞の脱分極が起こると、それをセンサーとしてCa^{2+}（カルシウムイオン）チャネルが開き、細胞内Ca（カルシウム）濃度が増加してインスリンが分泌される流れとなっています。

インスリン分泌後は……

インスリンが分泌されると、細胞膜表面にある「インスリンレセプター」に結びつきます。レセプターというのは「受容体《じゅようたい》」、つまりインスリンを受け入れるものです。インスリンレセプターは$α$サブユニット＊と$β$サブユニットが結合したもので、インスリンとは$α$サブユニットが結合します。

$α$サブユニットにインスリンが結合すると、$β$サブユニットの中にある「チロシンキナーゼ」という酵素が活性化し、ＩＲＳｓと呼ばれるタンパク質がチロシンリン酸化（アミノ酸の一種のチロシンが酸化すること）されます。そしてＩＲＳｓは**ＰＩ3キナーゼ**という酵素を

＊ αサブユニットとβサブユニット
複数のタンパク質によって構成されるタンパク質複合体の構成単位となる単一のタンパク質分子をサブユニットと言い、α、βなどがある。

活性化します。

ＰＩ３キナーゼが活性化されると、**ＧＬＵＴ４**と呼ばれる「ブドウ糖の運び屋」が細胞の表面に出てきて、ブドウ糖の取り込みを促進するのです。

このあたりは細かく覚える必要はありませんが、「**インスリンが分泌されると、さまざまな酵素が活性化されて、ＧＬＵＴ４が細胞膜の表面に出てくることにより、ブドウ糖の取り込みが促進される**」ということは押さえておいてください。

体脂肪を増やさないバルクアップ法

インスリンがあまり出ていないときでも、ＧＬＵＴ４がトランスロケーションする（細胞膜表面に出てくる）ことがあります。それは、トレーニング中から直後にかけてです。

トレーニング中は、エネルギー源であるＡＴＰが大量に使われます。するとＡＭＰＫ*という酵素が活性化されます。ＡＭＰＫは「エネルギーセンサー」の役割を持ち、**ＡＴＰが少なくなってくると、ＡＭＰＫが活性化されてＧＬＵＴ４がトランスロケーションし、ブドウ糖を**

＊**AMPK（AMP活性化プロテインキナーゼ）**

ＡＴＰが減り、それに伴って起こるアデノシン一リン酸（ＡＭＰ）の増加により活性化する酵素。ＧＬＵＴ４のトランスロケーションを促進する。

細胞内に取り込もうとします。

さらにトレーニングして筋肉を動かすことで、筋肉の物理的な収縮や血行の促進により、GLUT4のトランスロケーションが促進されます。そして、この状態は運動開始後すぐに始まり、運動終了後3時間ほど続きます。(※23)

つまり、**運動中〜運動後3時間以内に、十分な量の栄養物質を筋肉細胞に送り届けることがポイントです。このタイミングだと栄養が体脂肪ではなく筋肉に働くため、大量のカロリー、糖質、タンパク質などを摂取しても体脂肪が増えることはありません。**

インスリン・ヒエラルヒー

インスリンは最初に筋肉に働き、次に肝臓、最後に脂肪に働きます。これを「インスリン・ヒエラルヒー」と呼びます。

筋肉が多ければ多いほど、インスリンによって体脂肪が増える可能性は小さくなります。

筋肉が多いと太りにくいのですが、これは基礎代謝が高いというだけでなく、インスリンの働きも関係しているのです。

逆に筋肉が少ない人は、脂肪にインスリンが働く割合が大きくなってしまい、より体脂肪が増えやすくなってしまいます。

「インスリン感受性が高い」という言葉があります。これはインスリンが細胞に働きやすくなっているということ。逆にインスリンが働きにくいことを、「インスリン抵抗性」と呼びます。

前述のとおり、トレーニングすることでＧＬＵＴ４のトランスロケーションが起こりやすくなり、筋肉におけるインスリン感受性が高くなります。

つまり、**トレーニング直後３時間の間は筋肉のインスリン感受性が非常に高く、このときはインスリンが大量に分泌されたとしても、脂肪細胞に働く割合を非常に小さくできる**のです。

トレーニング時の効果的な栄養摂取法

具体的には、**ワークアウトドリンクに大量の糖質、アミノ酸（プロテインでも可）を溶かし込み、運動中に飲み切ります。**そして運動終了直後に、アミノ酸を摂取します。

運動終了直後は血流が筋肉に行っており、交感神経が興奮しているため、消化能力が低くなっていますので、ここでは消化の必要がないアミノ酸を摂取するわけです。

運動終了後、数十分すれば胃腸に血流が戻り、交感神経の興奮も収まるので、そのあたりで

「糖質＋プロテイン」を飲みます。そこから、さらに1時間ほどしてプロテインが消化されたあたりで、高糖質、高タンパクの食事をするのです。

なお、「トレーニング中に炭水化物のドリンクを飲むと、インスリンが分泌されて血糖値が下がり、運動の妨げにならないか？」という疑問が出てきます。しかし、それは大丈夫。**運動中はアドレナリンやグルカゴンなど、血糖値を高めるホルモンがふんだんに出ているので、低血糖にはならない**のです。

ただし、運動の少し前に砂糖の多い菓子を食べたりするのはNGです。運動前はアドレナリンもグルカゴンも出ていませんから、低血糖になってしまって運動の妨げになる可能性があります。糖質のドリンクは運動が始まってから飲むようにしましょう。

グリセミック・インデックス（GI値）とは

糖質の消化吸収の速度が速いと血糖値が急激に上がるため、それだけインスリンも一気に大量に分泌されます。逆に、糖質がゆっくり吸収される食べ物だとインスリンの分泌もゆるやかになります。

この**「インスリンの出方」を数値で表したものを、「グリセミック・インデックス（glycemic index）」と呼び、それを略してＧＩ値とも呼びます**。

ある人に、50ｇのブドウ糖を飲んでもらいます。すると血糖値は急激に上がり、そして急激に下がります。次に、同じ50ｇの糖質を含む食品を食べてもらいます。こちらはブドウ糖に比べると、血糖値はゆるやかに上がり、そしてなだらかなカーブを描いて低下していきます。

そして、この２つのグラフを重ね合わせます。この「重なった部分の面積の割合」が、ＧＩ値になるのです。

具体的には、重なった部分の面積をブドウ糖の面積で割り、１００をかけます。

重なる部分が大きいということは、それだけブドウ糖に近いということになります。

この場合、ＧＩ値は高くなります。逆に重なる面積が狭ければ、ＧＩ値は低くなります。

なお、ある本では「ジャガイモのＧＩ値は90」とあるのに、別の本では「ジャガイモは70」なんて書いてあったりします。

実は発表されているＧＩ値にはバラツキが多いのですが、これにはいくつかの理由があるのです。

発表されているGI値が異なる理由

① ブドウ糖ではなく、食パンを基準にしている。通常はブドウ糖を基準に計算するが、食パンを主食としている国では、食パンを基準にして計算してしまっていることがある。

② 種類や季節によって変動する。例えば同じバナナでも、まだ青いバナナと、熟したバナナとでは数値が違ってくる。

③ 調理法でも変動する。例えばニンジンの場合、調理すると80以上だが、生だと30程度。パスタの場合、アルデンテだと40程度だが、よく茹でると60近くになる。

ここで気を付けなければいけないのは、GI値というのは「単品での数値」だということです。つまり、**GI値の高い食品でも、一緒に油ものを食べたり、繊維質の多いものを食べたりすれば、全体としての消化は遅くなります。するとインスリンの分泌もゆるやかになるため、その食事全体としてのGI値は低くなるのです。**

GI値が高くても、摂取カロリーが変わらなければ、別に体脂肪が増えるということはなさそうですが、その考えを否定する研究報告もあります。少なくともマウスで行われた研究（同カロリー摂取）によると、**GI値の低いゆっくり吸収されるカーボを摂取したほうが体脂肪は少なくなり、筋肉量が増えている**のです。（※24）

ボディビルダーは経験的にそのことを知っており、減量期にはGI値の低いオートミールや玄米などを主に食べるようにして、減量に成功しています。

この研究では消費カロリーは同じだったにもかかわらず、低GI値群のほうが活動量は大きかったそうです。**インスリン抵抗性の改善や満腹感なども考えると、運動しながら減量する場合は、特にGI値を考えながら行うようにするべきでしょう。**

インスリンの働きを高める栄養素

ここではインスリンの働きを高めてくれる栄養素やサプリメントについて、代表的なものを箇条書きで紹介していきます。

●アルギニン、シトルリン、オルニチン

アルギニンはプラスイオンを大量に持っており、これが直接的に「脱分極《だつぶんきょく》」（⬇46ページ）を起こすため、インスリンが分泌されます。また、アルギニンにはアディポネクチン*を増加させる作用もあるため、インスリン感受性を高める効果もあるのです。

摂取量としては、1日に3〜4gくらいから始めてみましょう。これは空腹時でも食後でもどちらでも大丈夫です。ただし、一番効果のあるのは、「トレーニング後」。**トレーニングが終わったら他のサプリメントと一緒にアルギニンを摂ることで、グリコーゲンの回復を促進することができます。**

なお、糖尿病患者に行われた研究では、1日9gのアルギニンを使っています。そのため、これくらいまで増やしても問題はありません。とはいえ、アルギニンはアルカリが強いので、まとめて摂ると胃を傷める可能性があります。3gを3回に分けて摂る、食後に摂るなどして胃の負担を軽減させてください。

また、アルギニンはヘルペスウイルスの増殖を手伝ってしまうので、ヘルペスに悩まされ

＊アディポネクチン
脂肪細胞から分泌されるホルモンで、インスリンの効果を高める作用もある。

ている人は、摂らないようにしたほうがいいでしょう。ヘルペスになるのが不安だという方は、リジンを1日2〜3g、追加して摂取するようにすれば大丈夫です。

体内ではオルニチン回路*によって、シトルリンやオルニチンも容易にアルギニンに変換されます。アルギニンのアルカリによって胃がダメージを受けてしまうような場合、半分をシトルリンやオルニチン、残りをアルギニンにするという方法もあります。

●EPA

EPAはアディポネクチンを分泌させることによってAMPKを活性化し、インスリン感受性を高めてくれます。日常的に青魚を食べているようでしたら、意識してEPAを追加摂取する必要はありませんが、魚が苦手な場合はサプリメントで補給することを考えてください。

摂取量としては、1日に「EPA+DHA」として2〜4gを目安にします。EPAには他にも炎症を抑えたり、血液をサラサラにしたり、免疫を向上させたりといった効果もありますし、体脂肪を減らす効果も実証されていますから、できるだけ優先順位を上げたいところです。

＊オルニチン回路
尿素回路と呼ばれる代謝回路のこと。体に有害なアンモニアを尿素に変えていく反応の過程。

●ビオチン

ビタミンB群に属する水溶性ビタミンであるビオチンは、炭水化物の代謝に必要な栄養素であるだけでなく、小胞体におけるカルシウムイオンの放出を促すことで、インスリンの分泌を高めます。

後述するαリポ酸と構造が似ているため、体はその2つを間違って使おうとしてしまうことがあります。αリポ酸を摂取しているときにはビオチンが不足しがち(その逆も起こる)なので、不足しないように注意してください。

ビオチン単体でのサプリメントもありますが、たいていはビタミンB群のサプリメントに配合されているので、それを飲んでいれば大丈夫でしょう。

●ケルセチン

フラボノイドの一種であるケルセチン。これはメトホルミンと呼ばれる糖尿病の治療薬と似たような経路(AMPK経路の活性化)により、インスリン感受性を高めてくれます。

ケルセチンには、他にも強い抗酸化作用や抗アレルギー作用などもあり、トレーニーには欠かせない栄養素の一つです。**通常は1日に500～1000㎎程度を摂取しておけば十分でしょう。朝食後と夕食後の2回に分けて飲むようにしてください。**

●αリポ酸

αリポ酸は脳の視床下部においてＡＭＰＫの活性を低下させ、食欲を減退させます。しかし筋肉細胞ではＡＭＰＫの活性を上昇させるのです。ですから、特に筋肉におけるインスリン感受性を高めるのに効果が期待できます。

摂取量としては、朝食後とトレーニング後に１００〜２００㎎くらいずつ。トレーニングしない日は朝食後と夕食後に飲むようにします。もし、ビオチンを多めに摂取しているようでしたら、２００〜３００㎎くらいずつに増やしてください。なお、αリポ酸とビオチンを組み合わせたサプリメントもあります。

αリポ酸には強力な抗酸化作用もあるため、トレーニーはぜひ摂取するようにしてください。なお「酸」ですので、**空腹時に飲むと胃を傷めてしまうことがあるので、必ず食後に飲む**ようにします。

最近では、R型のαリポ酸も比較的安価に入手できるようになりました。こちらは普通のαリポ酸よりも体内での利用率が高いため、同量の場合αリポ酸の数倍の効果を発揮することができます。**R-リポ酸の場合、１回に50〜１００㎎を１日２回飲めば十分です。**

●亜鉛

インスリンはα鎖（21個のアミノ酸）とβ鎖（30個のアミノ酸）の2つのペプチドからつくられているのですが、亜鉛はその2つの鎖をつなげて安定させるときに必要とされます。ですから亜鉛が不足するとインスリンがつくられません。

亜鉛は、他にも男性ホルモンや成長ホルモンの合成に不可欠となる重要なミネラルなので、不足しないようにしたいものです。特に夏季は汗で流れ出てしまいがちなので、積極的に補給するようにしてください。**摂取量としては、1日に30㎎程度が目安です。**

●クロミウム

クロミウムというミネラルも、インスリン感受性を高めるのに有効だとされています。**摂取量としては、1日に「クロミウム・ピコリネイト」として500〜1000㎎程度です。**

●バナジウム

バナジウムはアルギニンと同様、そのプラスイオンがATP感受性K^+チャネルを閉鎖させることにより、脱分極を促してインスリンを分泌させます。また、GLUT4のトランスロケーションを促して、インスリン感受性を高めてくれる作用もあります。

ただし、バナジウムを長期大量摂取することは毒性が懸念されるので、バルクアップ期のみに限定して使うようにしたほうがいいかもしれません。

バナジウムが含有された水なども販売されていますが、サプリメントとして「バナジウム・サルフェイト」という形態のものも入手可能です。**1日の摂取量は10〜30㎎程度とし、3カ月以上の連用は控えてください。**

●コロソリン酸

これは「バナバ茶」というお茶に含まれる成分です。有効成分のコロソリン酸にはGLUT4のトランスロケーションを促し、インスリン感受性を高めてくれる作用があります。

なお、バナバ茶にはカフェインが含まれていない一方で、マグネシウムや亜鉛が多く含まれるため、健康のために飲みたいという方にもおすすめできます。お茶として普段から飲むのが面倒であれば、コロソリン酸としてのサプリメントも入手可能です。この場合、**コロソリン酸として1日に0・5㎎以上となるように摂取**してください。

●シナモン

スパイスとして使われるシナモンにも、インスリンの働きを高める作用があります。サプリメントとして摂取する必要はありません。小さじ1杯のシナモンを1日1回摂取するだけで、糖尿病患者の血糖値が改善されたという報告があります。

作用機序としては、シナモンエキスにはインスリンのレセプターの数を増やしたり、その後に起こる酵素の活性を高めたりする作用があります。それと同時に、シナモンに含まれるケイヒアルデヒド(cinnamaldehyde)が、GLUT4のトランスロケーションを促す作用があるとされています。つまり、インスリンの分泌を促すと同時に、インスリン感受性を高めるということです。

摂取量としては1日に1500mg程度で糖質や脂肪の代謝改善がみられるようです。他に炎症の指標を下げる作用もあるようです。

紅茶に入れたり、オートミールの味付けに使ったり、カレーや肉料理に使ったりなど、さまざまな方法で食卓に取り入れることができます。

Chapter 3

糖化は老化

糖化は、細胞の老化に深く関係しています。ここでは、糖化のメカニズムや、体にとって何が問題となるのかを解説します。

糖化とは何か

血液検査をしたことのある方なら、「ＨｂＡ１ｃ」という項目をご存じでしょう。これは糖尿病のチェックに使われる指標で、ヘモグロビンに糖が結合したものです。**ヘモグロビンはグリシンからつくられますが、これが糖と結合＝「糖化」するとＨｂＡ１ｃになる**のです。

糖に含まれる「カルボニル基《き》」とアミノ酸の「アミノ基《き》」が反応すると、**アマドリ化合物**というものができます。これが糖化の初期段階です。

糖化はメイラードが発見したため、「メイラード反応」とも呼ばれます。また、カルボニル基とアミノ基の反応のため、「アミノカルボニル反応」とも呼ばれます。

●糖化のメカニズム

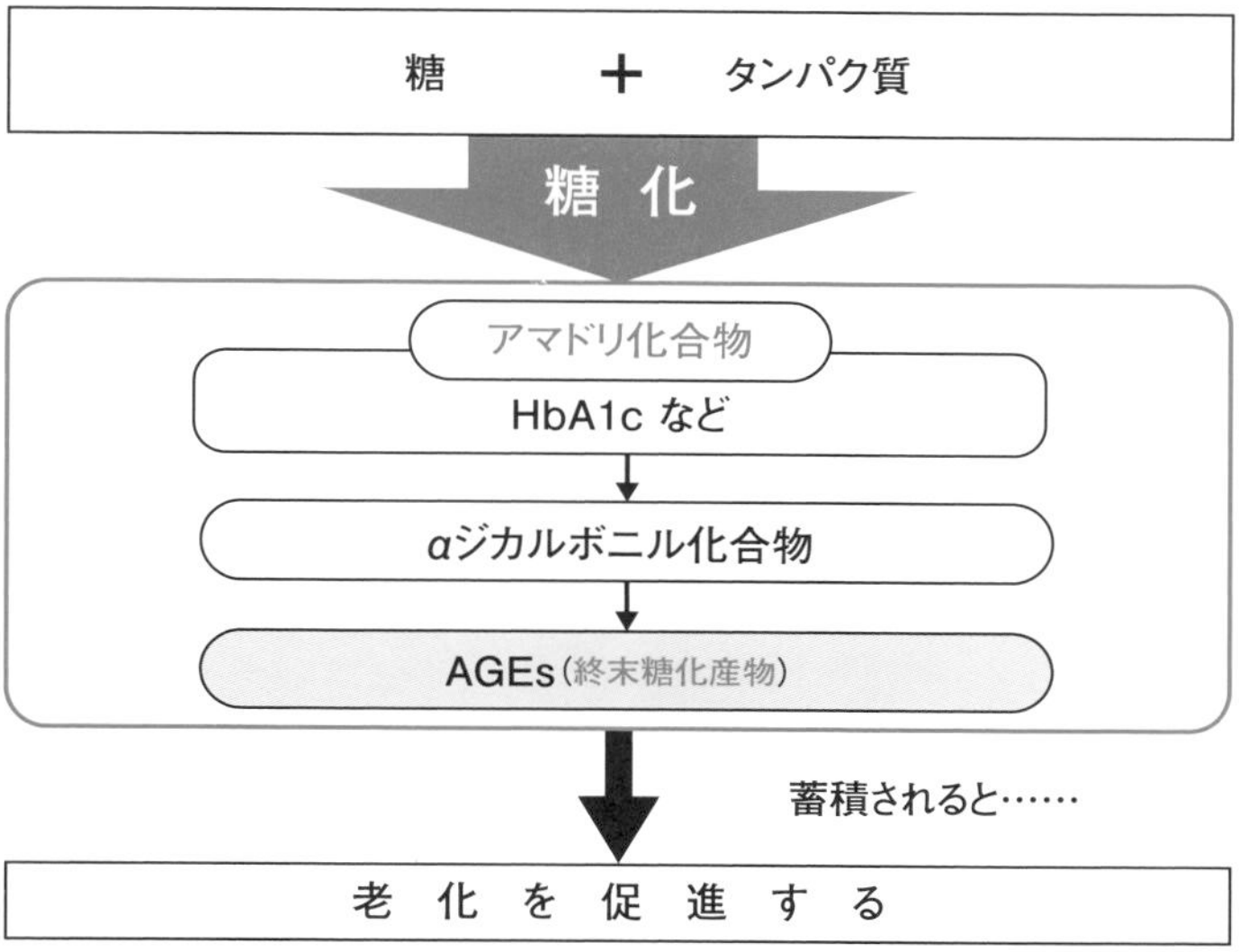

実はＨｂＡ１ｃも、アマドリ化合物の一種なのです。ヘモグロビンだけでなく、コラーゲンやリゾチーム、アルブミン、フィブリノーゲンなど生体内のすべてのタンパク質は、糖と結びついて糖化を起こす可能性があり、アマドリ化合物を生成し得るのです。

アマドリ化合物はαジカルボニル化合物を生成し、最終的にＡＧＥｓを生成します。これが糖化の後期段階です。

糖化の問題点とは？

問題なのはＡＧＥｓです。

例えば、ＡＧＥｓになったコラーゲンは互いに結合しあって、コラーゲンとしての弾力性が失われます。すると、ケガをしやすくなったり、シワができたりします。血管のコラーゲンがそうなると、動脈硬化の原因となったり、血栓ができやすくなったりします。また、悪玉コレステロールであるLDLが糖化すると泡沫細胞となり、アテロームを形成して、やはり動脈硬化の原因となります。

さらに問題なのは、SODやカタラーゼといった活性酸素を除去する酵素が糖化してしまうことです。そうなると当然、活性酸素を除去することができなくなり、糖化されるその過程においても活性酸素が発生してしまいます。

重要なのは、糖化は非酵素的*に起こるということです。つまり、**糖質が多ければ多いほど、血糖値が高くなり、またその高い時間が長ければ長いほど糖化が起こりやすい**のです。

糖尿病患者は血糖値の高い状態が長時間続くため、糖化が起こりやすく、糖尿病で合併症が起こる主な理由となっています。

糖化を抑える方法

糖化を防ぐためには、インスリンをしっかり働かせること。その方法については前述しました（⬇48ページ）。また、**食事からの糖質を制限することも必要であり、むしろこれが糖化を**

＊非酵素的
酵素が触媒として関与しないこと。糖化（メイラード反応）は、食品に酵素が関与しない褐色変化で、非酵素的褐変と呼ばれる。

防ぐ根本的な解決法と言っていいでしょう。

しかし、日本人の食生活では、なかなか糖質制限には踏み切りにくいものです。では、どのように対策をとればよいのでしょうか。

糖化を抑える栄養素と食材

カルノシンは、βアラニンとヒスチジンからなるイミダペプチドで、カルボニル基を除去する作用があるため、AGEsの生成を防ぐことができます。他にもコラーゲンの架橋結合《かきょうけつごう》*の生成を減らしたり、乳酸を緩衝《かんしょう》して持久力をアップさせたり、傷の修復を早めたり、脳の機能を高めたりするなどの効果もあります。（※25、※26、※27）

また、カルノシンは酸化すると2-オキソカルノシンになり、抗酸化活性と細胞保護作用を得ることにより、認知機能の改善や脳血流の改善などを起こすとされています。カルノシンを配合した目薬もあり、AGEsが原因となる白内障や緑内障、加齢性黄斑変性《おうはんへんせい》などの予防や治療に使われています。**カルノシンは鶏のむね肉に豊富に含まれます。**

ショウガやシナモン、緑茶にも、糖化を抑える高い効果が認められています。AGEsの抑制だけでなく、AGEsによる炎症を防ぐ効果も、ショウガとシナモンがダントツで高いよ

＊架橋結合
線状に結合している分子の相互間に、橋をかけるような結合を形づくること。

うです。安価に使える食材なので、積極的に利用していきたいものです。(※28、※29)

糖化を抑える薬品

医薬品になりますが、インスリン感受性を高めるということで、**メトホルミン**にも強い効果があります。またメトホルミンは分子内にアミノ基を持つため、それがカルボニル基を補足してくれるという作用もあります。

メトホルミンには、がんをはじめとした生活習慣病への効果があるということが知られていますが、AGEs抑制もその作用に貢献しているのです。(※30、※31)

さらに、血圧を下げる薬であるACE阻害薬やARB*にも、酸化ストレス改善を介してAGEs蓄積を改善する作用があります。(※32)

トレーニーは高タンパクの食事を長期にわたって継続するため、通常より腎臓に負担をかけていることは間違いありません。常識的な量であれば気にしなくてよいのですが、非常識な量を摂取しているような場合は腎臓の保護も兼ねて、ACE阻害薬を予防的に使用することも検討しておいて損はないでしょう。

＊ **ARB**
アンジオテンシン受容体拮抗薬のことで、血圧を上げるホルモンのアンジオテンシンが受容体に結びつくのを妨げることで血圧を下げる。

糖化を抑えるサプリメントとお茶

糖化を抑えるには、血糖値を安定させること。つまり、インスリン感受性*を高めておくこと**が重要**となります。「インスリンの働きを高める栄養素」（➡54ページ）の項目で紹介した**アルギニンやEPA、αリポ酸、クロム（クロミウム）、バナジウムなどのサプリメントを摂取しておくことで、糖化の抑制が期待できます。**

アルギニン、EPA、αリポ酸、クロミウム、バナジウムなどの栄養素に加え、**「柿の葉茶」と「バナバ茶」、「クマザサ茶」、「甜茶《てんちゃ》」の4種類をブレンドしたお茶も効果があります。**（※33）

なぜこのブレンドになったのかというと、I型コラーゲンにおける蛍光性AGEs生成抑制作用は甜茶が強く、カルボキシメチルリジン（CML）の抑制作用はバナバ茶が強かったのです。また、ヒト血清アルブミン（HSA）におけるペントシジン（糖化最終産物）の抑制作用は、柿の葉茶が強く、3DGの抑制作用はクマザサ茶が強いという結果が出たからということだと思われます。

＊インスリン感受性
血糖値を調節しているインスリンの効き具合のこと。インスリン感受性が高いと、高血糖によるさまざまな健康リスクを下げることができる。

このブレンド茶はそれぞれを単体で使った場合の5倍以上のＡＧＥｓ生成抑制作用を持っており、また抗酸化作用も強くなったとのこと。さらに、ブレンド茶を皮膚に塗ったところ、4週間後に肌の水分量に顕著な違いが出たそうです。

4種類のお茶について、もう少し紹介しましょう。

●バナバ茶

バナバ茶に含まれるコロソリン酸には、血糖値の上昇を抑える作用があり、糖尿病の治療にも使われていますが、その一部の効果は糖化の抑制作用によるものでしょう。

●甜茶

甜茶に含まれるポリフェノールには、抗アレルギー作用があるとともに、ＡＧＥｓ抑制による抗炎症作用も発揮できると思われます。

●クマザサ茶

クマザサ茶には、ＡＨＳＳと呼ばれる強い抗酸化作用を持つ物質が含まれており、それがＡＧＥｓ抑制のみならず、抗ウイルス、抗バクテリア、抗炎症作用を持っているようです。

●柿の葉茶

柿の葉茶に含まれるプロビタミンCは、コラーゲン生成やメラニン抑制作用があるとともに、コラーゲナーゼ（コラーゲンを分解）やエラスターゼ（エラスチンを分解）などの酵素活性を抑える物質が含まれるとも言われています。

ハーブティーにはさまざまな物質が含まれ、それらをブレンドして長所を取り出して利用することにより、相乗効果を期待できます。今回紹介した4種類のみならず、多種多様なブレンド茶がこれからも出てくることでしょう。

糖質にも気を付けよう

ブドウ糖などに比べると果糖は非常に糖化しやすく（※34、※35）、また糖質の代謝経路に「ポリオール経路」というものがありますが、この経路の中間生成物である「フルクトース3リン酸」から、糖化反応の中間生成物ができてしまいます。

そのため果糖とそれを含む砂糖は、糖化を防ぐという観点からも、できるだけ避けるようにしたいものです。

Chapter 4

食物繊維の働き

食物繊維には水溶性と不溶性があり、それぞれが〝腸活〟に貢献しています。その効用は便秘解消だけではありません。詳しく解説していきましょう。

食物繊維の種類

食物繊維には大きく2つの種類があります。

一つは水に溶ける繊維で、これを「**水溶性食物繊維**」と言います。これは消化器の中でゲル状になって、胃腸内での食べ物の移動がゆっくりになります。具体的には果物や野菜類に含まれるペクチン、こんにゃくやヤマイモに含まれるグルコマンナンなど。他に昆布やワカメ、寒天などにも含まれます。

また、水溶性食物繊維にはコレステロールを減らしたり、動脈硬化を予防したりする効果があります。プロテインなどに溶かし、寝る前に飲むことによってプロテインをゆっくり消化吸収させることもできるのです。

二つ目は水に溶けない繊維で、これを**「不溶性食物繊維」**と言います。水には溶けないものの、水を吸って数倍〜数十倍にも膨れ上がり、満腹感をもたらしたり、腸を刺激して便秘を予防してくれたりします。具体的には野菜や豆類、穀類（ふすま）に含まれるセルロースやヘミセルロース、亜麻やココアに含まれるリグニンなどが代表的なものです。

ただし、こちらは必要な脂肪やミネラルの吸収を邪魔してしまう作用もあるため、多く摂ればよいというものでもありません。また水分摂取が少ないと、かえって便秘になってしまうこともあります。

なお、**ダイエット用サプリとしてよく見かける「オオバコ」は不溶性と水溶性両方の繊維をバランスよく含むので、特にダイエット中などに空腹感を紛らわせるにはおすすめのサプリメント**となるでしょう。

食物繊維と腸内環境

食物繊維は腸の掃除役とも言われます。具体的にどのような役割を果たしているのか、どうすれば腸内環境を整えることができるのか、詳しく紹介していきます。

腸内細菌と断食の関係とは？

「腸をキレイにする」といった名目で、「デトックス」とか「断食療法」などの宣伝をよく目にします。これらの宣伝で常に強調されることとして、「宿便を出すだけで健康になり、体重が減る」というものがあります。確かに断食すると、黒い便が出てきた後、しばらく下痢が続き、そのときは体調が悪いのですが、さらに時間が経つとだんだん楽になってきて、健康な体を取り戻すことができる……なんてことがあるようです。

しかし、何百件もの腸の手術を経験した医師に言わせれば、**「宿便などは存在しない」とのこと。最初に出てくる黒い便は、実は腸内細菌の死骸**で、宿便などではありません。腸内細菌は食物をエネルギーにしているため、断食などで食物が入ってこなくなると死んでしまうのです。

大腸は、主に腸内細菌のつくり出す酪酸《らくさん》や酢酸《さくさん》などの短鎖脂肪酸をエネルギーにしています。そして短鎖脂肪酸は、エネルギー（ＡＴＰ）の材料として利用されます。

断食により腸内細菌叢《ちょうないさいきんそう》のバランスが壊れ、腸内のエネルギーが足りなくなると、腸で水分を吸収することもできなくなります。それが断食で下痢をする理由です。デトックスされて

いるわけではありません。

こうなると、体内のエネルギーが完全に枯渇《こかつ》してしまい、体調も優れなくなります。しかし徐々に、ケトン体をエネルギーとして使うことができるケトーシス*になると、体調が改善されてきて、なんだか健康になってきたような気がするという仕組みです。

これが断食やデトックスの真実です。食事を元に戻し、ケトーシスでなくなれば、体の状態も元に戻るだけです。少々の脂肪と多くの筋肉が減ってしまい、しばらくしたらリバウンド。実際のところ、断食にはなんの意味もないのです。

飽食により胃腸が疲れていたり、肥満だったりする人は、断食によって一時的に調子がよくなることもあり得ますが……。

腸内細菌と短鎖脂肪酸の関係とは？

短鎖脂肪酸について、ここで少しだけ触れることとしましょう。

前述のとおり、酢酸や酪酸などの短鎖脂肪酸はエネルギーの材料として利用されます。

しかし、それだけではありません。**短鎖脂肪酸は、体内のエネルギー状態の指標ともなり、**

＊ケトーシス
厳しい糖質制限などにより、ケトン体（アセト酢酸やβヒドロキシ酪酸、アセトン）が血中に増えた状態のこと。

●短鎖脂肪酸と脂肪酸受容体により肥満を防ぐ

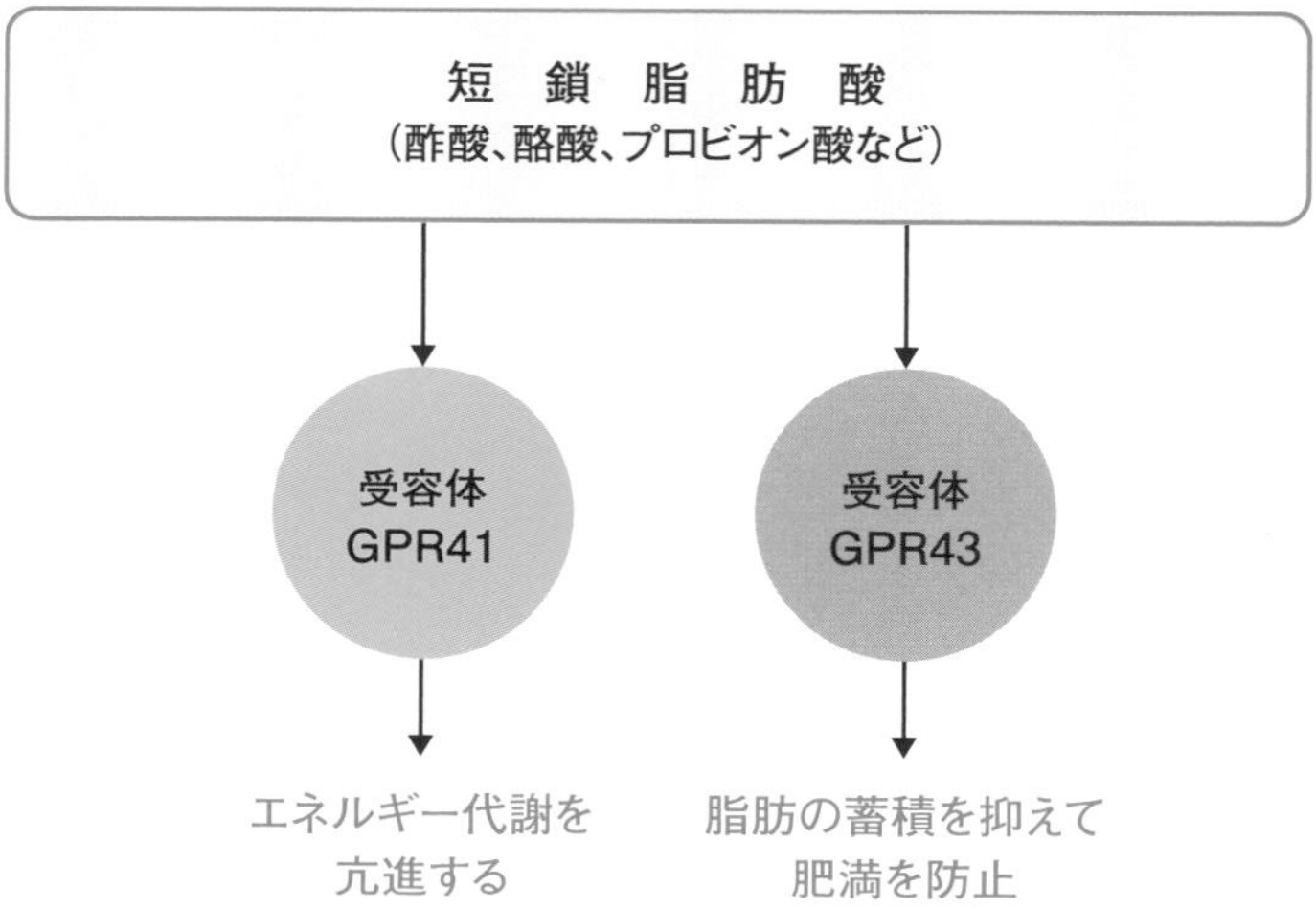

交感神経系を介して＊エネルギー恒常性の維持（ホメオスタシス）にかかわることがわかってきています。

この働きには、「脂肪酸受容体」が介在します。脂肪酸受容体の一つ、ＧＰＲ41にはエネルギー代謝を亢進する作用があることが既にわかっていましたが、２０１３年5月に発表された研究（※36）では、ＧＰＲ43という脂肪酸受容体について調べてみたところ、非常に面白いことが発見されました。

腸内細菌が産生する酢酸などの短鎖脂肪酸を認識する脂肪酸の受容体**「ＧＰＲ43」に、体脂肪の蓄積を抑制し、肥満を防ぐ機能を持っていることが発見された**の

＊エネルギー恒常性の維持
体内の変化や外部環境の変化に左右されず、生体エネルギーが一定に保たれること。

です。腸内細菌が肥満を防ぐとは、どういうメカニズムなのでしょうか。

GPR43の遺伝子を欠損させたマウスは、肥満する傾向にあります。そこでGPR43を脂肪組織内に大量に発現させたマウスをつくってみたところ、次のようなことがわかりました。

GPR43遺伝子の研究結果

① 痩せる傾向にある。
② 高脂肪食を与えても、インスリン抵抗性*が起こらない。
③ 腸内細菌が存在しないマウスだと、GPR43が欠損していても肥満が起こらず、GPR43が大量発現していても痩せないし、高脂肪食だとインスリン抵抗性になってしまう。
④ GPR43は筋肉や肝臓では働かず、脂肪組織のみにおいてインスリン感受性を下げる。

＊インスリン抵抗性
インスリンの作用が鈍くなっていること。食後に上昇した血糖値を正常に戻すために過剰なインスリンを必要とする状態をいう。

脂肪組織においてだけインスリン感受性を下げるということは、脂肪組織に栄養がいかないということです。つまり体脂肪が増えにくいということ。そして筋肉や肝臓のインスリン感受性を高め、体全体のエネルギー消費を増やし、トータルとして太りにくい体をつくるということになります。

しかし、腸内細菌がないマウスだと、こういうことは起こりません。つまり、最初に腸内細菌が短鎖脂肪酸をつくる必要があります。このとき、食事量が多かったりして体内のエネルギーレベルが高いと、短鎖脂肪酸はGPR43を活性化させます。そして体全体のエネルギー消費を増やすという流れです。

腸内環境が悪化していると、短鎖脂肪酸の産生もスムーズにはいかなくなります。そしてGPR43も活性化されず、脂肪組織のインスリン感受性が高まり、太りやすい体になってしまうのです。

断食などして短鎖脂肪酸ができなくなると、むしろ太りやすくなるというメカニズムがおわかりいただけたでしょうか。

＊**GPR109A、GPR41、GPR43**
短鎖脂肪酸や、ケトン体の受容体。

体脂肪減少にも役立つケトン体

Part3で詳述しますが、脂肪からつくられるケトン体（アセト酢酸やβヒドロキシ酪酸、アセトン）は体脂肪減少にも役立ちます。

βヒドロキシ酪酸は、GPR109AやGPR41を介するシグナル分子となることがこれまでに知られていましたが、**GPR43はアセト酢酸の受容体でもある**ことが2019年の論文で示されたのです。アセト酢酸の特異的な受容体がここにおいて発見されました。

アセト酢酸によるGPR43への刺激は血中のリポタンパクリパーゼの活性を高めて中性脂肪の分解を促進し、脂肪酸を効率的に組織に取り込み、エネルギー化を促進することが明らかになっています。

通常の状態においてGPR43は、腸内細菌が食事に含まれる食物繊維を分解して産生する短鎖脂肪酸により、腸管および血中を介して全身で活性化されています。しかし、**絶食や低炭水化物食、断続的断食を行うことにより腸内細菌叢が変化し、短鎖脂肪酸の産生が腸管内では著しく減少する**ようです。

その一方でケトジェニック*環境においては、血中ケトン体は短鎖脂肪酸の血中濃度の10倍以上にも劇的に増加します。つまり、全身ではアセト酢酸を介してGPR43が活性化され、腸

＊ケトジェニック
体脂肪を燃焼することで脂肪酸を分解し、ケトン体を肝臓でつくり出し、エネルギーとして働かせる状態。

管では短鎖脂肪酸の減少によりＧＰＲ43が抑制されるわけです。その結果、全身での脂質代謝・エネルギー利用が亢進し、腸管では抑制されるということになります。

腸内環境を改善するために

では、腸内細菌をよい状態にするには、どうすればよいのでしょうか。

「イヌリン」という水溶性の食物繊維があります。タマネギやゴボウ、キクイモやチコリなどに多く含まれ、構造としては砂糖に果糖がいくつかつながったものとなります。

イヌリンが腸内で分解されると**「フラクトオリゴ糖」**になります。砂糖や果糖はＮＧですが、イヌリンは食物繊維であり、消化吸収されにくい構造となっているため、砂糖や果糖として吸収される量はごくわずかです。

「イヌリン」はヒト大腸の各部位において、**ビフィズス菌や乳酸菌などの善玉菌を増やす**ことがわかっています。腸の上行結腸《じょうこうけっちょう》においてビフィズス菌の増加、横行結腸《おうこうけっちょう》においてビフィズス菌と乳酸菌を増加させ、大腸菌（悪玉）を減少。下行結腸《かこうけっちょう》においてビフィズス菌と乳酸菌を増加させ、大腸菌とブドウ球菌（悪玉）を減少させるようです。（※37）

※37の論文では、**「イヌリンによって増えたビフィズス菌がプロピオン酸や酪酸などの短鎖脂肪酸の産生能を高める」**ことも明らかにされました。また、イヌリンが悪玉菌によって産生されたアンモニアを減少させることも示しています。

なお、短鎖脂肪酸の産生が増えることにより、GPR43が活性化するだけでなく、カルシウムやマグネシウム、鉄などの腸管による吸収を促進する作用も期待できます。

特にマグネシウムはTRPM6／7チャネルタンパクを介して吸収されますが、イヌリンはTRPM6とTRPM7の発現を調節して大腸でのマグネシウム吸収を高めるようです。

なぜ、イヌリンにこのような作用があるのでしょうか。前述のとおり、イヌリンは消化されにくく、消化酵素の影響を受けません。しかし、**腸において、バクテリアのエサとなる**のです。このようなものをプレバイオティクス*と呼びます。

善玉菌そのものを含んだヨーグルトやサプリメントもありますが、それらの大半は胃において胃酸でやられてしまいます。実際に腸にまで到達する善玉菌は、非常に少ないといってよいでしょう。そこで、善玉菌そのものを腸に送り込むのではなく、善玉菌のエサを送り込み、自然に善玉菌が増えるようにしようというのがプレバイオティクスの発想です。

＊プレバイオティクスとプロバイオティクス
プレバイオティクスは、善玉菌のエサとなる成分（オリゴ糖など）や、それらを含む食品のこと。プロバイオティクスは、腸内善玉菌（微生物）やそれらを含む食品のこと。

ただしバクテリアにより、イヌリンから二酸化炭素やメタンが発生します。そのため、いきなり大量に摂取するとガスが溜まったり、腹部の膨満感を覚えたりすることもあります。最初に摂取する場合、問題のない量としては、**1日に10g程度**でしょう。

アメリカで行われた18歳から60歳までの男女26名を対象にした調査では、1日10gのイヌリンならば腹部膨満感などの胃腸症状を伴わずに使用できたとされています。(※38)

また、イヌリンを1日に8g摂取することにより、肥満児童の脂肪層増加を抑制できたという報告も出ています。(※39)

イヌリンにはコレステロールや中性脂肪を下げる効果があるという報告もあります。これはキチン・キトサン*など同様、水溶性の食物繊維は脂質を包み込んで吸収を阻害する働きがあるためだと思われます。1日に9gのイヌリンを4週間にわたって摂取することで、これらの効果が期待できるようです。(※40)

この程度の摂取量でしたら、必須脂肪酸や脂溶性ビタミンの吸収を邪魔するほどのことはないものと思われます。

＊ **キチン・キトサン**
カニやエビなどの甲殻類に含まれる食物繊維。

ラクトバチルス・ロイテリ菌の効果とは?

腸においてバクテリアのエサとなり、善玉菌を増やして腸内環境を改善するものがプレバイオティクス。そして善玉菌そのもののことを、プロバイオティクスと呼びます。

善玉菌の代表は乳酸菌やビフィズス菌ですが、面白い作用が期待できる善玉菌に「**ラクトバチルス・ロイテリ菌**」というものがあります。

マウスでの実験段階ですが、ロイテリ菌には加齢に伴うテストステロンの低下を抑える作用があるようです。(※41)

他にも炎症を引き起こすサイトカインをブロックし、体内の炎症を防ぐ作用やピロリ菌の殺菌作用、骨密度増強、中性脂肪低下作用、歯周病の予防作用などが報告されています。もちろん腸内環境を改善し、便秘や消化不良を治す効果も期待できます。(※42、※43、※44)

ラクツロースのすすめ

もう一つおすすめしたいプレバイオティクスが、**ラクツロースと果糖を人工的に合成した糖質**で、ビフィズス菌や乳酸菌を増やすことがわかっています。(※45)

ラクツロースはもともと薬剤で、肝性脳症や高アンモニア血症患者のアンモニアを減らすことを目的として開発されました。

水素と腸内環境

「水素水」というものがありますが、水素には活性酸素を除去する作用があるため、原理上は効果があるはずです。しかし、実はヒトの腸でも水素ガスは発生しており、その量は「1日に1ℓ」です。これをグラムに直すと、約89㎎です。一方、水素が飽和した水を1ℓ飲んでも、水素は1・6㎎しか摂取できません。

そこで、腸内環境を整えて水素ガスの発生を増やすことを目指します。面白いことに、ラクツロースを12・5g摂取したところ、水素ガスの発生が通常の8倍になったという報告があるのです。（※46）

ラクツロースを摂取することで、もしかすると水素水を飲むよりもずっと効果的に活性酸素を除去できるようになるかもしれません。

Chapter 5

甘味料について

甘味料によって異なる特徴・効果・安全性。それらを理解した上で摂取すれば、より効率的に能力の向上や健康の増進が図れるはずです。

甘味料の種類と特徴

甘味料は大きく分けると自然由来の天然甘味料と人工甘味料、そして糖アルコールがあります。ここでは、3つの甘味料の特徴を紹介します。

天然甘味料

「干し柿」などに代表されるように、古来より人間は甘味を追い求めてきました。ですからサトウキビやテンサイからつくられる「砂糖」は、昔から非常に貴重なものだったのです。

多くの植物は光合成でできる糖質をデンプンとして蓄えるのですが、サトウキビとテンサイは例外的に砂糖として蓄えます。よって**サトウキビやテンサイから抽出した砂糖は、もち**

ろん **「天然甘味料」です。他の天然甘味料としては、ハチミツやメープルシロップが代表的なもの**となります。

砂糖はハチミツなどに比べると精製度が高いため、あまり「天然」という感じがしないかもしれません。しかし、果物から抽出した果糖や麦芽から抽出した麦芽糖などと同様に、天然甘味料に分類されます。

ただし、「抽出」というと語弊《ごへい》があるかもしれません。トウモロコシなどのデンプンにαアミラーゼやグルコアミラーゼなどの酵素を働かせると、ブドウ糖にまで分解することができます。そうしてできたブドウ糖に異性化酵素《いせいかこうそ》であるグルコースイソメラーゼを働かせると、ブドウ糖が果糖になるのです。こうして **「ブドウ糖果糖液糖」** や **「果糖ブドウ糖液糖」** が非常に安価につくられています。ここまで人間の手が加わると、天然という呼び方は少々腑《ふ》に落ちないかもしれません。

なお、**「ステビア」も天然の甘味料**です。これはキク科の植物で、南米ではマテ茶を飲むときに甘味をつけるために使われたりしているそうです。筆者の世代の読者でしたら、すい星のように現れ、すい星のように消えて行った「ポカリスエット ステビア」を覚えているのではないでしょうか。

人工甘味料

天然には存在しない、人為的につくられた甘い物質を人工甘味料と言います。中でも、化学合成によりつくられたものを合成甘味料と呼びます。**サッカリンやアスパルテーム、アセスルファムカリウム、スクラロースなどが代表的な合成甘味料**です。

甘味が非常に強く、体内で消化吸収されないためカロリーとならず、ダイエットなどに用いられます。

糖アルコール

糖質にある*アルデヒド基《き》に、水素をくっつけるとアルコールができます。これが糖アルコールで、人工甘味料の一つです。こうすることによって甘味が発生し、消化吸収が悪くなります。カロリーとしては少なくなるため、甘味料として使用されます。

キシリトールやソルビトールなどの「〇〇トール」という名前の甘味料は糖アルコールだと考えてください。

糖アルコールは天然に大量に存在し、キシリトールはイチゴやキノコ、ソルビトールはリンゴやナシ、プルーン、マンニトールは昆布、エリスリトールはサクラソウの根や藻類に含ま

＊アルデヒド基

カルボニル基に1個の水素原子が結合した基-CHOのこと。

れます。また、脂肪の一部であるグリセリン(グリセロール)も糖アルコールです。

甘味料の安全性について

果糖や砂糖の問題点については、すでにかなり詳しく書きました。天然だから安全ということにはならないのが、もうおわかりいただけたはずです。

では、人工甘味料や糖アルコールの安全性について考えてみましょう。

人工甘味料は下痢を引き起こす

人工甘味料は体内で消化吸収されないため、カロリーはほとんどありません。しかし、消化されないということは、腸の中で人工甘味料が停滞してしまうわけです。すると、その部分だけ浸透圧《しんとうあつ》が高くなってしまいます。それを調整しようとして、水分を引き込み、浸透圧を下げようとする働きが起こります。

こうして**腸の中に水分が引き込まれるため、人工甘味料を摂取し過ぎると、お腹がゆるくなってしまうことがあります。**これを逆に利用して、便秘を治すということも可能ではありますが……。

肝心の人工甘味料は安全なのか、というテーマについては古くから議論が行われていて、安全性が確認された論文は数多いものの、否定派は「それは企業が金を出した実験だから信頼できない」としています。

人工甘味料と砂糖との比較

問題は、砂糖や果糖などの天然甘味料と、人工の甘味料とでは、どちらが安全なのかということです。もちろんヒトを使って厳密な二重盲検法を行うことはできませんし(砂糖か人工甘味料かは、すぐバレる)、長期にわたって砂糖だけ、あるいは人工甘味料だけを摂取してもらうわけにもいきません。

ですからクリアな結論は出しにくいのですが、ともあれブリティッシュ・メディカル・ジャーナル(BMJ)に出たシステマチック・レビューとメタ・アナリシスによれば、糖尿病を発症する割合は、砂糖添加が1サービング*増えるたびに18%増加、人工甘味料添加が1サービング増えるたびに25%増加、フルーツジュースが1サービング増えるたびに5%増加したということです。(※47)

なお、ここでいう砂糖は、いわゆる果糖ブドウ糖液糖のようなものを含みます。

＊**サービング(SV)**
厚生労働省と農林水産省が共同で策定した『食事バランスガイド』における単位。
SV早見表　https://www.maff.go.jp/j/syokuiku/zissen_navi/balance/chart.html

こう見ると、天然であろうと人工であろうと問題があるようです。しかし、人工甘味料はカロリーが少なく、糖質摂取量も少なくなっているはずなのに、なぜ糖尿病を引き起こしてしまうのでしょうか。

ヒトでの実験ではありませんが、マウスを3つの群に分け、普通のエサに加えて「サッカリン（人工甘味料）入りのヨーグルト」と「アスパルテーム（人工甘味料）入りのヨーグルト」、「砂糖入りのヨーグルト」を12週間与えたところ、すべての群で摂取カロリーが同じなのにもかかわらず、人工甘味料のグループが一番体重が増加したという結果が出ています。（※48）

この実験のポイントは、「摂取カロリーは結果的に同等だった」という点です。つまり、人工甘味料群のマウスは、ヨーグルト以外のエサを砂糖群のマウスよりも大量に食べていたということになります。

摂取カロリーを減らすはずの人工甘味料を使用することで、食欲がかえって増加したわけです。実は**膵臓には甘みを感じるレセプター（受容体）が存在し、人工甘味料の刺激によってインスリンが分泌されます。**（※49）

インスリンが分泌されれば、当然血糖値は低下します。普通の食事でもインスリンは分泌されますが、食事で糖質を摂取しているわけですから、血糖値は回復します。だから、食後にそれほど空腹感は起こりません。

しかし、人工甘味料の場合は糖質を摂取していないため、血糖値は低下したままになります。そのため空腹感が強まり、結局食べる量が増えてしまうのです。これが原因となって糖尿病を誘発してしまうのかもしれません。

では、**ダイエット効果**についてはどうでしょうか。

研究では、砂糖の多く含まれる清涼飲料水を10週間にわたって飲んだところ、体重と体脂肪率、血圧が上昇しました。しかし、人工甘味料を使った群は、そうならなかったという結果が出ています。（※50）

この研究では人工甘味料群の摂取カロリーが明らかに少なくなっており、タンパク質や脂質の摂取量は大きく違わなかったことから、**「食事量さえ増えなければ、人工甘味料群のほうがダイエットには有効」**だと言えそうです。

人工甘味料と「うつ」の関係

メンタルに及ぼす影響についてはどうでしょうか。

50歳から70歳の約26万人を対象にした研究で、人工甘味料が使われたダイエットソーダを飲むと、飲まない人に比べて「うつ」のリスクが31％増加し、ダイエットフルーツポンチでは、リスクがなんと51％増加となっています。ソフトドリンクでは、1日1缶以上のすべてのカテゴリーで、うつのリスク増加は統計的に有意でした。（※51）

普通の砂糖が使われたソーダでは、22％のリスク増加。普通の砂糖が使われたフルーツポンチだと8％のリスク増加。**特に、アスパルテームが多いとリスクが増加しやすい（36％のリスク増加）**ようです。

ちなみに、コーヒーを4杯飲んでいる人は、「うつ」リスクが10％減少し、カフェイン摂取が多い人は17％のリスク低下が認められています。

しかし、これも人工甘味料単独の作用と考えるより、**人工甘味料使用による「低血糖」と、それに引き続く糖質の過剰摂取が問題**だと考えるほうがしっくりきそうです。

これだけ長期に研究が行われていることから考えても、人工甘味料による直接的な悪影響は、それほど気にしなくてもよさそうです。むしろ、人工甘味料摂取の後に起こる食欲増加に注意することが重要なのかもしれません。

「うつ」に関しては、砂糖や果糖を大量に摂取するより、人工甘味料を少量だけ使って消費カロリーに気を付けたほうが、かえってリスクを減らすことができると思われます。

糖アルコールは安全に使える

人工甘味料は使いたくないという方は、糖アルコールを使うという選択肢もあります。

人工甘味料がインスリンの分泌を引き起こす可能性について前述しましたが、例えば、「ラカンカ」と糖アルコールの一種のエリスリトールを組み合わせた「ラカント」という甘味料商品は、人体での実験でインスリン値を高めないことが示されています。（※52）

ラカンカはウリ科の植物で、甘みを呈するため、中国ではこれ自体が天然の甘味料としても使われています。

血漿《けっしょう》中の水分量を増やし、体内の水の量を増やす「グリセリン」も糖アルコールの一種で、かなりの甘味です。プロテインバーは普通につくるとタンパク質のせいでパサパサした感じになってしまうのですが、グリセリンを配合してつくると、サクサク感が出て食べやすくなります。海外製のおいしいローカーボプロテインバーには、例外なくグリセリンが使われています。
プロテインバーのラベルを見て、どうも総カロリーの数字と炭水化物、タンパク質、脂質のカロリーの合計が合わない……と不思議に思う方もいるかもしれません。それもグリセリンのカロリーのせいです。

基本的に**糖アルコールは安全性が確立されており、問題なく使えます。**しかし、**犬を飼っている方はキシリトールに注意です。人間と違って犬がキシリトールを摂取すると大量にインスリンが分泌され、肝障害などを起こして致命的となることがある**のです。

また、少々味は悪いのですが、**天然甘味料のステビアも安全に使えそうです。ステビアにはインスリン抵抗性を改善したり、抗酸化作用によって肝臓や腎臓を護ったりする作用が期待できます。**（※53、※54）

ステビアは、南米で長年にわたって医療用として使われています。また、神聖な植物であり、崇拝の対象だったそうです。

Chapter 6

カーボアップ

エネルギー源となるグリコーゲン（ブドウ糖）を体内にしっかり溜め込む最良の方法とは何か。カーボアップ法の進化の歴史と、最新の方法を学んでいきましょう。

カーボアップの歴史

カーボアップは、別名を「グリコーゲン・ローディング」。**グリコーゲンはブドウ糖を体内に貯蔵できる形態にしたもので、主に筋肉と肝臓に溜め込まれます。**

グリコーゲンは、容易にエネルギー化できる体のガソリンに例えられ、カーボアップするということは、体内にガソリンを満タンに入れるということになります。

ガソリンが満タンであれば、それだけ車は長く走れます。つまり、持久力がアップするということ。そのためマラソンランナーやトライアスリート、サッカーやラグビーなど**長時間の競技を行うアスリートにとっては、競技前にカーボアップを行うことは半ば常識**です。

また、筋肉内にグリコーゲンが溜め込まれると、筋肉そのものの体積が増えます。つまり、筋肉を大きくすることができるというわけです。ですから、ボディビルダーなどは試合直前にカーボアップを行い、筋肉を大きくして試合に臨むのです。**実際にカーボアップすることにより、筋肉が大きくなった**研究結果が報告されています。(※55)

他にもカーボアップを行うことにより、次のようなメリットがあります。

カーボアップのメリット

① インスリンを分泌させることにより、アナボリック[*]環境をつくる。

② グルカゴンやコルチゾールを低下させることにより、筋分解を防ぐ。

③ 組織内の電解質やグリコーゲン、アミノ酸が減少している場合、それを元のレベル以上に戻す。

④ インスリンによって上記の電解質やグリコーゲン、アミノ酸が細胞内に運び込まれる。このとき細胞が膨れ上がり(cellular expansion)、筋肥大の引き金となる。

⑤ 甲状腺ホルモンの活性低下(T4→T3への変換低下)を防ぎ、代謝を高く保つ。

＊ **アナボリック**

タンパク質を摂取することで、血液中のアミノ酸濃度が上昇、筋肉で筋タンパク質の合成が始まること。筋肉を大きくする。

ただし、デメリットもあります。その筆頭は、もちろん**「カーボアップ中は体脂肪が減少しない」**ことでしょう。下手をすると、むしろ体脂肪が増えてしまう可能性もあります。インスリンは、筋細胞だけでなく脂肪細胞にも働きかけるからです。

さて、通常は筋肉乾燥重量1kgあたり、80mmol程度のグリコーゲンが蓄積されています。しかし上手にカーボアップを行うと、それを200mmol程度まで増やすことが可能です。

では、どのようにカーボアップを行えばよいのでしょうか。

スウェーデンのクリステンセンとハンセンの研究により、炭水化物を多く摂取することで持久力が向上することが報告されたのは1939年に遡《さかのぼ》ります。そして1967年、アルボルによって体内のグリコーゲン量が多いほど、持久的パフォーマンスが向上することが示されました。

アルボルの提唱した方法は、3～4日間の低炭水化物食に引き続き、3日間の高炭水化物食を行うというものです。

まず試合の1週間ほど前になったら、完全に疲労困憊するまで運動することにより、体内のグリコーゲンを徹底的に枯渇《こかつ》させます。そして3～4日の間、トータル摂取カロリーの

10%だけを炭水化物から摂取し、運動を適度に行うことによって、体内のグリコーゲンレベルを低い状態のままに抑えます。
そして次の3日間はトータル摂取カロリーの90%を炭水化物から摂取し、運動は軽めに抑えて、体内にグリコーゲンを溜めていくようにします。

最初に**グリコーゲンを枯渇させることによってグリコーゲン合成酵素を活性化できるため、3日間の高炭水化物食で通常よりもグリコーゲンを多く溜め込むことができる**というのが、この方法のポイントです。

現在、一般的に行われているカーボアップは、この**「アルボル法」**です。しかし、この方法にはいくつかの問題があるのです。

アルボルの提唱した方法では、試合の1週間前に疲労困憊するまで運動することにより、体内のグリコーゲンを枯渇させます。しかし、多くのアスリートにとって試合の1週間前というのは既に調整期であり、運動は控えめにしてコンディションを整えるべき時期でもあります。**このタイミングで疲労困憊するまで運動を行ってしまうと、コンディションを崩してしまいかねません。**

また、3〜4日間の低炭水化物期間を設けることで、その期間中に筋肉の痙攣や集中力の低下、風邪、胃腸の不快感など、体調の悪化を訴える選手が数多く出てきました。

この期間は筋肉量の低下も起こりやすいため、実はボディビルダーにとっても、あまりおすすめできない方法なのです。

そこで1983年になり、シャーマンとコスティルが新しいカーボアップの方法**「シャーマン／コスティル法」**を提唱します。それもやはり1週間ほどのプロトコルです。まず、**運動強度は変えずに徐々に運動時間を減らします**（テーパリング）。具体的には運動強度として70〜75％VO$_2$max＊とし、**1日目は90分、2〜3日目は40分、4〜5日目は20分の運動**を行います。

食事については、最初の3日間はトータル摂取カロリーの50％を炭水化物から摂取。比率ではなく量で計算する場合は、体重1ポンドあたり1・8gの炭水化物。

その次の3〜4日間はトータル摂取カロリーの70％を炭水化物から摂取。量で計算する場合は、体重1ポンドあたり4・5gの炭水化物とします。

なお、「1ポンド＝0・45359237kg」ですので、体重1ポンドあたり1・8gの炭

＊VO$_2$max（Maximal Oxygen Uptake）
最大酸素摂取量のこと。細胞内のミトコンドリアに取り込まれる酸素の最大量を示し、持久力の指標となるもの。

●シャーマン／コスティル法（1週間のプロトコル例）

	運動時間		1日の食事摂取カロリーに占める炭水化物の摂取量	
1日目	90分	通常のトレーニング	50%	通常の食事
2日目	40分	通常のトレーニング	50%	通常の食事
3日目	40分	通常のトレーニング	50%	通常の食事
4日目	20分	通常のトレーニング	70%	通常の食事
5日目	20分	通常のトレーニング	70%	通常の食事
6日目	運動なし		70%	通常の食事
7日目	試　合　日			

水化物というのは、体重1kgあたり3・97gの炭水化物、体重1ポンドあたり4・5gの炭水化物というのは、体重1kgあたり9・92gの炭水化物ということになります。

ですから、例えば体重が70kgの場合、最初の3日間は1日に278gの炭水化物、次の3～4日間は1日に694gの炭水化物を摂取することになります。

この単純かつアスリートに負担のかからない方法により、アルボル法と同程度にまで筋グリコーゲンを増加させることが可能となりました。

なお、「シャーマン／コスティル法」における最初の低糖質期間において、高脂肪食が推奨されることがあります。それがファットローディング*としての効果を発揮しているのではないかという報告があります。

早稲田大学で行われたこの研究では、6日間すべて高糖質食にした場合と、最初の3日間は高脂肪食で次の3日間は高糖質食にした場合とで比較しています。その結果、後者のほうが筋肉中の脂肪が増加しており、それが酸化してエネルギーとなっているのではないかという可能性が考えられました。(※56)

最新のカーボアップ法

一般的にはこの「シャーマン／コスティル法」がおすすめとなりますが、もっと短期にカーボアップを行う方法が2002年に西オーストラリア大学から発表されました。

それは**ごく短時間の超高強度運動が、速筋と遅筋の両方におけるグリコーゲン蓄積をもたらす**という知見に基づいたものです。

また、アルボルやシャーマンの時代は炭水化物の種類についてそれほど考えられておらず、単に「パスタを食べろ!」といった感じでした。しかし、GI値(⬇51ページ)の高い炭水化物

＊ファットローディング
運動前に脂肪が優先的にエネルギー化できるように、脂肪の摂取量を増やしておくこと。

は吸収が速く、またインスリンの分泌が強いため、効率的にグリコーゲンが合成されることが近年になってわかってきました。ＧＩ値の高い炭水化物のメリットが判明したため、カーボアップも大幅な進化を遂げることになったのです。その方法とは、たったこれだけです。

最新のカーボアップ法

① $\dot{V}O_2max$の１３０％で１５０秒間の自転車漕ぎ運動を行う。
② それに引き続き、全力のパワーで30秒間漕ぎ続ける。
③ その後、24時間にわたって除脂肪体重*1kgあたり12ｇの炭水化物を高ＧＩ食品で摂取する。

「アルボル法」や「シャーマン／コスティル法」のように1週間もかかる方法に比べ、**この方法はたったの24時間で、同じだけのグリコーゲン蓄積を達成することができるのです。短時間でカーボアップを行う必要がある場合、この方法が大いに役立つことでしょう。**

＊除脂肪体重（Lean Body Mass）
全体重から脂肪を除いた重量。除脂肪体重を求める計算式は、「体重×（100－体脂肪率）÷100」。

なお、自転車漕ぎは下肢中心の運動ですので、ステアクライマーやダッシュなど、上肢も使う運動のほうを筆者としてはおすすめします。

カーボアップの効果を高めるために

効果的にカーボアップを行うためのポイントを紹介します。

クエン酸を摂取する

ＡＴＰは、糖質あるいは脂質から産生されます。そのため、カーボアップを行う場合は体内で糖質が使われる量をできるだけ減らすことがポイントとなります。

糖質は「解糖系」と呼ばれるＡＴＰ産生機構でエネルギー化されます。しかし、クエン酸を摂取すると、解糖系における酵素（ホスホフルクトキナーゼ）が阻害されます。

つまり、クエン酸は糖質がエネルギーとして消費されてしまうのを抑えてくれるのです。

そのため、**カーボアップ時にクエン酸を摂取すると、効率的にグリコーゲンを蓄積することができます。摂取量としては、1日に6～10g程度を目安にするとよいでしょう。**

水分摂取と塩分を忘れない！

1gのグリコーゲン中には、2・7gの水となる水素イオンが含有されます。つまりグリコーゲンをつくるときには、水が必要なのです。

また、グリコーゲン合成の際には塩分も必要となります。ですから**カーボアップのときは、水と塩分が不足しないように気を付けましょう。**

カーボアップの実際

「シャーマン／コスティル法」のカーボアップをさらに効果的に行う方法を紹介しましょう。

カーボアップの効果を上げる方法（「シャーマン／コスティル法」の場合）

① 低糖質期間においては、青魚やサーロインステーキなどを食べ、食物からしっかりと脂肪を摂取する。

② カーボアップ開始。最初の1～2日はグリコーゲン合成酵素が活発になっているため、できるだけ急速に消化吸収される高GI食品（ブドウ糖やマルトデキ

ストリン溶液、シリアル、ジャガイモ、白米、餅、うどんなど）を優先させる。

③ 開始して3～4日は中GI食品（パスタやそば、全粒粉のパン、サツマイモなど）を摂取する。このタイミングで高GI食品を摂取すると、グリコーゲンにならなかった炭水化物が体脂肪に変換されてしまう可能性が少しだけある。

④ 消化吸収の速度や胃腸の負担を考えて、一度に大量に食べ過ぎないようにする。できれば100g（糖質として）を7回に分けて食べるなどして、小分けに炭水化物を摂取するようにすること。

⑤ タンパク質や脂質は少なめに摂取し、脂っこいものは控えること。

⑥ 毎食後にクエン酸を1～2gずつ飲む。

これらのポイントをしっかり押さえてカーボアップを行えば、通常を超えた持久力が発揮できるはずです。カーボアップ未経験の方は、ぜひお試しください。

体重規定のある競技の場合

体重規定のある格闘技などの場合は、西オーストラリア大学が発表した最新のカーボアップ法がおすすめです。
まずは計量の直前になったら、次のような運動を行います。

計量直前に行う運動

① 150秒間のランニング。ペースとしては、1500m走のトライアルを行っているつもりのスピードで走ること。
② 150秒間経ったら、すぐに全力で30秒間のスプリントを行う。

これだけです。実験ではエアロバイクを使っているのですが、上肢を使ったダッシュやステアマスターのほうが効率的にグリコーゲンを蓄積することができると思われます。また、計量を行う場所の近くにエアロバイクを持ち込むことができないこともありますが、ダッシュだったら場所を選ばずに行うことが可能です。ダッシュもできない場合は、バーピーやジャンピングスクワットなどでもOKです。

そして計量をクリアしたら、即行でカーボアップを開始します。**目指すは除脂肪体重1kgあたり12gの糖質。**除脂肪体重が80kgの方でしたら、960gの糖質となりますが、これは固形の食べ物だけでは到底不可能です。

そこで、計量をクリアしたら「糖質を溶かしたドリンク」を飲みまくるようにします。CCD*やマルトデキストリンのパウダーが市販されていますので、それを水に溶かして使ってください。

あまりドロドロに溶かしてしまうと、かえって吸収が遅くなります。目安としては1ℓあたり100gの炭水化物としましょう。計量が終わってから寝るまでの間、4ℓの水に400gの炭水化物を溶かし、チビチビと時間をかけて、それを飲み切るようにします。

そして、起床から試合の約2時間前までの間に、残りの560gを摂取します。ここでは、もち、うどんなどの高GI食をメインにします。これを、もし食べきれないようでしたら、残りをドリンクで補うようにしましょう。

タンパク質や脂質は必要最小限に抑えます。前日に飲むドリンクに20～30g程度のアミノ酸を入れ、当日の食事で合計100～200g程度の肉を食べるだけで十分です。

＊CCD（クラスターデキストリン）
プロテイン。最終的にブドウ糖になって吸収される。

Column

1日の栄養をカバーする補食

長期間、空腹だと「糖新生《とうしんせい》」（P24 参照）が活発になります。エネルギーを生み出すために、筋肉を分解してアミノ酸を取り出し、糖をつくるのです。この状態で運動すると、さらにエネルギーが必要となるため、筋肉の分解はさらに進みます。運動しているのに、むしろ筋肉が壊れるようでは意味がありません。

糖新生を防ぐ方法、それが「補食」です。満腹になるまで食べる必要はありません。消化がよく、体に必要な栄養素を含む軽い食事を３食に追加するのです。

補食をすることで空腹感を減らせますし、栄養も摂取できるため、朝食や昼食、夕食で大量に食べる必要がなくなります。一度に食べる量を減らすことができれば、胃腸の負担も少なくなり、過剰なインスリン分泌による体脂肪の増加も防げるというわけです。

１日３食の軽い食事に、「プロテインとバナナ」などの補食を追加してみませんか？

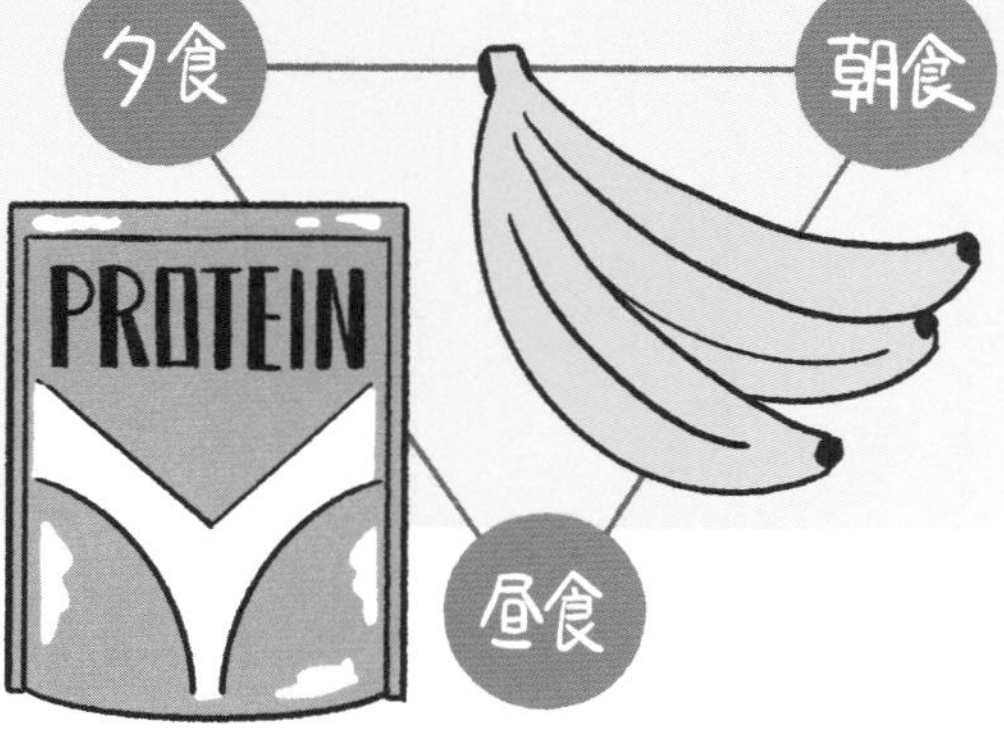

Part

2

筋肉づくりに不可欠

タンパク質とアミノ酸

タンパク質の基礎知識

体の主原料であり、生命維持に不可欠な栄養素です。
体のタンパク質は、合成と分解を繰り返して一定量を保持しています。

主なタンパク質の働き

筋 肉、臓器など、体を構成するすべての細胞の主成分です。また、体の機能を調整するのに不可欠なホルモンや免疫抗体、体内での化学反応をスムーズに行うために必要な酵素の材料にもなります。さらに、1gあたり4kcalのエネルギーを生み出します。

多く含まれるもの
肉類／魚／卵／大豆・大豆製品（大豆、納豆、豆腐など）／乳製品（牛乳、チーズ）

体をつくる
大切な
栄養素

筋肉が
減少して
いく…

不足すると

- 筋力、思考力、記憶力の低下。
- 病気に対する免疫力が低下。
- 子供は成長障害、高齢者はサルコペニア（筋肉量の減少と機能の低下）を引き起こすことがある。

摂り過ぎると

- 摂り過ぎた分は尿中に排泄されるため、尿をつくる腎臓に負担がかかる。
- カルシウムの排泄が促されるため、骨が弱くなる。
- エネルギーオーバーで肥満の原因になる。

タンパク質はアミノ酸がつながったもの

アミノ酸が多数つながったタンパク質は、胃でペプシン、十二指腸でトリプシンという消化酵素によって分解され、最終的にアミノ酸まで分解されます。

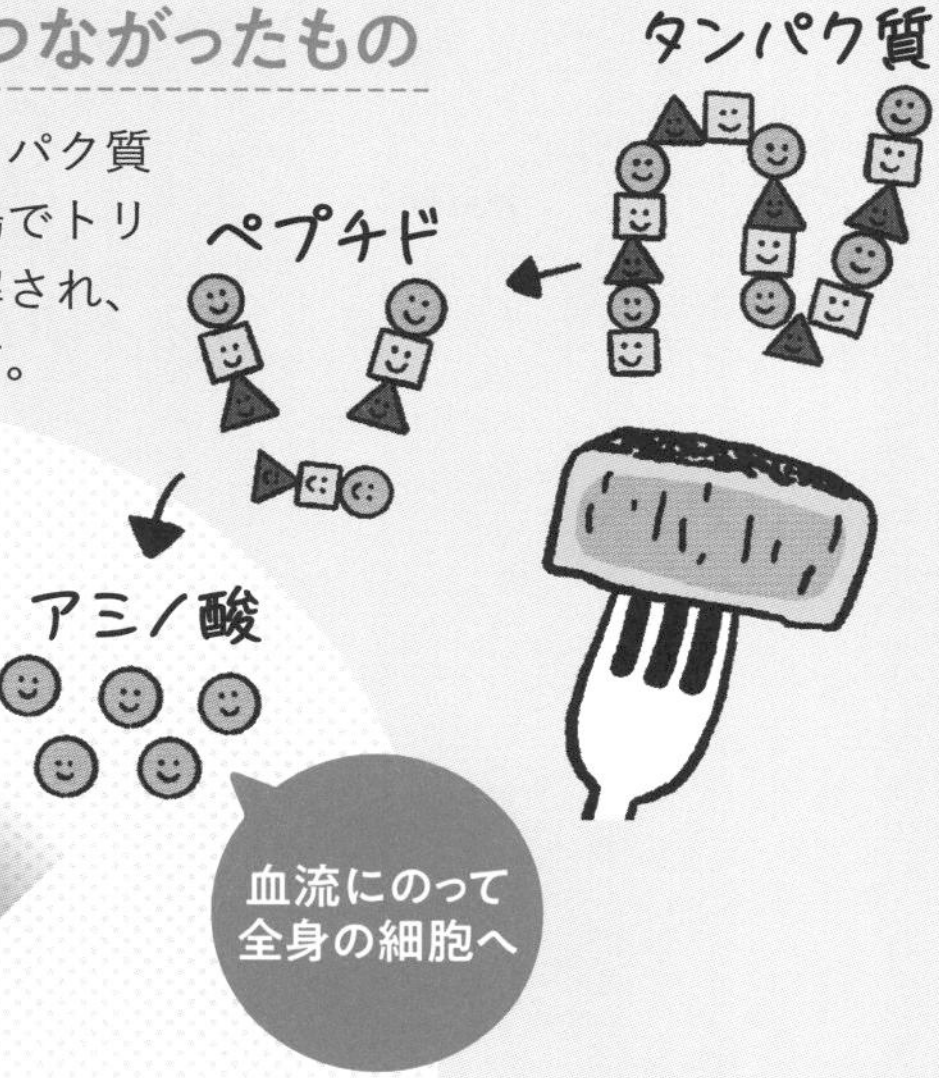

ヒトのタンパク質を構成するのは20種類のアミノ酸で、その種類や組み合わせによってタンパク質の性質や体内での働きも異なります。

体を構成するタンパク質	体内で働くタンパク質
・コラーゲン ・細胞構成タンパク質 ・核タンパク質　など	・ホルモン ・抗体 ・酵素　など

筋肉の伸縮を担っているのは ミオシン と アクチン の 2種類のタンパク質繊維

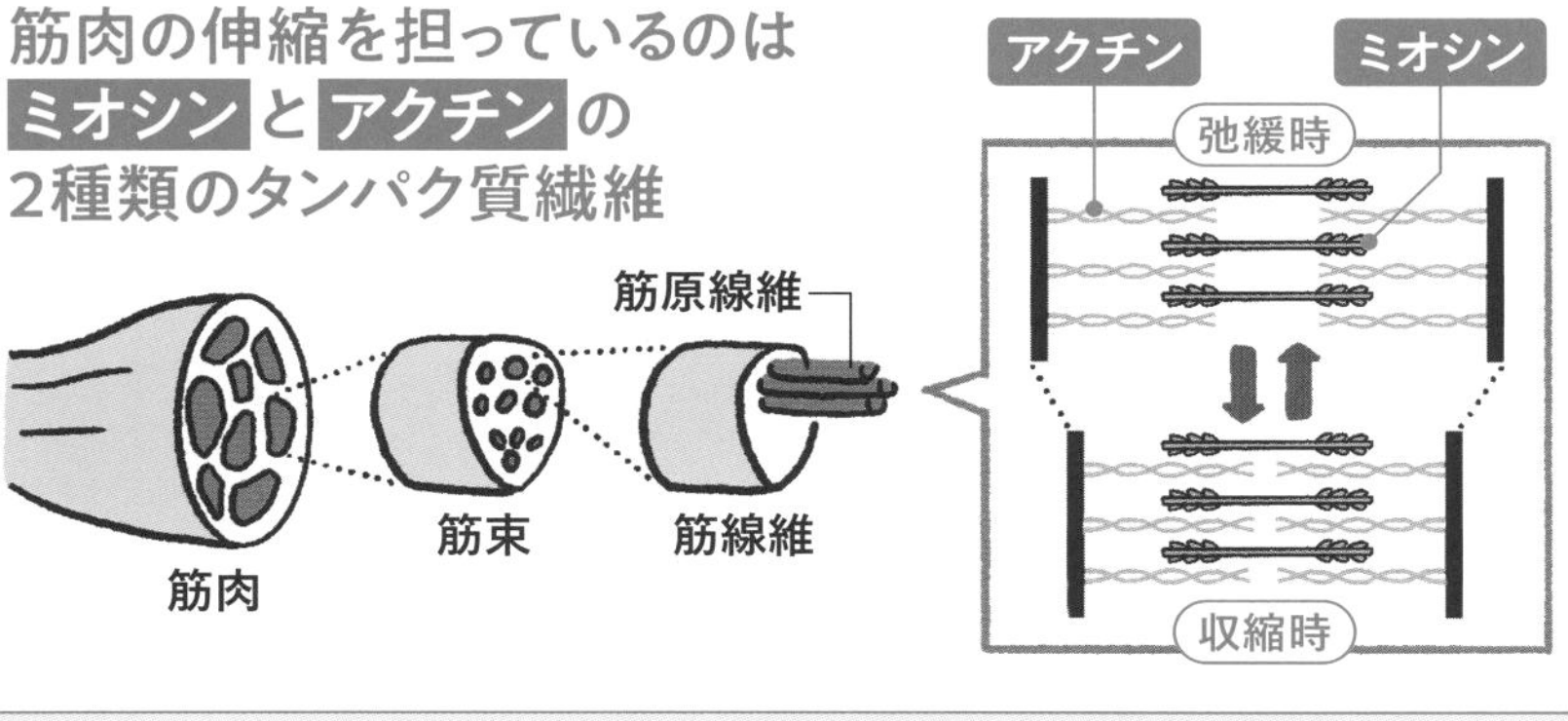

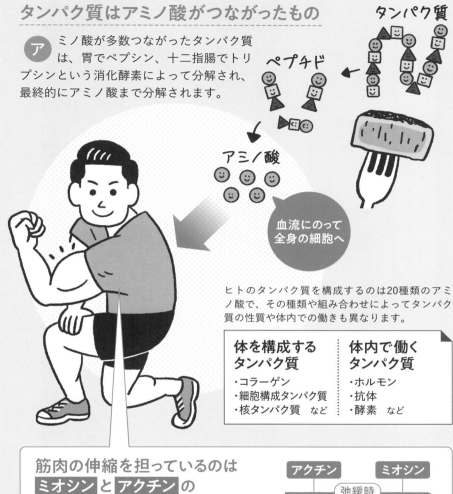

Chapter 1

タンパク質とは何か

タンパク質は、体内でどのように体の材料となっていくのか、どんな役割を担っているのかを紹介します。

体を構成するタンパク質とは

ヒトが生きていくために必要な栄養素は、炭水化物とタンパク質、脂質、ビタミン、ミネラルです。これらをまとめて「五大栄養素」と呼びますが、その中でも特に重要なのがタンパク質です。タンパク質は英語でProtein(プロテイン)ですが、これはギリシャ語のProteios(プロティオス/もっとも大切なもの)が語源となっています。

1838年、オランダのゲラルド・ムルダーは卵白や牛乳、小麦粉、骨粉などを調べているうちに、よく似ている化学的組成の物質が共通して存在することに気付きました。そしてムルダーはこれらの物質を一括して扱うべきものとして捉え、「もっとも大切なもの」と名付けたのです。なおタンパク質を漢字にすると「蛋白質」となりますが、「蛋《たん》」は卵を意味します。

それではタンパク質とはどのようなものなのか、いったいどんな働きをするのかを探っていきましょう。

タンパク質は炭素、水素、酸素、窒素、硫黄を含む

五大栄養素の説明をしましたが、その中でも炭水化物、脂質、タンパク質については「三大栄養素」と言います。炭水化物と脂質はどちらも炭素（C）と水素（H）、酸素（O）を材料としてつくられています。これらは「CHO（チョー）」という名前で覚えてください。

そしてタンパク質の場合、チョーに加えて窒素（N）が加わります。ですから「CHON（チョン）」となります。窒素はタンパク質の約16％を占めます。

ただし、タンパク質の中には硫黄《いおう》（S）があるものもありますので、正確にはCHONS（チョンズ）となります。プロテインを飲むとオナラが臭くなるなんて言われますが、これは硫黄のにおいなのです。

チョーはCとH、Oですから、余計なものを出さずにエネルギー化されて二酸化炭素（CO_2）と水（H_2O）になることができ、キレイに分解されます。しかし、**窒素や硫黄を含むタンパク質は、そう簡単にエネルギーになることはできません。**

体内にはさまざまなタンパク質が存在する

タンパク質を含む食べ物は、体内で消化分解され、アミノ酸になります。そして、アミノ酸がいろいろな結びつき方をすることによって、体内ではさまざまな種類のタンパク質がつくられるのです。

さまざまなタンパク質とは何でしょうか。一番身近なのは、筋肉に含まれる「**収縮タンパク質**」です。これはアクチンやミオシンなど、筋肉を収縮させるタンパク質のことです。

次に、ヘモグロビンに代表される「**輸送タンパク質**」。ヘモグロビンの場合は酸素を運搬するわけですが、このように小さい分子やイオンを運搬するものを輸送タンパク質と言います。なお、細胞の中で輸送に関わるタンパク質を「**モータータンパク質**」と呼びます。代表的なのはキネシンやダイニンなどで、これは、記憶にも関わっているといわれます。

そして「**構造タンパク質**」。これは人体にもっとも多く存在するタンパク質である「コラーゲン」のことで、細胞どうしの接着剤として働く他、骨や歯の主要成分でもあります。コラーゲンについては後で詳しく解説します。

また、消化酵素などの「酵素」もタンパク質ですし、タンパク質からできている「ホルモン」

もあります。目の水晶体*の主要成分である**「クリスタリン」**もタンパク質です。インスリンや成長ホルモンなどは「ペプチドホルモン」とも呼ばれ、アミノ酸の連なりからできています。他にも免疫グロブリンなどの**「生体防御タンパク質」**、ロドプシンなどの**「受容体タンパク質」**などがあります。

タンパク質の運命

例えば、焼肉食べ放題に行って、肉を一気に1kg食べたとします。肉1kgに含まれるタンパク質は、だいたい200gといったところでしょう。では、このタンパク質は体内で、どのような運命をたどるのでしょうか？

噛み砕かれた肉が胃に到達すると、胃酸の強い酸によって、肉のタンパク質が分解されやすい状態にまで変性されます。そしてタンパク質が弱ったところを、消化酵素の「ペプシン」が攻撃します。すると、アミノ酸が多数ヒモ状につながったタンパク質は、アミノ酸が2～3個つながった状態のペプチドの鎖《くさり》にまで分解されます。

ペプチド鎖《さ》は小腸に送られ、そこでさらに膵液《すいえき》中の「トリプシン」や「キモトリプシン」な

＊ **水晶体**
目の中で、カメラのレンズのようにピントを合わせる役割を担っている器官。

●食べたタンパク質が体内でアミノ酸になるまでの流れ

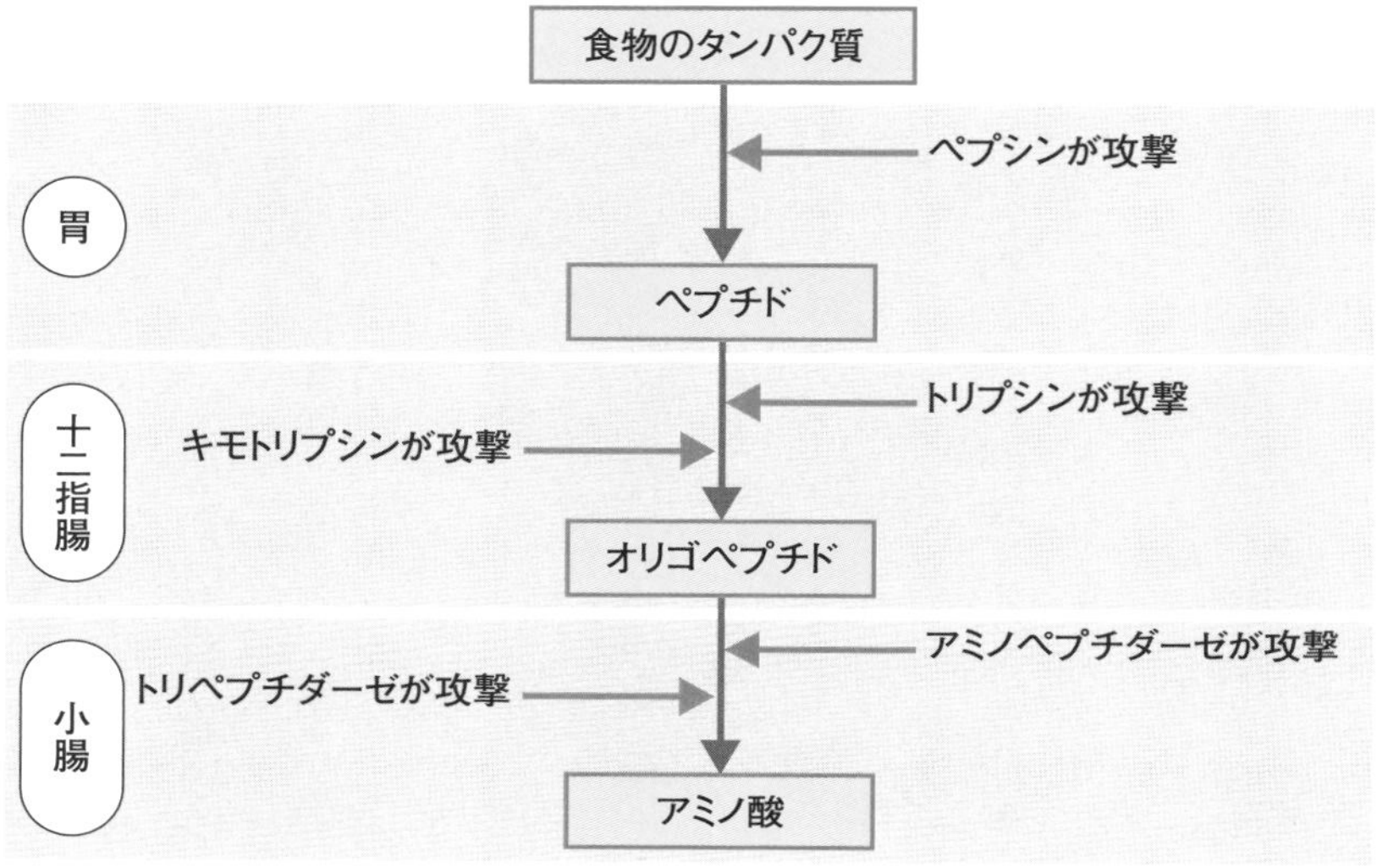

どの消化酵素の攻撃を受けます。

後述しますが、アミノ酸どうしの結合にはさまざまな種類があり、例えば「グルタミン酸＋グルタミン酸」の結合は、「グルタミン酸＋リジン」の結合とは種類が違います。そのため、それぞれの結合に応じた多数つながったアミノ酸のつなぎ目をカットする切断要員（消化酵素）が必要とされるのです。

さらに小腸粘膜の膜消化酵素*であるアミノペプチダーゼやトリペプチダーゼの攻撃を受け、ペプチド鎖はさらに細かく裁断されて、各種トランスポーター（輸送体）によって小腸の壁を通り抜け、**ペプチドあるいは遊離アミノ酸として細胞**

＊**膜消化酵素**
小腸では、上皮細胞にある酵素によってアミノ酸に分解され、腸粘膜に吸収されるが、そのときの酵素。

●摂取した肉とアミノ酸がアミノ酸として血中最高濃度になるまでの時間

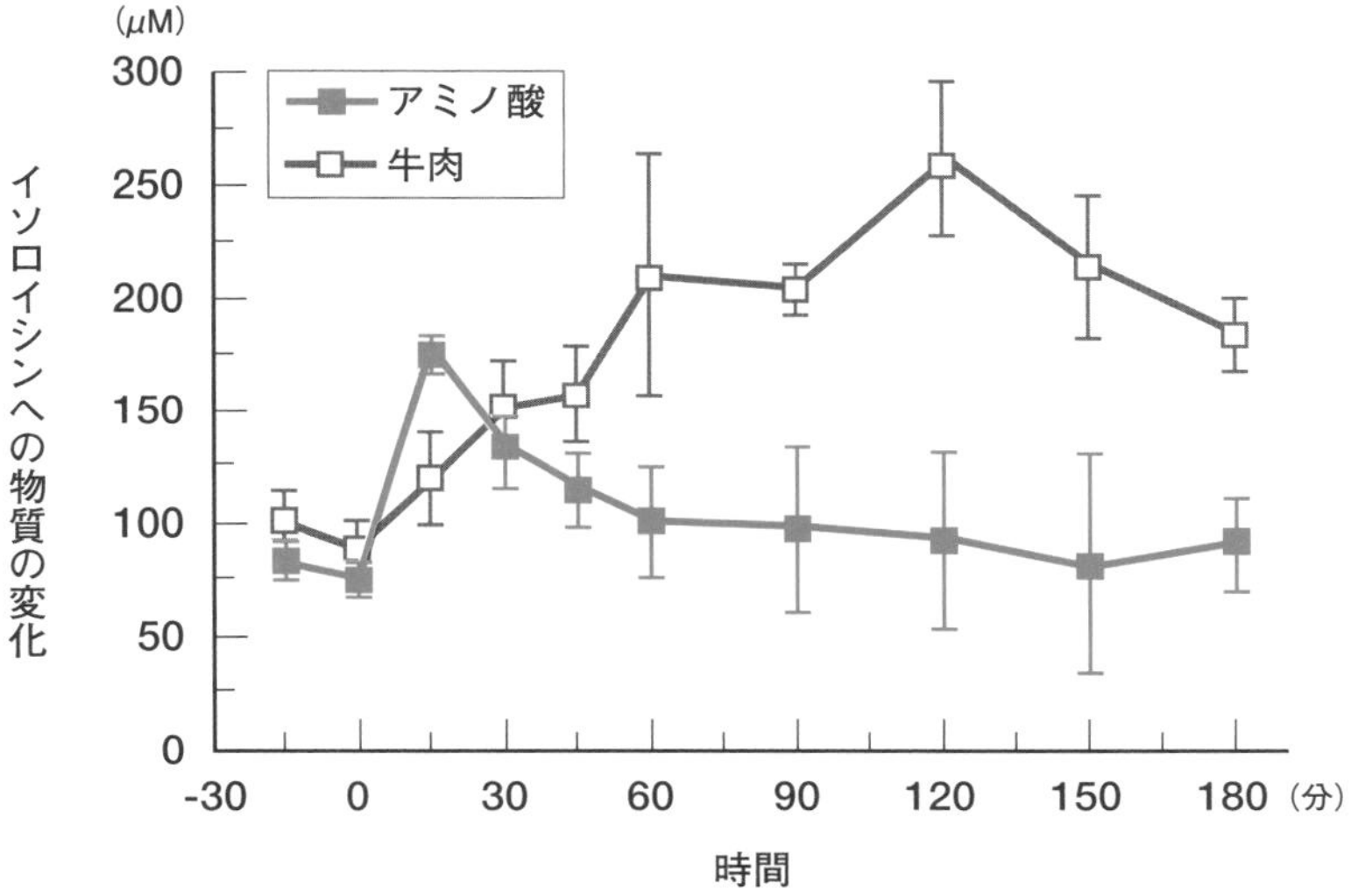

に送られていくのです。消化酵素による多彩な攻撃は、食べた肉が超大量であっても、十分にダメージを与えることができます。

なお肉を50g食べた場合、それがアミノ酸として血中最高濃度になるまでに、2時間ほどかかるようです。上のグラフはアミノ酸の一種であるイソロイシンの場合です。(※1)

最初からアミノ酸として摂取すると15~20分で最高濃度に到達するようです。

実際のところ、**肉や魚、卵の消化率は95%以上**だとされています。つまり、**大量に食べたとしても、食物はそのほとん**

どが消化吸収されるのです。私たちの体はうまくできていて、胃に入りきらないような量の食べ物（つまり食べきれない量）でない限り、ちゃんと栄養素を体内に取り込むことができます。逆に言えば、**食べたものがムダになってしまわないように、胃の大きさと十分に消化吸収できる量は、ほぼ等しくなっている**のでしょう。

某プロレスラーが書籍に書いたことで、「タンパク質は一度に30gしか吸収できない」という都市伝説が広まったことがあります。もし本当に一度に30gまでしか吸収できなかったら、1日2食の相撲取りは大変なことになります。2食だと1日に吸収できるタンパク質はたったの60g。それで相撲取りの体をつくることなど、できるわけがありません。

タンパク質を大量に摂取したら？

このように、かなり大量のタンパク質であっても、私たちの体は消化吸収することができます。しかし、体が大量のタンパク質を必要としていない場合、吸収後に、それは「余分だ」と判断されます。

食事から摂った余分な糖質はブドウ糖になって筋肉や肝臓に蓄えられたり、脂肪に変換されて体脂肪になったりします。余分な脂質はやはり体脂肪になります。

しかし、余分なタンパク質はちょっと複雑で、次の3つのルートをたどります。

余分なタンパク質の行方

①アンモニア→尿素となって排出される

タンパク質には窒素が含まれていて、体内でアンモニアに変わります。アンモニアは体には有毒なので、「尿素」に変換され、尿として体外へ排泄されます。その際、尿をつくる肝臓や腎臓に負担がかかります。プロテインを飲み始めると血液検査の数値が悪くなることがありますが、アンモニアが原因の一つとなっています。

②脂肪に変換される

タンパク質(アミノ酸)は糖質に変換されたり、アセチルCoA*に変換されたりします。これらは最終的に脂肪になり、体脂肪として蓄積されてしまいます。つまり、タンパク質も摂り過ぎると、体脂肪を増やしてしまう可能性があるのです。

＊**アセチルCoA**
ブドウ糖からつくられたピルビン酸や、脂肪酸のβ酸化によってつくられる高エネルギー化合物。

③他のアミノ酸に変換される

体内でアミノ酸が余ると、**アミノ酸から「アミノ基《き》」が取り出され、他のアミノ酸（特にグルタミンやアラニン）になります。このとき、「アミノ基転移酵素」が必要となります。アミノ基転移酵素をつくるためには「ビタミンB6」が必要となります。**タンパク質の摂取量が多い場合は、ビタミンB6が不足しないように留意します。

「タンパク質は貯蔵できない」と言われることがあります。

しかし、私たちの体内、主に臓器や血液、細胞組織内には、常に一定量のアミノ酸が遊離した形で存在しており、これを「アミノ酸プール」と呼びます。

何かあったときのため、必要なときにアミノ酸を取り出せるようにアミノ酸プールが存在し、食事から摂取した余分なアミノ酸の一部は、このプール内に取り込まれます。

このようにタンパク質の摂り過ぎは内臓に負担をかけたり、余計な体脂肪を増やしてしまったりする可能性が理論上は存在します。

しかし、**実際問題として、超大量にタンパク質を摂取しても、もともと腎臓に問題がある場**

合を除き、特に健康問題は生じません。

厚生労働省も栄養所要量を算定する際に、「タンパク質の耐容上限量は、タンパク質の過剰摂取により生じる健康障害を根拠に設定されなければならない。しかし、現時点では、タンパク質の耐容上限量を設定しうる明確な根拠となる報告は十分には見当たらない。そこで、耐容上限量は設定しないこととした」としています。

大量のタンパク質が体脂肪になるというのも、理論上はあり得ますが、やはり実際問題としては心配いらないようです。体重1kgあたり、4・4gのタンパク質を摂取しても体脂肪は増えなかったという報告もあります。（※2）

また、DIT反応によりタンパク質摂取による消費カロリーがむしろ増加する可能性があります。**DITは「食事誘発性熱産生」のことで、食物を摂取すると、それを消化したりエネルギー化したりするときにカロリーが消費され、熱が発生する代謝のことを指します。**

この反応は体温をキープするために使われるのですが、**糖質を摂取したときのDITは約5%、脂質によるDITは約4%なのに対し、タンパク質によるDITは30%と、非常に高くなります。**糖質や脂質に比べると、消化吸収およびその後の代謝過程において、タンパク質は非常に複雑なため、このように高いDITが発生するのです。

体内で合成されないアミノ酸は食事から摂取

「CHONSによってアミノ酸がつくられる」と前述しました（➡111ページ）。アミノ酸とは、1個の炭素原子（c）にアミノ基（－NH2）とカルボシキル基（－COOH）が結合したものです。

そして、アミノ酸には「L－アミノ酸」と「D－アミノ酸」があります。この2つは光学異性体といって、ちょうど鏡像関係（鏡に映すと同一になる）の構造をしているのですが、生体において使われるのは**「L－アミノ酸」**だけです。しかし、例外もあって、D－アスパラギン酸やDセリンなども体内には存在します。

体をつくるアミノ酸

ヒトの筋肉や骨、内臓、皮膚などのタンパク質をつくっているアミノ酸は、全部で20種類あります。しかし、その20種類のアミノ酸を全部摂取する必要はありません。私たちの体は、自分でアミノ酸をつくり出すことができるからです。

しかし、つくり出すことのできないアミノ酸もあります。体内で合成されないアミノ酸は、食事などで外部から摂らなければなりません。これを特に**「必須アミノ酸」**と呼びます。次に必須アミノ酸のリストを挙げましょう。

9種類の必須アミノ酸

- フェニルアラニン
- ロイシン
- バリン
- イソロイシン
- スレオニン
- ヒスチジン
- トリプトファン
- リジン
- メチオニン

必須ではない他のアミノ酸（非必須アミノ酸）は、食事で摂らなくても体内でつくり出せますが、重要なのは食事やサプリメントで「いかに必須アミノ酸を摂るか」です。

なお、特殊な条件のもとにおいて必要となる、**「条件下必須アミノ酸」***というものもあります。

＊条件下必須アミノ酸
ストレスにより免疫活性が低下したときなど、ある条件のもとで必要となるアミノ酸のこと。代表的なグルタミンは、免疫細胞を活性化する際に必要となるアミノ酸。

その代表的なものがグルタミンで、トレーニングをはじめとした強力なストレスにさらされると、必要量が激増します。

体をつくらないアミノ酸

アミノ酸は、体の構成物質になるというのが主な働きですが、他の働きを持っているアミノ酸もあります。その一つが**「カルニチン」**。これはＣＰＴという酵素の材料となり、脂肪酸をミトコンドリアに運び込んでエネルギーにするときに使われます。

またドリンク剤に配合されていることで有名な**「タウリン」**も、この仲間です。タウリンは抑制性の神経伝達物質として働き、肝臓の保護作用や回復促進作用をもたらしてくれます。アミノ酸一つひとつの働きについて、詳しくは後述します。

プロテインスコアとアミノ酸スコア

トウモロコシには、それなりの量のタンパク質が含まれます。しかしラットの餌をトウモロコシだけにすると、まもなく死んでしまいます。これは、ラットにとってトウモロコシのタンパク質の「質」が悪かったからです。

タンパク質の「質」は、必須アミノ酸のバランスが大きく関係してきます。タンパク質の「質」についてはじめて調べたのはアメリカのトーマスで、1909年のことでした。彼は実験協力者のタンパク源をジャガイモ群、小麦群、牛乳群の3つの群に分けました。

そして、それらのタンパク質の何パーセントが人体で利用されたかを測定するために、与えた総タンパク量と、尿中に排出された総窒素量を比較しました。なお、このとき彼はタンパク質がエネルギーに変換されないように、十分な糖質を補給しています。

その結果、人間の要求するタンパク質の最低量は、3種類のタンパク源の間で大きな開きがあったのです。そこでトーマスは、**「食品のタンパク質の一定量が、ヒトのタンパク質要求量の何パーセントを満たすか」という数字について考え、それを「プロテインスコア」と呼びました。**

1955年にFAO（国際連合食糧農業機関）が、プロテインスコアの基となる理想的なタンパク質（比較タンパク質）を設定しました。これを基にして、数々の食品のプロテインスコアを算出することができます。

プロテインスコアを算出するときは、足りないアミノ酸について注目します。ある食品において他のアミノ酸は十分にあるのに、**「リジン」**だけ足りなかったとします。このときリジンの理想量が100で、その食品にはリジンが60しか入っていなかった場合、その食品のプロテインスコアは60になります。

プロテインスコアにおいて、数値100を叩き出すのは卵とシジミです。しかし、大豆はメチオニンが足りないため、プロテインスコアは56にとどまります。米はリジンが少ないためプロテインスコアは78となります。ここで、**「食べ合わせ」**が関係してきます。

大豆はメチオニンが少ないのですが、米にはメチオニンが多く含まれます。逆に米にはリジンが少ないのですが、大豆にはリジンが多く含まれます。ですから**「米と味噌汁」の食べ合わせは、自然とプロテインスコアを改善するようになっている**のです。昔ながらの知恵ですね。

さて、1973年になって、FAOはWHO（世界保健機関）と協力して比較タンパク質のアミノ酸パターンを改定しました。そして**プロテインスコアを「アミノ酸スコア」と呼び直します。**その結果、多くの肉類、魚類のアミノ酸スコアは100となり、大豆のアミノ酸スコアは86となりました。1985年にはFAOとWHO、国連大学がさらにアミノ酸パターンを改定し、それによると大豆のアミノ酸スコアは100になっています。

1990年には食物の消化吸収性を加味したとされるPDCAAS（タンパク質消化性補

●検査方法ごとの必須アミノ酸含有量

著者作成

食品	プロテインスコア	アミノ酸スコア	PDCAAS	食品	プロテインスコア	アミノ酸スコア	PDCAAS
卵	100	100	100	鶏肉	85	100	91
シジミ	100	100		チーズ	83	92	
鶏レバー	96	100		牛肉	79	100	92
サンマ	96			白米	78	65	47
豚レバー	94	100		ソバ	74		
イワシ	91	100		牛乳	74	100	100
豚肉	90	100		エビ	73	71	
マトン	90	100		カニ	72	81	
カジキ	89	100	90	タコ	72	71	
アジ	89	100		サケ	66	100	100
牛レバー	88	100		小麦粉	56	41	40
イカ	86	71		大豆	56	86	100

正アミノ酸スコア）が発表されました。そこでも大豆のスコアは100となっています。

なぜ大豆の数値がこれほど高くなったのか、そこに政治的要因を想像しないほうが難しいかもしれませんね。

上表は私が作成したものですが、いかにプロテインスコアの数値が厳しいものか、おわかりいただけると思います。

ちなみに最近になって「DIAAS」という指標をIDF（国際酪農連盟）が推し出しています。これは回腸での消化性を加味したスコアで、乳製品はその品質が高く、DIAAS値は100％を超えるとしています。国際酪農連盟の今後の政治力を見守りたいところです。

タンパク質の必要量と運動強度

トレーニングをして筋肉を増やしたい場合、筋肉の材料となるタンパク質を多めに摂取するというのは自然な考え方です。では、1日にどれくらいのタンパク質を摂取すればよいのでしょうか。

私たちの体の細胞は、常に入れ替わっています。つまり破壊と合成が絶え間なく行われています。これを**「代謝回転」**と呼びます。

そして、**古い細胞を壊す作業を「異化(カタボリック)」**、**新しい細胞をつくる作業を「同化(アナボリック)」**と呼びます。体が大きくなる場合、同化が異化を上回っており、ダイエットしている場合は脂肪細胞の異化が同化を上回っているわけです。

何もしない場合、同化と異化は同じ量となり、体重は維持されます。普通の成人男性の場合、筋肉と皮膚で32g、肝臓で23g、血清で22g、ヘモグロビンで8gのタンパク質が同化&異化されます。他に骨や心臓、腎臓などでの同化&異化が合計165gにもなります。

●タンパク質の代謝回転の仕組み

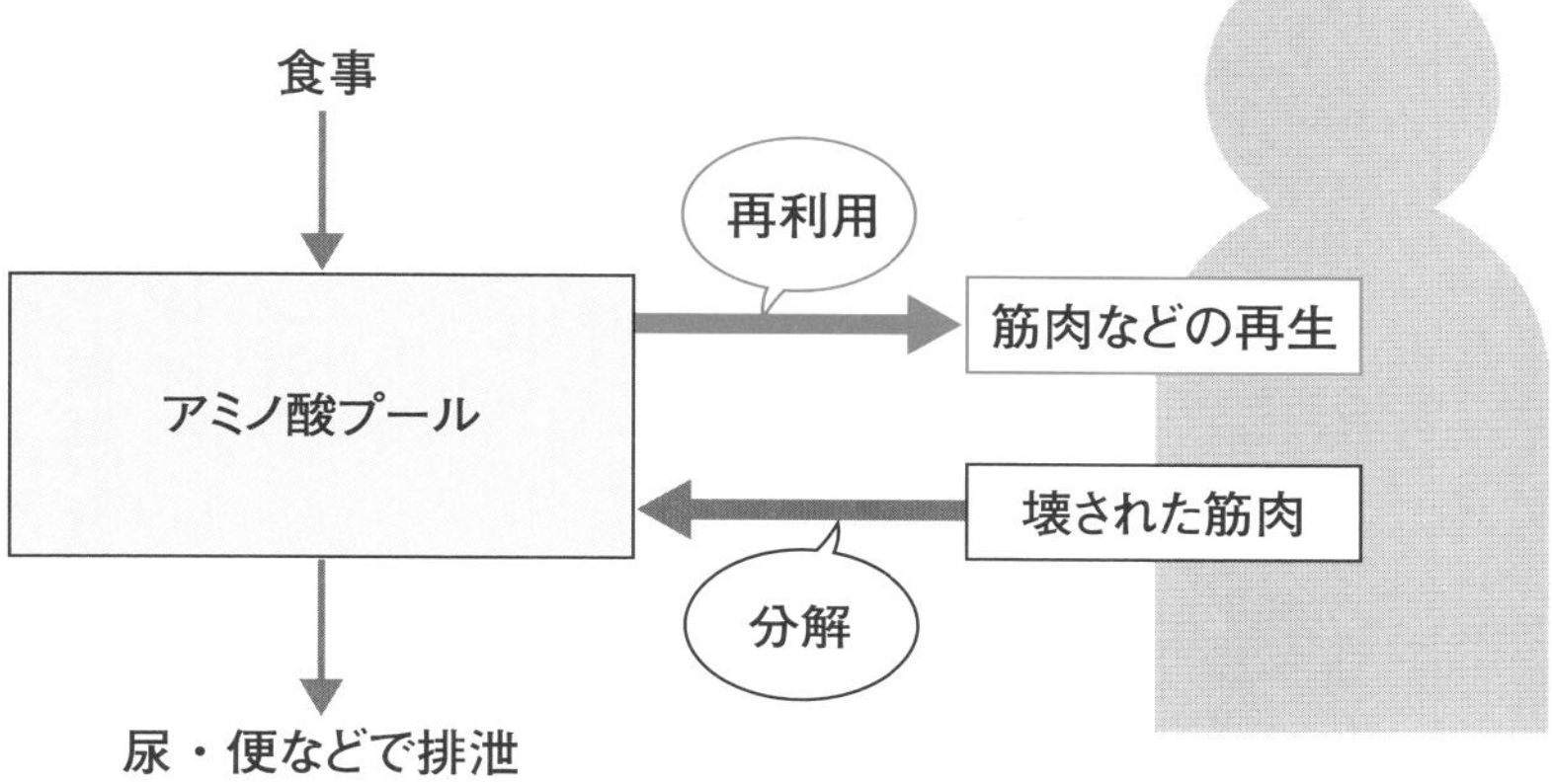

つまり**1日に２５０ｇ近くのタンパク質が、体内で毎日分解されています。**

血液や肝臓には、異化分解されてできたアミノ酸は同化(新しい細胞をつくる)のために結合しない状態で蓄えられており、これを**「アミノ酸プール」**と呼びます。これが同化のために再利用されます。どれくらいの割合で再利用されるかは文献によってバラバラなのですが、だいたい70~80%だとされています。

分解されたタンパク質の80%が再利用されると仮定すると、２５０ｇの80%として、２００ｇは再利用されるということになり、残りの50ｇを補えばよいという計算になります。なお、**厚生労働省が**

良質タンパク質の窒素出納維持量を検討した17の研究を平均したところ、タンパク質の維持必要量は1日に体重1kgあたり、0・65gとなっています。

となると、再利用がうまくいっている限り、それほどタンパク質は大量に摂取しなくてもよさそうです。しかし、そううまくはいきません。

Part1で糖化(⬇62ページ)について触れましたが、アミノカルボニル反応*が起こるとき、アルギニンやリジンがカルボニル基と反応し、アミノ酸として使えなくなってしまうのです。こうなるとアミノ酸の量が減るだけでなく、プロテインスコアも低下してしまいます。

アミノカルボニル反応は、主に加熱調理で起こりますが、体内でも普通に起こります。糖質を大量に摂取する場合、このリスクが生じます。

逆に糖質の摂取を減らした場合はどうでしょうか。これも糖質の項で触れましたが、今度は「糖新生《とうしんせい》」(⬇24ページ)が起こり、異化(古い細胞を壊す)が亢進《こうしん》してしまって同化(新しい細胞をつくる)に追いつかなくなります。これを防ぐためには、十分な脂質を摂取してケトーシス*にするか、異化を上回る量のタンパク質を摂取するしかありません。

＊アミノカルボニル反応
アミノ基とカルボニル基によって起こる反応。糖とタンパク質の反応によって褐色化する。

ただし、糖質を十分に摂取している場合、糖化によるアミノ酸変質の問題はありますが、タンパク質の量を節約することができます。これは主に糖新生の減少とインスリンの同化作用によるもので、**「プロテインスペアリング」**と呼びます。（※3、※4、※5）

ですから、**体を大きくしようとして大量に糖質を摂取している場合、むしろタンパク質は少なめでも構いません。**逆に**糖質を制限している場合は、プロテインスペアリングが起こらないため、タンパク質の必要量は増加します。**

厚生労働省の指針では、成人男性（15～64歳）の1日のタンパク質推奨摂取量は65gとなっています。体重が70kgの場合だと、体重1kgあたりにして0・9g程度です。

しかし、**私たちはストレスに出合うと、それに対抗しようとしてエネルギーをつくり出そうとします。このときには、体のタンパク質が分解されてエネルギー源となってしまいます。もちろん、運動もストレスとなり、運動強度が高くなるほどタンパク質必要量は増加します。**（※6）

なお、試合後のラグビー選手を調べたところ、筋肉を分解するホルモンであるコルチゾールが急激に増加していました。数値にして試合終了12時間後に56％、36時間後に59％の増加。そして60時間後も34％増加したままでした。（※7）

＊ケトーシス
ケトン体（アセト酢酸、β-ヒドロキシ酪酸、アセトンの総称）が血液中で増えた状態。

これら数々の原因により、結局タンパク質の必要量が増えてしまいます。数多くの研究によって、**ハードな運動をする場合は一般的な量の2倍以上のタンパク質が必要**だとされています。(※8、※9、※10)

さらに、バターフィールドらによれば、非常にハードにトレーニングする場合は、体重1kgあたり2・2gが必要だとしています。(※11)

また、「現在の推奨摂取量は古い技術に基づいて定められたもので、摂取量を見直す必要があり」、「食間に25〜35gの高品質なタンパク質を摂取することが筋肉の健康を維持するために推奨される」とともに、「肥満者の場合はタンパク質の摂取比率を高める(25%程度)とよい」と結論づけた報告もあります。(※12)

では逆に、どのくらいのトレーニングだとムダになるのでしょうか。

1日に平均307gのタンパク質(体重1kgあたり4・4g)を摂取して8週間にわたってトレーニングしたところ、1日に平均138g(体重1kgあたり1・8g)摂取した群と比較して、体重や除脂肪体重、体脂肪率などの結果に差はなかったと報告されています。(※2)

また、48名の男女を対象に、1日に体重1kgあたり3・4gのタンパク質を摂取して週5日のハードなウェイトトレーニングを8週間にわたって行ったところ、1日に体重1kgあたり2・3gのタンパク質摂取群と比較して、除脂肪体重の増加やエクササイズパフォーマンスの改善においては、ほとんど同等の効果でした。(※13)

面白いことに高タンパク群は体脂肪の減少が見られており、これはDITの増加によるものと思われます。

なお2・3g群は、1日の炭水化物摂取量が196gなのに対し、3・4g群は234gで、トータルの摂取カロリーも3・4g群のほうが多くなっています。

これらの結果から、**ハードにトレーニングする場合でも炭水化物を普通に摂取しているのならば、1日に体重1kgあたり、2・2〜2・3gを目安にタンパク質を摂取しておけば問題ない**ものと思われます。

アミノ酸は利用度の高い栄養であるため、大量に摂取すると積極的に分解され、タンパク合成以外の目的に用いられてしまいます。(※14)ムダな大量摂取は避けるべきでしょう。

Chapter 2

タンパク質の合成

ここではタンパク質がアミノ酸から合成されるルートを詳しく追ってみます。
やや複雑な話になりますが、お付き合いください。

タンパク質の構造

トレーニングなどにより、体の設計図ともいえる**DNA（デオキシリボ核酸）**に「タンパク質を合成せよ」という指令が伝わります。

しかし、筋肉の材料となるアミノ酸は細胞の核外にあります。そのため、DNAの情報を書き写して核外に持ち出す必要があります。

このとき働くのが**メッセンジャーRNA（mRNA）**＊です。「タンパク質を合成せよ」というメッセージを受け取ったDNAの情報は、mRNAに転写されて核外に運び出されます。このときは必要な遺伝子領域（エキソン）だけが取り出され、余計な領域（イントロン）は除去さ

＊ **mRNA**
メッセンジャーRNA（リボ核酸）の略。タンパク質をつくるもと、設計図。

れます。これを**RNAスプライシング**と呼びます。

mRNAがメッセージを伝える場所は「リボソーム」という細胞内小器官です。いろいろなプロセスを経て成熟したmRNAになると、これは最終的にリボソームの「粗面小胞体《そめんしょうほうたい》」にたどり着きます。ここにはアミノ酸を一つずつ抱えた運び屋がいます。これを**トランスファーRNA（tRNA）**＊と呼びます。mRNAの情報を受けて、例えばリボソームに「ロイシン」の暗号部がくっつくと、ロイシンを抱えたtRNAがやってきて、ロイシンを置いていきます。

次に「バリン」の暗号部がリボソームにくっついたとします。するとバリンを抱えた**tRNA**がやってきて、ロイシンの隣にバリンを置いていきます。このようにして、バリンとロイシンがつながって、ペプチドができていきます。

こうしてつくられる**最初のアミノ酸配列を、「タンパク質の一次構造」と呼びます。**イメージとしては、アミノ酸が一直線に鎖のように並んでいる状態です。これを**ペプチド結合**と呼びます。このとき最初に並ぶアミノ酸が「メチオニン」です。そのためメチオニンは「開始アミノ酸」とも呼ばれます。

＊ **tRNA**
トランスファーRNA（リボ核酸）の略。アミノ酸と結びついて、タンパク質を合成する場所であるリボソームに供給する。

●タンパク質の二次構造

αヘリックス

▲タンパク質のペプチドの鎖のらせん構造をαヘリックスという。

βシート

▶ペプチド鎖が波状のシート構造になっているのをβシートという。

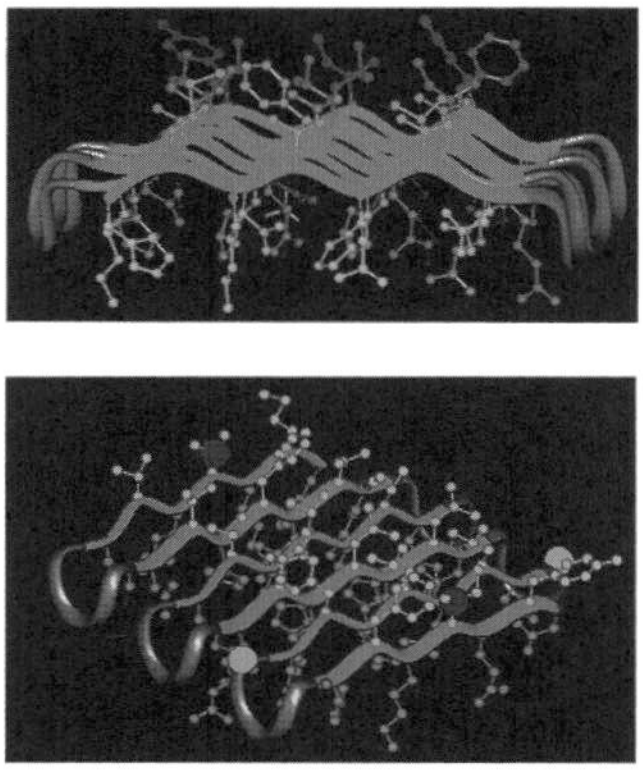

a

b

Proc Natl Acad Sci U S A. 2001 Mar 27;98(7):3652-7.より

そして鎖の途中で、ところどころにアミノ酸どうしの引力が働きます。すると鎖はからみあった糸のようになり、水素結合やイオン結合などによって、らせん状のαヘリックス、板状のβシートと呼ばれる構造ができます。これが**「タンパク質の二次構造」**です。

この形はアミノ酸どうしの相互引力によるものであり、これによるアミノ酸の結合は、「水素結合」と呼ばれます。

水素結合以外でも、アミノ酸どうしはイオン結合や疎水性相互作用、ジスルフィド結合などの作用によって、互いに引き合います。こうして全体的なアミノ酸の鎖が糸鞠《いとまり》のようになったものを、**「タンパク質の三次構造」**と呼びます。

＊**SH基（チオール基）**
チオールは、水素化された硫黄を末端に持つ有機化合物。

三次構造は「サブユニット」とも呼びます。この三次構造のタンパク質がいくつか結合すると、それが**「タンパク質の四次構造」**となります。

二次構造以上は**「高次構造」**と呼びます。ここで問題なのは、三次構造タンパク質がいくつか結合して四次構造になるときです。体液が酸性に傾いていたり、重金属が存在していたりすると、四次構造がうまくつくられません。

トレーニングによって乳酸が発生すると、体液は酸性に傾きます。これを放置しておくと、タンパク質合成がうまくいかなくなってしまいます。

ビタミンB群や重曹《じゅうそう》、クエン酸などには、酸性に傾いてしまうのを防ぐ働きがあります。トレーニング後はこれらを摂取することにより、速やかに乳酸を除去するように栄養条件を整えたいところです。

また、アミノ酸のシステインにはSH基*(チオール基)が含まれ、そのキレート*作用によって重金属の排出が行われます。後述のとおり**ホエイプロテインには多くのシステインが含まれ、重金属の排出や抗酸化作用を期待することができます。**

ホエイプロテインを飲まない人は、代わりに卵を食べるようにするといいでしょう。卵に

＊**キレート作用**
キレートとは挟み込むという意味。有害物質を挟み込んで体外へ排出させる作用。

は豊富な含硫アミノ酸（メチオニンやシステイン）が含まれます。昔から「悪いものを口にしてしまったときは、卵を飲め」と言われるのは、この理由からです。

タンパク質の「変性」とは

「加熱するとタンパク質が変性するから、生で食べたほうがよいのですか？」と聞かれることがあります。答えは「ＮＯ！」。加熱したほうがずっとよいのです。

タンパク質を加熱すると高次構造（⬇１３５ページ）が崩れます。**一次構造が変化しないで、高次構造が変化することを「変性」と呼びます。**「変性」というと悪いことのように思えてしまいますが、単に構造が変わるだけのことです。タンパク質がダメになるわけではありません。

高次構造が崩れると、タンパク質のひも状に連なった塊のような糸鞠《いとまり》がほぐれて、中にある一次構造が表面に露出してきます。生の未変性のタンパク質は高次構造がキープされているため、一次構造が糸鞠の中に隠れたままになっています。この状態だと、消化酵素が働くことができません。だから生肉は消化が悪いのです。

逆に、**加熱して一次構造が露出すると、消化酵素の作用を受けやすくなる**わけです。だから**肉や魚、卵などは加熱したほうが消化はよくなるのです。**ただし、加熱し過ぎると疎水性の部分（水に溶けない部分）が表面に出てきやすくなり、消化酵素が働きにくくなります。そのため、半熟卵は消化が速いのですが、固ゆで卵は消化が遅くなります。

加熱のし過ぎは、アミノカルボニル反応を促進してアルギニンやリジンを変質させてしまいます。これはプロテインスコアを落としてしまう可能性があります。

タンパク質の合成を促すmTOR

DNAに「タンパク質を合成せよ」という指令が伝わり、タンパク質の構造がつくられると前述しました。では、その指令は具体的にどのようなものなのでしょうか。

Part1のインスリンの項（⬇41ページ）で紹介しましたが、インスリンが働くときにはインスリン受容体*に結びつく必要があります。

この2つが結合するとIRSsというタンパク質がチロシンリン酸化され、PI3キナーゼ（PI3K）という酵素を活性化します。

＊インスリン受容体
インスリンに結合して、その信号を伝えるタンパク質。

●酵素やmTORの活性化でタンパク質の合成が促される仕組み

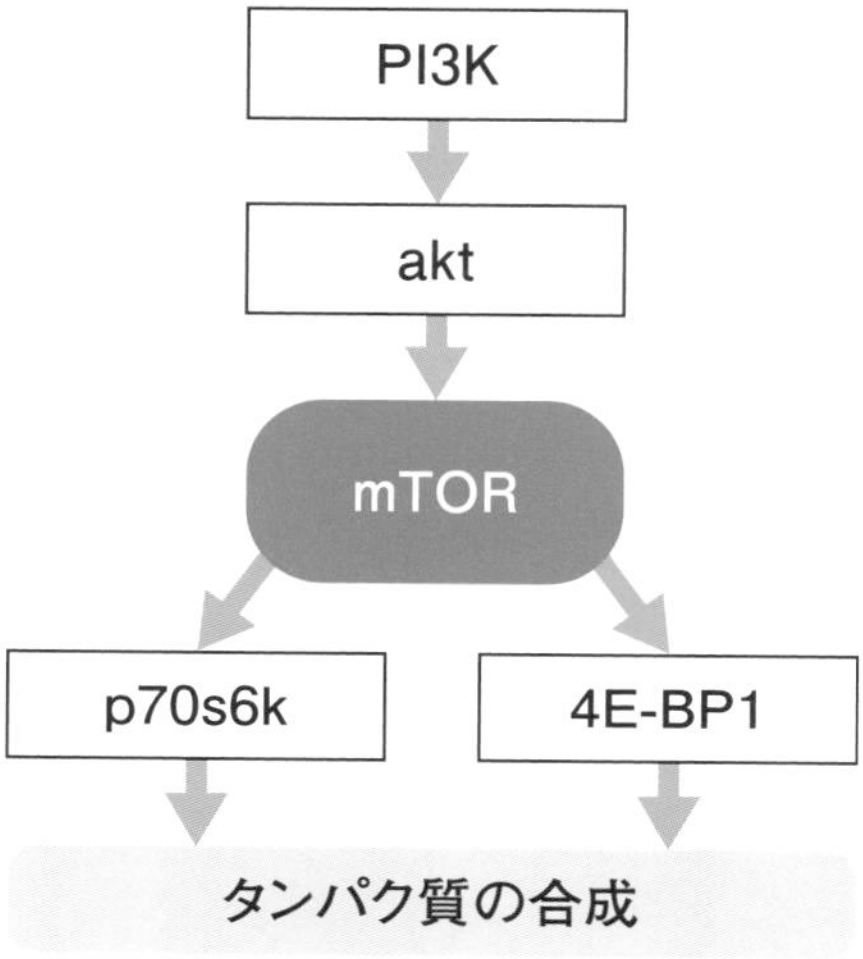

ＰＩ３Ｋは、ＧＬＵＴ４というブドウ糖の運び屋（輸送体）を細胞膜表面に持ってくる働きをしますが、他にも働きがあります。ＰＩ３Ｋはａｋｔ（プロテインキナーゼＢ）という酵素を活性化し、それによってｍＴＯＲというシグナル伝達経路が活性化するのです。

mTORとは何でしょうか。

これはmammalian target of rapamycinの頭文字です。Mammalianは哺乳類。Rapamycinは抗生物質の一種です。もともと抗生物質の標的として発見されたため、このような名前がついています。

ｍＴＯＲはＤＮＡの転写・翻訳や成長

因子、細胞のエネルギー、酸化還元状態*などさまざまな細胞内外の環境情報を統合し、細胞の成長を主に調節していく「シグナル伝達経路」だと考えてください。

mTORが活性化すると、その下流にあるタンパク合成酵素（p70s6kや4E－BP1）が活性化（リン酸化）して、タンパク質の合成が増えるのです。

つまり、PI3K↓akt↓mTOR↓p70s6kという流れにより、タンパク合成が活性化します。PI3Kはインスリンだけでなく、テストステロンや成長ホルモン、IGF－1（インスリン様成長因子1）などによって活性化されます。

筋肉のタンパク合成には、このPI3K／akt／mTOR経路が大きく作用します。その他にRAS／MAPKシグナル伝達系やカルシニューリン系などのシグナル伝達経路がタンパク合成にかかわってきます。

＊酸化還元状態

抗酸化酵素や抗酸化性の化合物によって還元状態（酸化の逆の現象）を維持している状態。

Chapter 3

タンパク質の分解

体の細胞は、常に新しく生まれ変わっており、タンパク質も分解と合成を繰り返しています。ここでは、タンパク質の分解を3つの仕組みで見ていきます。

細胞の恒常性を保つ仕組み「オートファジー」

私たちの細胞は代謝回転により、新しく細胞をつくる「同化」と、古い細胞を壊す「異化」を繰り返しています。

しかし、同化はわかりますが、なぜ異化によって細胞は壊される必要があるのでしょうか。

一つには、**「タンパク質を分解してエネルギーにしたり、食事からでは足りないアミノ酸を補ったりするため」**です。

これは、タンパク分解系としては**「オートファジー（自食作用）」**というシステムに分類されます。オートファジーをひと言で言うと、細胞が自らを分解する機能、細胞内の古くなったタンパク質が新しくつくり替えられるメカニズムのことで、ノーベル賞で有名になりましたね。

ある実験によれば、血中アミノ酸レベルが高いときには、1時間あたり1％程度のタンパク質が分解されるにすぎないのに、アミノ酸レベルが低くなると1時間あたり5％ものタンパク質が分解されてしまうとのことでした。

体内の栄養レベルが低いときにはアドレナリンやコルチゾール、グルカゴンなど「血糖値を上げる」ホルモンが分泌されますが、これらのホルモンはオートファジーを促進するため、タンパク質の分解が進んでしまうのです。

細胞質の一部が膜で囲まれてオートファゴソーム（細胞内で二重膜に囲まれる構造）になり、それに分解酵素を含んだ「リソソーム」*が働くと、オートファゴソーム内のタンパク質が分解されてアミノ酸が生じ、再利用に向かいます。

そして再利用されたアミノ酸はタンパク合成や糖新生（➡24ページ）、エネルギー産生に使われます。なお、細胞内に入った細菌を分解するのも、オートファジーの仕事の一つです。

逆に**「血糖値を下げる」インスリンが分泌されていると、体内の栄養レベルは十分だと判断されるため、オートファジーは抑制されます。**なお、アミノ酸の「ロイシン」がオートファジー

＊**リソソーム**
細胞小器官の一つで、さまざまな分解酵素を含む。

を抑制するために有効だとされています。

タンパク質の質を維持する「ユビキチン・プロテアソーム系」

そして、**タンパク質を壊す理由のもう一つは、「タンパク質の品質管理」**です。普通の工場でも不良品がつくられたら廃棄されるように、体内でも不良品のタンパク質がつくられたら、それを廃棄する必要があります。

体内のタンパク質というと、筋肉が真っ先に思い浮かぶかもしれませんが、実は酵素やホルモンなども体内でつくられるタンパク質です。これらの不良品が出回ってしまったら、すぐに体調が崩れてしまい、命を脅《おびや》かすことにすらなりかねません。

私たちの体は、本来ならば厳密な品質管理によって、タンパク質が正しく合成されるようになっています。しかし、水銀や鉛、ヒ素などの重金属に汚染されたり、脳梗塞や心筋梗塞などで血液の流れが悪くなったりすると、タンパク質の合成に問題が生じてしまいます。このような事態に対応できるよう、タンパク質は定期的に壊されているのです。

体内で不良品のタンパク質ができてしまった場合、まずは修復して正常に戻すように頑張ります。また、「どうも合成がうまくいっていない」と感じると、合成の途中でタンパク合成をストップさせます。しかし、これらの働きにもかかわらず、不良品タンパク質ができてしまった場合、体はそれを「分解」しようとするのです。

そして困ったことに、**構造上は品質的にまったく問題がないのに、「不使用」の状態が長く続くと、やはり分解されてしまうのです。**トレーニングをサボっていると、どんどん筋肉が落ちていってしまうのは、こうしたワケです。もともと**トレーニングによってつけた筋肉は、生命活動にとっては不必要なもの。このようなものは優先的に壊されてしまいます。**

では、どのようにしてタンパク質が分解されるのでしょうか。

せっかくつくったタンパク質を、意味もなく無秩序に壊されてしまってはたまりません。前述したオートファジー（➡140ページ）においては無秩序に分解されてしまう面もあるのですが、ユビキチン・プロテアソーム系においては、タンパク質は「選択的」に分解されます。

まずは壊すべきタンパク質を標的として決めます。標的が決まったら、そこに「ユビキチン」という76個のアミノ酸からつくられた小さなタンパク質が結合します。これを「ユビキチン化」といいます。

ユビキチン化のときには、3つの酵素が働きます。そして、壊すべきタンパク質が標的として定められると、そこにタンパク分解酵素である「プロテアソーム」が働いて、標的タンパク質が分解されるという流れです。

なお、がんやエイズ、糖尿病、火傷、腎不全、敗血症のような状態だと異常なタンパク質ができやすく、体はそれに対応するため、ユビキチン・プロテアソーム系が活性化します。また、糖質コルチコイドやインスリン欠乏、酸化ストレス、PIF(タンパク分解誘導因子)などがこの系を誘導するとされます。

タンパク質の分解酵素を活性化する「カルパイン系」

筋肉が収縮するときは、筋小胞体というところからカルシウムイオンが放出されます。トロポニンというタンパク質が筋収縮を調節しているのですが、これにカルシウムイオンが結合するとトロポニンの抑制が外れ、筋肉の収縮が始まります。

このようにカルシウムイオンにはシグナル伝達としての働きがあるのですが、これにはタンパク分解酵素を活性化する働きもあるのです。**カルシウムイオンによって活性化されるタ**

ンパク分解酵素を「カルパイン」と呼びます。

ただし、カルパインは必ずしもカルシウムイオンだけによって活性化されるわけではなく、ナトリウムイオンで活性化されるカルパイン3なども存在します。

筋肉は、筋節（サルコメア）がいくつもつながって筋原繊維を構成しています。筋節どうしを区切っている膜をZ線と呼びますが、カルパインにはこのZ線のタイチンを分解してしまう働きがあります。

大ざっぱな流れとしては、**筋肉にまずカルパインが働いて筋節をバラバラにし、そこにユビキチン・プロテアソーム系（****⬇１４２ページ****）が働いてペプチドにまで分解され、そこにリソソームが働いてオートファジー（****⬇１４０ページ****）が行われる**という経路が考えられています。（※15）

Chapter 4

プロテインについて

アスリートのタンパク質摂取にプロテインが必須とされる理由を解説します。科学的根拠をしっかり勉強しましょう。

なぜプロテインが必要なのか

プロテインは本来タンパク質のことですが、**食物からタンパク質を抽出して粉にしたものをプロテインパウダー、略してプロテイン**と呼ぶのが通称となっています。

アスリートに必須と言えるプロテインですが、食事と比べてプロテインにはどのようなメリットがあるのでしょうか。

プロテインのメリット

●余計なものが含まれない

タンパク質は肉や魚、卵などに多く含まれますが、それらは同時に脂肪も含み、多くのカロリーがついてきます。筋肉を増やしたいのに、余計なカロリーを摂取して体脂肪が増えてしまうようではいけません。

●胃腸への負担が少ない

大量のタンパク質を摂ろうとして大量の食事をすると、胃腸へも負担がかかります。しかし、プロテインなら溶かして飲むだけですので、胃腸への負担は少なくなります。

●手間がかからない

食事をするには買い物をして、料理をして、食器を揃えて、盛り付けて、咀嚼して、片付けて……といった手間がかかります。しかし、プロテインならシェイカーに水を入れて振って飲み、シェイカーを洗うだけで済みます。

●安い

プロテインは高いと思われがちですが、海外のサイトを使うと非常に安価に入手できます。1kgのプロテインが2千円程度で購入できることも少なくありません。

プロテイン100gあたりのタンパク含有量が80％とすると、1kgのプロテインに含まれるタンパク質は800g。それが2千円で買えるとするとタンパク質100gあたり250円。

卵の場合、筆者がよく行くコストコ（超巨大スーパー）で20個がだいたい350円くらい。全卵1個あたりのタンパク質を6・5gとすると、20をかけてタンパク質130gが350円。100gあたり269円です。食べ物でもっとも安くタンパク質が摂れるのは、鶏むね肉ではないでしょうか。業務用スーパーで買うと、2kgが800円くらいです。鶏むね肉のタンパク質は100gあたり23g。2kgだと460g。これが800円ですから、タンパク質100gあたりで約173円となります。

なお、海外からサプリメントを輸入する場合、送料は含まず金額が1万6千666円を超えると関税がかかりますので注意してください。海外から買うのはどうも……という方は、国産のプロテイン販売サイトも調べてみましょう。今では意外に安くなっています。

デパートなどで販売されている大手メーカーのプロテインは、概して高くなっています。大手ショップには販売価格の60〜65%くらいで卸さないといけないため、ネットで直販できるところに比べると価格では不利になるのです。ただ、そうしたところは品質に非常に気をつかっているため、安全性を求める方は国産大手のプロテインを選ぶといいでしょう。

●ゴールデンタイムを逃さない

筋肉が大量のタンパク質を欲している時間帯があり、これを「ゴールデンタイム」と呼びます。この時間帯に、いかに大量のタンパク質を「注入」するかが、筋肥大のポイントとなるのです。**筋肉はトレーニング直後から早くも筋タンパク合成能力が亢進しており**（※16）、**トレーニング終了後3時間ほどにわたって持続します。**（※17）

トレーニング直後に肉や魚などを食べても（これ自体が大変ですが）、ゴールデンタイムには間に合いません。また、トレーニング前に大量に食べたりしたら、胃もたれしてしまってハードなトレーニングは無理でしょう。

しかし、プロテインなら消化吸収も速く、胃腸への負担もなく、ゴールデンタイムに大量に注入することができます。

●血中アミノ酸レベルを高くできる

また肉や魚を大量に食べたとしても、消化吸収がゆっくりであるため、アミノ酸は徐々になだらかに血中に放出されます。（※1）　しかし、プロテインを摂取した場合、血中アミノ酸レベルを一気に高くすることができます。**これこそが、筋肉をアナボリックな状態（栄養をもとに筋肉をつくる）にもっていくことを可能とするのです。**（※18、※19）

●ホエイプロテイン摂取後の主なアミノ酸の吸収速度

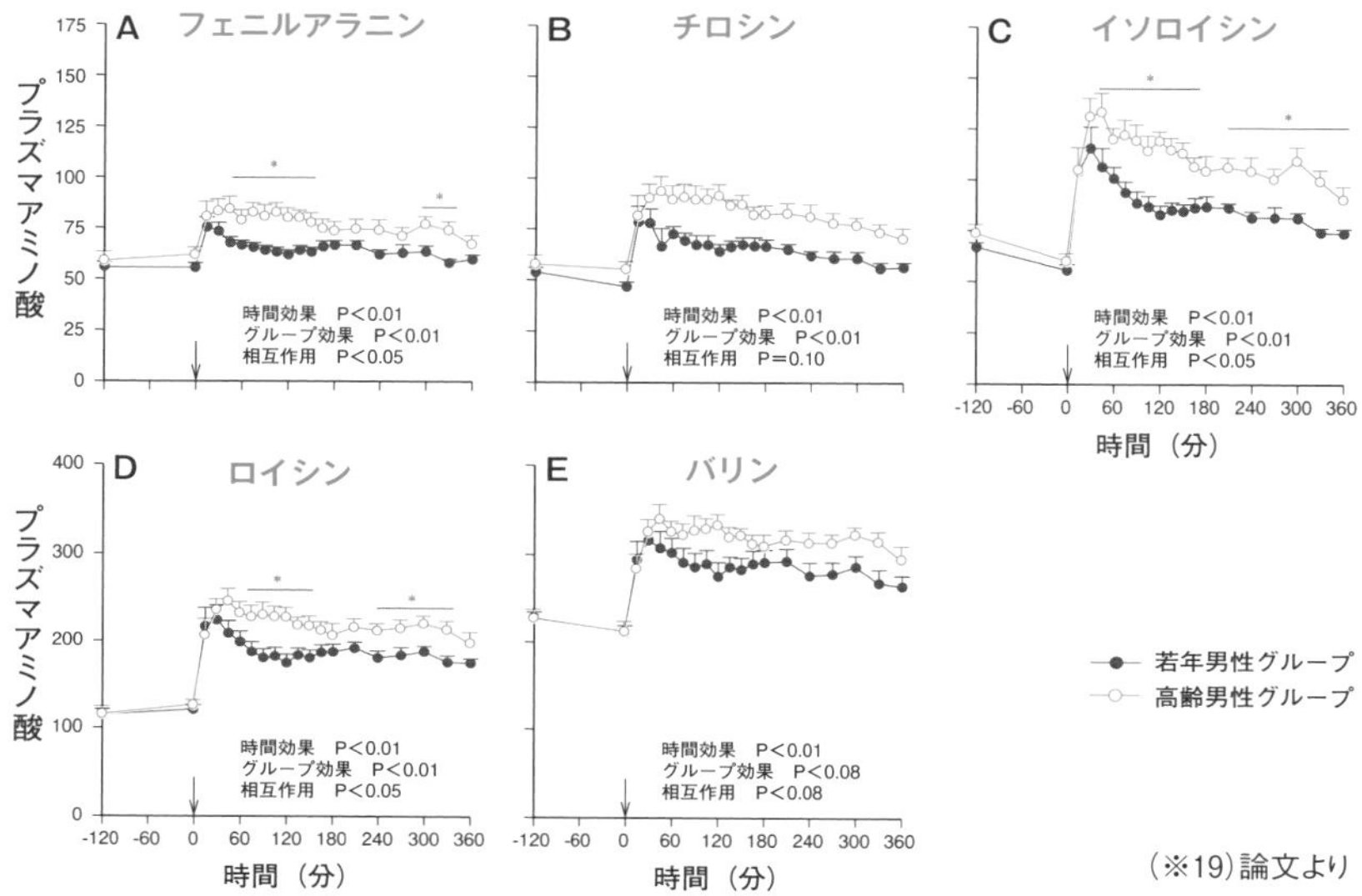

（※19）論文より

肉の場合だと2時間ほどかけて徐々に最高レベルに到達しますが、ホエイプロテインの場合は、上グラフのように60分ほどで一気に最高レベルになるのです。

ホエイプロテイン

プロテインの原材料はさまざま。目的に応じて使い分けるようにします。ただし、多くの場合においては、ホエイプロテインを選ぶようにするとよいでしょう。

ホエイプロテインの種類

●WPC（Whey《ホエイ》 Protein《プロテイン》 Concentrate《コンセントレート》）

現在、もっとも多く市場に出回っているホエイプロテインが、このWPC（濃

＊**カゼイン**
凝固するタンパク質。牛乳に含まれるタンパク質の一種。消化吸収が悪く、あまりプロテインの材料としては向いていない。

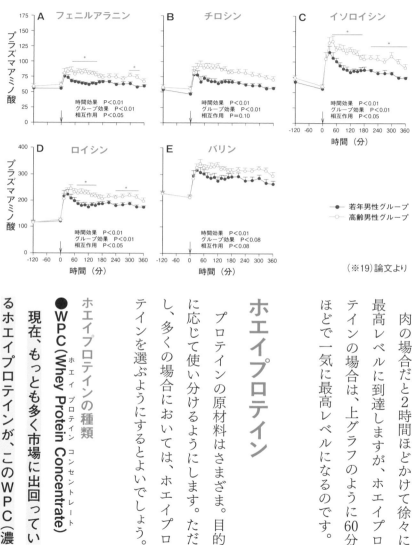

縮**ホエイプロテイン**）です。

ホエイプロテインは、牛乳由来のタンパク質です。まずは牛乳をカゼイン*とカード*に分離します。

カードを酵素処理し、水を抜いていくとチーズができるのですが、その抜かれた水にホエイ（乳清《にゅうせい》）が含まれるのです。ヨーグルトを食べると、上澄み液を見ることがありますが、それがホエイです。そこから水分を抜いて精製したものが、WPCとなります。

WPCのタンパク含有量は、平均して100gあたり70〜80gです。

●WPI（Whey《ホエイ》 Protein《プロテイン》 Isolate《アイソレート》）

WPCには乳糖や乳脂、灰分などが含まれるのですが、それらを取り除いてタンパク含有量をさらに高めたものがWPI（分離乳清タンパク質のプロテイン）です。

WPIのタンパク含有量は100gあたり90g以上にまでなります。また、精製度が高い分、WPCよりも消化吸収速度は速くなります。

なお、WPCからWPIとするときの処理方法として、「フィルター膜処理」あるいは「イオン交換樹脂処理」などがあります。フィルター膜処理のほうはタンパク質を低温で処理できるというメリットがあって、熱による変性の心配がありません。しかし、余計なものを除去し

＊カード
凝乳（ぎょうにゅう）。牛乳などに酢や酵素を加えて固形物をつくり出すこと。チーズのもと。

て純粋なタンパク質だけを取り出すという点では、イオン交換樹脂処理のほうが優れており、**タンパク含有率の高さを求める場合にはイオン交換樹脂処理が勝っています。**

●WPH（Whey《ホエイ》 Protein《プロテイン》 Hydrolysate《ハイドロリィセイト》）

WPCに酵素を働かせ、アミノ酸の細かいつながりにまで分解（加水分解）したものがWPHです。別名、ホエイペプチドとも呼びます。既に消化されている状態のため、胃腸への負担は少なくなります。消化吸収もWPCやWPIに比べ、少し速くなります。

一方でフィルター膜処理やイオン交換樹脂処理はしていないため、タンパク質含有率としてはWPIよりも低く、また価格も高くなります。

WPHはペプチドにまで分解されていますが、ペプチドといっても大きさはいろいろです。アミノ酸が2個のジペプチド、3個のトリペプチドにまで分解されていれば非常に消化吸収が速くなりますが、もっと大きな分子の場合、WPIと比べてそれほど違いはありません。45gのWPIとWPHを比較した研究でも、そのような結果が出ています。（※20）

ただし、25gのWPIとWPHを比較した研究（※21）では、ネガティブエクササイズからの回復においてWPHのほうがよい結果を出しています。

トレーニング中、ドリンクに溶かす場合は、ＷＰＨのほうが胃もたれせずによいと考えられます。体重１kgあたり０・15ｇずつの糖質とＷＰＨを運動中に飲んだ研究では、糖質のみの群と比べてタンパク合成が高くなっています。（※22）

3つのホエイプロテインの違い

それほど違いはないと言っても、微妙な消化吸収速度の違いがインスリンの強い反応を引き起こし、このような効果を導き出している可能性があります。

ちなみにカゼインを細かく砕いた「ペプトプロ」などは、かなり細かく砕かれたペプチドで消化吸収も速いようですが、カゼイン自体のアナボリック作用がホエイよりも低いことや、現時点ではあまりに高価であることから、今のところはおすすめできません。

なお、ホエイプロテインには免疫グロブリン（抗体）や、ラクトフェリン（母乳、涙、血液などに含まれるタンパク質）など、免疫を向上させてくれるものが多く含まれているのですが、これらは加工によって壊されてしまいます。特にペプチドにまで分解するＷＰＨにはほとんど含まれません。ですから**ホエイプロテインによる免疫向上効果（※23、※24）を狙うのであれば、ＷＰＣを選択するのがベスト**となります。

ただし、**ＷＰＣには乳糖がかなりの割合で残っており、牛乳を飲むと下痢してしまう乳糖不耐症の人の場合、ＷＰＣでも同じようなことが起こってしまいます。**この場合、ＷＰＩを選ぶようにしましょう。価格はＷＰＣよりも少し高くなりますが、タンパク質含有率が高いことを考慮すると、タンパク質１ｇあたりでの価格は大差ないものです。

ＷＰＨは価格が高く、免疫向上物質も期待できません。しかし、少しでも消化吸収が速いということは、トレーニング直後や起床直後に摂取する上で、大きなアドバンテージがあります。一方、あまりにも**消化が速いため、浸透圧性の下痢を引き起こしてしまうということもありますので、他のプロテインと組み合わせて飲むという方法も考えられます。**

浸透圧性下痢とは何でしょうか。吸収されていない物質が腸の中に高濃度で存在する場合、体は腸の中の水分を増やし、濃度を調節しようとしますが、腸の中の水分が増えることは、下痢の原因ともなってしまうわけです。

例えば、乳糖による下痢も、浸透圧性下痢の一種です。乳糖を消化できない人は、腸内に吸収されない乳糖が蓄積していきます。そして、体液で濃度を調節する→腸内の水分増加→下痢という流れになるわけです。人工甘味料の摂り過ぎによる下痢も、これと同じメカニズムです。

同様に、**ＷＰＨやアミノ酸のように消化吸収が非常に速いものを大量に摂取すると、腸の中の濃度が急速に高まってしまうため、この浸透圧性下痢を引き起こしてしまいがち**なのです。ただし、これらは吸収されない物質というわけではありませんので、少しずつ小分けにして飲むようにすれば大丈夫です。濃度が急速に高まらないため、浸透圧性下痢を引き起こすこともありません。その代わり、ＷＰＨやアミノ酸の持つ「消化吸収の速さ」のメリットも失われてしまうことになりますが……。

さて、ホエイプロテインのメリットとしては、次のようなものがあります。

ホエイプロテインのメリット

① 筋肉を増やす
② 免疫を高める
③ ダイエットに役立つ

では、一つずつ見ていきましょう。

●ホエイプロテインは筋肉を増やす

ホエイプロテインにはＢＣＡＡ*が多く、またインスリンの反応を強く引き出すためアナボリック作用が強くなります。

10週間にわたってトレーニングしながらＷＰＩあるいはカゼインを摂取したところ、ＷＰＩ群のほうが除脂肪体重と筋力において大きな改善をみせていました。（※25）

また、**トレーニング前にホエイプロテインを飲むことにより、筋肉を分解する作用のあるコルチゾールを減らすことができ、同時にテストステロンのレベルを高くすることができています。**大豆プロテインではこの作用は得られませんでした。（※26）

高齢者を対象に135日間にわたってホエイまたはカゼインを摂取しながらトレーニングを行った研究でも、やはりホエイのほうが筋力向上効果を示しています。（※27）

そして、ＷＰＨとカゼイン、大豆プロテインを比較した研究でも、やはりＷＰＨが最大の筋タンパク合成効果を示しています。（※28）

なお、ホエイプロテインにアミノ酸の一種のシトルリンを加えたところ、ｍＴＯＲ*が活性化されてタンパク合成が高まったというラットの研究があります。一酸化窒素の発生による

＊**BCAA**
運動をする際、筋肉のエネルギーとなるバリン、ロイシン、イソロイシンの必須アミノ酸の総称。

血流の増加がアミノ酸利用率を高めたのかもしれません。

●ホエイプロテインは免疫を高める

ホエイプロテインには、免疫グロブリンやラクトフェリンなど、免疫を向上させてくれるものが多く含まれていると述べましたが、特に大きく作用するのがホエイに多く含まれるアミノ酸である**「システイン」**です。

グルタミン酸とグリシン、そしてシステインからなるトリペプチドの**「グルタチオン」**という物質は、チオール基を用いて活性酸素を除去したり、重金属を排出したり、過酸化物を消去したりします。さらに、マクロファージなどの免疫細胞にグルタチオンが十分存在すると、免疫力が高まることがわかっています。（※29）

グルタミン酸やグリシンは体内に大量にありますが、メチオニンからつくられるシステインは不足しがちです。そのため、**システインを多く含むホエイプロテインを飲むことによって免疫が高まるのです。**（※23、※24）

なお、WPCではグルタチオンが増えるが、WPIでは増えないと書いてある書籍もあります。ただ、それは事実ではなくWPIでも普通にグルタチオンは増やすことができます。

＊**mTOR**
細胞内のシグナル伝達を通じて、細胞の増殖や代謝を調節するリン酸化酵素。

●ホエイプロテインはダイエットにも役立つ

30人の健康な男性を使って行われた研究で、6週間にわたって、「エクササイズ＋ホエイ」と「エクササイズのみ」、「何もしない」グループに分けて調べました。その結果「エクササイズ＋ホエイ」のグループは抗酸化能力が高まり、グルタチオンのレベルが増え、コレステロール値が改善されていました。ホエイの摂取量は1日に22gです。

この研究はエクササイズやホエイの免疫に対する効果を調べるのが目的だったのですが、実はホエイプロテインを摂取したグループは実験終了後に8・7％の体脂肪が減少していることが確認されたのです。エクササイズのみのグループは7・9％の減少です。（※30）

また別の研究で、ＢＭＩ（肥満度を表す体格指数）が平均31、平均年齢51歳の男女90人を対象に、エクササイズは全く行わず、「ホエイ摂取群」と「ソイ摂取群」、「炭水化物摂取群」とに分け、食事も好きに食べさせましたところ、ホエイ摂取群は炭水化物摂取群に比べ、体重と体脂肪、ウエストサイズが顕著に減り、その減少率はソイ摂取群よりも大きかったのです。（※31）

なお、空腹感のシグナルを送るグレリンのレベルが、ホエイでは小さかったことが報告されています。

さらにＥＰＯＣもホエイプロテインを摂取することで増やすことができます。ＥＰＯＣとは、Excess Post-Exercise Oxygen Consumption の頭文字をとったもので、運動後も疲労物質の除去やグリコーゲンの回復、筋タンパクの合成などにエネルギーが使われることで、消費カロリーが増加することを指します。

トレーニングの20分前に18ｇのホエイプロテインを摂取してＥＰＯＣを調べたところ、比較対照群が３・５％の代謝向上だったのに対し、ホエイ群は８・５％の代謝向上が認められました。（※32）なお、両群において1日のタンパク摂取量は変わりません。つまり**トレーニング前にホエイを飲むというタイミングが大事**だということです。

また、**ホエイプロテインを飲むことにより消化ホルモンのＣＣＫやＧＬＰ－１、ＰＹＹなどの満腹を示す指標が高まることが示され、空腹感を和らげることもわかっています。**（※33、※34）

5～40ｇのホエイプロテインを３００mlの水に溶かし、食事の30分前に飲むようにしたところ、食べる量が明らかに減り、食後の血糖値上昇やインスリン反応を減らすことができたという報告もあります。（※35）

なお、末梢に存在するセロトニンを抑制すると、肝臓におけるＦＧＦ21の発現と血中ＦＧ

ＦＧＦ21濃度が低下します。ＦＧＦ21については、次の大豆プロテインで解説しますが、肥満やⅡ型糖尿病では血中ＦＧＦ21濃度が高まるため、ＦＧＦ21は肥満やⅡ型糖尿病の発症を促す食習慣を反映するバイオマーカーとしての役割が期待されています。

ホエイプロテインをマウスに投与したところ、末梢由来セロトニンを抑制し、肝ＦＧＦ21の分泌が抑制されてインスリン抵抗性と高血糖が改善されたという報告があります。

そのため、**ホエイプロテインには食事誘発性肥満による糖尿病の発症を予防することも期待されています。**

ホエイプロテインは筋肉を求める人のためだけではなく、健康を求める人にとっても非常に有用となるサプリメントだと言えるでしょう。

大豆プロテイン

ホエイプロテインのメリットを書き連ねてきましたが、**ホエイにも弱点はあります。それは「アルギニンが少ない」こと。**アミノ酸について詳しくは後述しますが、アルギニンは健康にとっても筋発達にとっても非常に重要なアミノ酸なのです。

逆に**アルギニンの多いプロテインが、大豆プロテイン（ソイプロテイン）です。**大豆プロテインには十分なＢＣＡＡ（運動時の筋肉のエネルギー源となる必須アミノ酸）とグルタミンも含まれ、アナボリック効果＊としてはホエイプロテインに及ばないものの、十分な筋発達効果を示しています。

昔の日本人ボディビルダーが使用していたのは、ほとんどが大豆プロテインでした。それで特に問題はなかったはずですが、最近は大豆に関していくつかの問題点が指摘されています。

大豆プロテインの種類

●SPC（Soy《ソイ》 Protein《プロテイン》 Concentrate《コンセントレート》）

大豆から大豆油を取り除いた「脱脂大豆《だっしだいず》」から水溶性の非タンパク部分を取り除く方法でできた大豆プロテインをＳＰＣ（濃縮大豆プロテイン）と言います。製造過程で水を使って抽出する方法と、アルコールを使って抽出する方法がありますが、これで、イソフラボンの含有量に違いが出てきます。

この方法だと大豆に含まれる炭水化物が残りやすく、１００ｇ中に含まれるタンパク質としては70ｇ程度にとどまります。

＊**アナボリック効果**
同化の意味。十分な栄養が供給され、筋肉などの組織が増えている状態。

●SPI(Soy《ソイ》 Protein《プロテイン》 Isolate《アイソレート》)

水を使ってSPCから炭水化物をさらに取り除き、その後に沈殿させて乾燥させたものをSPI(分離大豆プロテイン)と呼びます。このような処理によって、100g中のタンパク質は90g前後にまでなります。一般に「大豆プロテイン」として販売されているものは、このSPIがほとんどです。

●大豆ペプチド(Soy《ソイ》 Peptide《ペプチド》)

SPIに酵素を働かせて、アミノ酸の細かいつながりにまで分解したものが大豆ペプチドです。既に消化された状態となっているため、胃腸への負担は少なくなります。

これは味が苦く、商品として販売されているものは糖質を添加するなどして味を調整しているため、タンパク含有率としてはSPIよりも少なくなります。また価格も高くなります。

大豆プロテインのメリット

大豆プロテインのメリットとしては、心臓血管系疾患への効果が挙げられます。食事に含まれるタンパク質をSPI(分離大豆プロテイン)に置き換えたところ、総コレステロール量が減り、特に悪玉コレステロールであるLDLと中性脂肪の減少が見られました。一方、善玉

コレステロールであるＨＤＬは顕著に増加しています。（※36）

アメリカ食品医薬品局（ＦＤＡ）では、大豆タンパクが冠状動脈疾患のリスクを減らすということで、１９９９年に健康強調表示（Health Claim）を認めています。

肥満マウスを対象に大豆タンパクあるいはカゼイン（牛乳などに含まれるタンパク質）を与えた研究では、大豆タンパク群のほうが体脂肪の減少が大きくなっています。（※37）

さらに大豆タンパクを与えたマウスは、カゼイン群に比べて血中アディポネクチンが増加していました。（※38）

アディポネクチンは脂肪細胞から分泌される生理活性物質の一つで、ＡＭＰＫ＊を活性化して体脂肪を燃焼させたり、傷ついた血管壁を修復して動脈硬化を予防したり、インスリン抵抗性を改善して糖尿病を予防したりなどの善玉作用を発揮してくれる物質です。

また、9週間にわたってホエイプロテインバーと大豆プロテインバーを比較したところ、ホエイのほうが少しだけ筋肥大効果は高かったものの、運動後の抗酸化ステータスは大豆プロテインのほうが高かったという報告もあります。（※39）

特に多いのが、大豆プロテインによって骨が強くなったという報告です。女性ホルモンは

＊AMPK

AMP活性化プロテインキナーゼ。細胞内のエネルギーが不足すると活性化する、細胞エネルギーの恒常性維持を担っている分子。

骨芽《こつが》細胞を刺激しますが、大豆イソフラボンにもこの作用があるようで、**大豆タンパクを摂取することによって骨芽細胞が活性化されたという報告が数多くあります。**（※40、※41）

大豆プロテインのデメリット

大豆プロテインにもデメリットがあります。プロテインスコアの項（⬇122ページ）で書いたとおり、大豆は必須アミノ酸の一つであるメチオニンが少なく、プロテインスコアはわずかに56です。そのため、ほとんどの**大豆プロテインはメチオニンを添加してプロテインスコアが100になるように高めています。**

大豆プロテインに含まれるイソフラボンは、女性ホルモンに似た作用を持ちます。この作用が問題になると考える人も少なくはありません。そして大豆には「ゴイトロゲン」という甲状腺機能に影響を与える物質があり、甲状腺腫を誘発する可能性があるという人もいます。さらに大豆にはフィチン酸が含まれ、ミネラルの吸収を阻害するという問題もあります。

では、それぞれのデメリットについて見ていきましょう。

●イソフラボンの問題

イソフラボンについては厚生労働省のQ＆Aに詳しく書かれています。要約すると、「**1日に大豆イソフラボン（アグリコン）としてトータル75mgまでなら問題なし。サプリメントとして食事に追加して摂取する場合は、1日に30mgまでなら大丈夫**」ということです。

ある資料によれば、SPC（濃縮大豆プロテイン）の大豆プロテインに含まれるイソフラボンは水で処理した場合、100g中102mgです。対してアルコールで処理した場合は、100g中12mgにすぎません。（※42）

SPI（分離大豆プロテイン）の場合はさらに少なくなるようです。ただし、メーカーによってはSPIであってもイソフラボンが多く含まれるような製造方法にしているところもあります（ピューリタンズプライドなど）。

心配でしたら大豆プロテインを飲む場合、どちらの処理がされているか、またどれくらいのイソフラボンが含まれているか、メーカーに問い合わせてみるとよいでしょう。

では、イソフラボンを摂り過ぎると、どんな問題があるのでしょうか。イソフラボンは女性ホルモンのような作用をするため、女性が大量に摂取すると子宮内膜が増殖するなどのリスクを高めることが知られています。しかし、大豆プロテインを3年間飲み続けたRCT論文によれば、子宮体がん(子宮内膜がん)のリスクについては問題ないとされています。12年以上にわたって日本人を対象とした研究でも、大豆製品と子宮体がんとの関係は問題ありませんでした。

イソフラボンは通常は糖と結合(グリコシド)していますが、糖が外れた構造はアグリコンと呼びます。こちらのほうが女性ホルモンに似た構造となっています。食品100gあたりのアグリコンとしての平均含有量は、大豆で140mg。豆腐で20mg、納豆73・5mg、味噌で49・7mg、豆乳で24・8mgとなっています。

豆腐一丁は約350gですから、1日に豆腐一丁くらいまでなら大丈夫ということになります。

しかし、問題なのが豆乳です。豆乳を300ml も飲んだらすぐに1日の限界量になってしまうので、**プロテインを豆乳で溶かしたりするのを毎日のようにするのは避けたほうがよいでしょう。**

●ゴイトロゲンの問題

アブラナ科の植物には、イソチオシアネートと呼ばれる抗酸化物質が多く含まれ、ブロッコリースプラウトに含まれるスルフォラファンも、この一種です。イソチオシアネートは、動物に食べられてしまわないために植物がつくり出している辛み成分です。ワサビの辛みもこれから来るものです。

ただし、アブラナ科に含まれるイソチオシアネートは、配糖体の形をとるため、あまり辛みを感じません。これでは動物に食べられてしまうのではと思うかもしれませんが、ここはとてもうまくできています。配糖体の形をとったイソチオシアネートは「グルコシノレート」と呼ばれますが、これはミロシナーゼという酵素によって糖が外れ、イソチオシアネートになります。植物が動物の攻撃を受けて組織が破壊された場合、ミロシナーゼがグルコシノレートと接触します。するとイソチオシアネートが出てきて、辛みが生じるというわけです。

でも、イソチオシアネートには問題があります。それは甲状腺での「ヨウ素（ヨード）」の吸収を阻害する作用を持っているからです。ヨードの吸収が悪くなると、甲状腺は頑張って甲状腺ホルモンをつくろうとします。それが続くと、甲状腺が肥大していきます。

「肥大した甲状腺」を、ゴイターと呼びます。そしてゴイターを引き起こす物質として、甲状腺を肥大させる物質、ヨードの吸収を悪くする物質のことを「ゴイトロゲン」と呼びます。キャベツやブロッコリー、サツマイモ、ピーナッツなどには、ゴイトロゲンが含まれます。

そして大豆に含まれるイソフラボンの一種、ゲニステインにはゴイトロゲンとしての作用があります。

甲状腺ホルモンの材料となる「チログロブリン」は濾《ろ》胞《ほう》上《じょう》皮《ひ》細胞《さいぼう》で合成されますが、このとき血中のヨードを取り込み、チログロブリンにヨードを結合させます。この作用は主に甲状腺ペルオキシダーゼによって起こります。

マウスの実験では、大量のゲニステインを摂取させたところ、甲状腺ペルオキシダーゼの活性が80％も低下しました。しかし、甲状腺ホルモン濃度や甲状腺の重量は、ゲニステインを摂取しなかった群と差が見られなかったのです。これは別の酵素が働いて甲状腺ペルオキシダーゼの活性低下を補ったと考えられています。

ヨウ素は海水中に多く存在し、昆布やワカメ、ヒジキなどに大量に含まれます。**日本人はむしろヨウ素の摂取量が過剰なため（厚生労働省：日本人の食事摂取基準）、ゴイトロゲンが問題になることはないと思ってよいでしょう。**もちろん甲状腺に問題がある人は話が別です。

●フィチン酸の問題

フィチン酸はリンの貯蔵形態であり、キレート作用が強いため多くのミネラルと結合し、体外に排出する作用があります。フィチン酸により大豆プロテインが鉄の吸収を妨げるという報告(※43、※44)は、確かにあります。

しかし、フィチン酸は大豆プロテインだけでなく、多くの食物に広範に含まれます。オートミールやパン、トウモロコシなどにも多く含まれることを考えると、それほど大豆プロテインからの摂取を気にしなくてもよいようにも思えます。

むしろ**中年以降の男性の場合、体内の「鉄」が多くなると心臓血管系疾患のリスクが高くなることや、肉や魚、卵には大量の鉄が含まれることから、これらを多く食べる人は逆に大豆プロテインを摂取してフィチン酸を取り入れることが、心臓血管系疾患リスクの低下にも結びつくのではないか**という推論も成り立ちます。

他にも大豆には問題があります。それは「トリプシンインヒビター」です。トリプシンはタンパク消化酵素、インヒビターというのは邪魔するという意味で、大豆にはタンパク消化酵素を邪魔する物質が含まれているのです。

余談ですが、植物にはこのように「動物に食べられてしまわないように」代謝を阻害する物質が含まれています。代表的なのは、ジャガイモの芽にあるソラニンやホウレンソウに含まれるシュウ酸などです。ニンジンに含まれるアスコルビナーゼはビタミンCを壊し、ワラビやゼンマイなどの山菜類にはビタミンB1を壊すアノイリナーゼが含まれます。

大豆のトリプシンインヒビターもその一つで、多くの動物は生の大豆を食べると下痢してしまいます。ただし、これは加熱で壊されます。大豆プロテインを製造するときは加熱されるので大丈夫です。大豆製品のトリプシンインヒビター残存率は、木綿豆腐で2・5%、絹ごし豆腐で4・3%、豆乳で13%、納豆で0・7%だそうです。(※45)

豆乳でプロテインを溶かす人もいますが、これは避けたほうがよいかもしれません。また、「きな粉」はタンパク含有量が多いということでプロテインの代わりにきな粉を、と考える人がたまにいますが、これも避けたほうがいいでしょう。

納豆や味噌など発酵させたものは、タンパク分解酵素が働くため、問題はなくなります。

卵にもトリプシンインヒビターとしてタンパク分解酵素を阻害する物質(オボムコイド)が含まれます。日本の栄養学の開祖、小柳達男氏の実験によれば、生の卵白を3個食べたとしても、1・3個分は吸収されずに排泄されてしまうとのことです。

加熱すればオボムコイドは破壊されるので大丈夫ですが、生卵は他にもアビジンやサルモネラ、アレルゲンなどの問題が含まれるため、食べるときは加熱したいものです。

●レクチンの問題

大豆のデメリットとして考えられるものとして、他に「レクチン」があります。

レクチンは糖に結合するタンパク質で、豆類やイモ類に多く含まれ、赤血球を固める働きがあることが知られています。これもフィチン酸やトリプシンインヒビター、ゴイトロゲンと同じように「動物に食べられてしまわないように」植物が持ち合わせているものです。

大豆否定派によれば、レクチンは**リーキーガット***を引き起こすとしています。リーキーは漏れる、ガットは腸のことで、腸壁に炎症が起きて大きな穴が空き、そこから未消化の物質や有害物質が体内に入ってきてしまう症状のことを指します。

しかし、レクチンは加熱や発酵によってある程度失活し、また消化吸収が悪いため、即座に血液を固めるようなことはありませんし、インスリン抵抗性やリウマチ、アレルギーを引き起こすことも、通常は心配いりません。

レクチンがリーキーガットを引き起こすという信頼のおける報告もないようです。

むしろ最近では、レクチンに抗がん剤を結合させ、これをがん細胞表面にある糖鎖に向けて狙い撃ちするという抗がん治療も開発されようとしています。こうして考えると、**大豆プロテインのデメリットは全体的にそう問題にはならないと思われます。**

＊リーキーガット
未消化のタンパク質などの異物が腸粘膜細胞の穴から漏れ出て、血液やリンパ液などにのって、本来存在しない場所へ到達すること。自己免疫疾患などの病気の原因になることも。

なお**ホエイにはアルギニンが少なく、大豆にアルギニンが多いので、この2つのプロテインをミックスするという方法も悪くありません。**消化吸収速度が問題にならない就寝前などは、この2つを混ぜて飲むのもよいでしょう。

βコングリシニンの作用

タンパク分解酵素のトリプシンの阻害物質であるトリプシンインヒビターの一つとして、**「βコングリシニン」**というものがあります。これも大豆タンパクの一種ですが、実は**βコングリシニンは中性脂肪や内臓脂肪を減らし、脂肪酸のβ酸化を活性化するとともに、脂肪酸合成酵素の活動を抑える**ことがラットの実験でわかっています。

PPARγ*をノックアウトして脂肪肝を起こしやすくしたマウスの実験では、カゼイン群は脂肪肝になったのに対し、βコングリシニン摂取群ではむしろ肝臓の中性脂肪が減少していました。ヒトでの研究では、1日にβコングリシニンを5g摂取することにより、中性脂肪の減少と内臓脂肪の減少が見られたという報告があります。

さらに、アディポネクチンを増やし、耐糖能を改善する作用もあるようです。ラットの実験では1週間のβコングリシニン摂取でも、アディポネクチン増加作用やβ酸化活性化作用、脂肪酸合成酵素の低下作用などが認められています。

＊**PPARγ**
核内受容体であるタンパク質の一種で心臓、骨格筋、肝臓や脂肪組織などに発現。脂肪細胞分化に必須の転写因子。

絶食時にはＰＰＡＲαの活性化に伴って**「ＦＧＦ21」**という遺伝子が発現します。**ＦＧＦ21は肝臓や脂肪組織における代謝向上作用を発揮し、「飢餓に対する適応」が行われる**とされます。つまり空腹に反応して肝臓の脂質代謝が亢進し、エネルギーを得ようとするわけです。

また、体内におけるケトン体が増加するとＦＧＦ21が増加してインスリン感受性が亢進します。さらにＦＧＦ21が増加するとレプチン抵抗性が改善したり、アディポネクチンが増加したり、心臓血管系リスクファクターのマーカーが減少するなどの効果が見られます。

そして、βコングリシニン摂取マウスはＦＧＦ21が増加したのに対し、カゼイン摂取マウスはＦＧＦ21が減少していました。よってβコングリシニンの作用の一部はＦＧＦ21を介してのものと思われます。

また、ＦＧＦ21の増加によりＵＣＰ－１が増加していることも確認されています。

標準体重を20％以上オーバーしている女子学生を対象に、大豆タンパク群とカゼイン群とに分けて体重の変化を観察した研究があります。最初の10日間は、ほぼ同じ減少カーブでしたが、カゼイン群はその後、横ばいになったのに対し、大豆タンパク群は体重の減少が継続しました。大豆タンパクの約20％がβコングリシニンだとされます。この女子学生を対象にした報告では1日5ｇで効果があったとされますので、大豆タンパクとして1日に25ｇでよい

＊**PPARα**
核内受容体であるタンパク質の一種で、肝臓や褐色脂肪組織、心臓、腎臓で発現。

ということになります。

しかし、ここで重要なポイントがあります。FGF21の発現がβコングリシニンの作用を担っているのですが、このときは「転写因子ATF4」の応答遺伝子が増加しています。これはすべてアミノ酸代謝関連遺伝子です。**ATF4は「アミノ酸が足りない→低栄養状態にある！」と体が判断したときに、脂肪を分解してエネルギーを得ようとする働きを持っています。つまり、βコングリシニンを摂取すると、体は「メチオニンが足りない」と判断し、それがFGF21を発現させて、さまざまな作用を及ぼすのです。**実際にメチオニンを添加したβコングリシニンを摂取したところ、FGF21の発現増加が起こらなかったという結果になっています。

ほとんどの大豆プロテインは、アミノ酸スコアを100にするため、必須アミノ酸のメチオニンが添加されていますが、これでは効果がないということになります。また、普通の食事から大豆タンパクを摂ろうとした場合、一緒に食べるものにメチオニンが多く含まれているとダメだということです。

白米にはメチオニンが多く含まれるため、アミノ酸スコアを高めるためには、米と大豆製品の食べ合わせはよいのですが、飽食の時代に生きる現代人がダイエットするためには、こ

●peaプロテインとホエイプロテインのアミノ酸組成 著者作成

	pea	ホエイ		pea	ホエイ
アラニン	3.3	4.1	リジン	5.7	7.2
アルギニン	6.6	2.1	メチオニン	0.8	1.6
アスパラギン酸	8.9	8.7	フェニルアラニン	4.2	2.6
システイン	0.8	1.9	プロリン	3.4	4.7
グルタミン酸	13.2	13.9	セリン	3.9	4.2
グリシン	3.1	1.5	トレオニン	2.8	5.7
ヒスチジン	1.9	1.5	トリプトファン	0.7	1.5
イソロイシン	3.7	4.9	チロシン	3.1	2.8
ロイシン	6.4	8.6	バリン	4.0	4.6

の食べ合わせは不向きということになるのでしょう。

peaプロテインの特徴

最近になってｓｏｙ（大豆）ではなく、**pea（エンドウマメ）のプロテイン**が市場に出てくるようになりました。

大豆に比べてエンドウマメはアレルゲンとなることも少なく、またイソフラボンが大量に含まれるということもありません。フィチン酸も少ないようです。

では、ｐｅａプロテインのアミノ酸組成はどうでしょうか。ホエイプロテインと比べると、上表のようになっています。

また、ｐｅａプロテインを製造しているメーカーが出資した研究のため、１００％信頼できるというわけでもないのですが、ｐｅａプロテインとホエイプロテインを比べたところ、効果に差はなかったという報告もあります。

12週間にわたってｐｅａあるいはホエイ、プラセボ群に分けて上腕のトレーニングを行ったところ、筋肉量はホエイ群に比べて少しだけｐｅａプロテイン群のほうが増えており、筋力の増加は同等だったとのことです。（※46）

ＢＣＡＡやシステインなど、筋肉量に影響を与えそうなアミノ酸はホエイのほうが多いのに、なぜこういう結果が出たのでしょうか。一つの回答として、「アルギニンの多さ」が考えられそうです。ホエイに含まれるアルギニン自体がもともと少ないのですが、**ｐｅａプロテインに含まれるアルギニンの量は刮目《かつもく》すべきもので、ホエイと比べると１００ｇあたり４・５ｇも多く入っています。**

大豆プロテインもアルギニンが多いのですが、ｐｅａプロテインには大豆の持つさまざまな問題点が少なく、タンパク源として優秀だと言えそうです。

でも、問題もあります。エンドウマメはホエイ（牛乳）や大豆のように大量に収穫できません。また、現時点におけるｐｅａプロテインは、味が非常にマズイのです。筆者もいくつかのメー

●カゼインとホエイプロテイン摂取による
血中アミノ酸濃度の変化

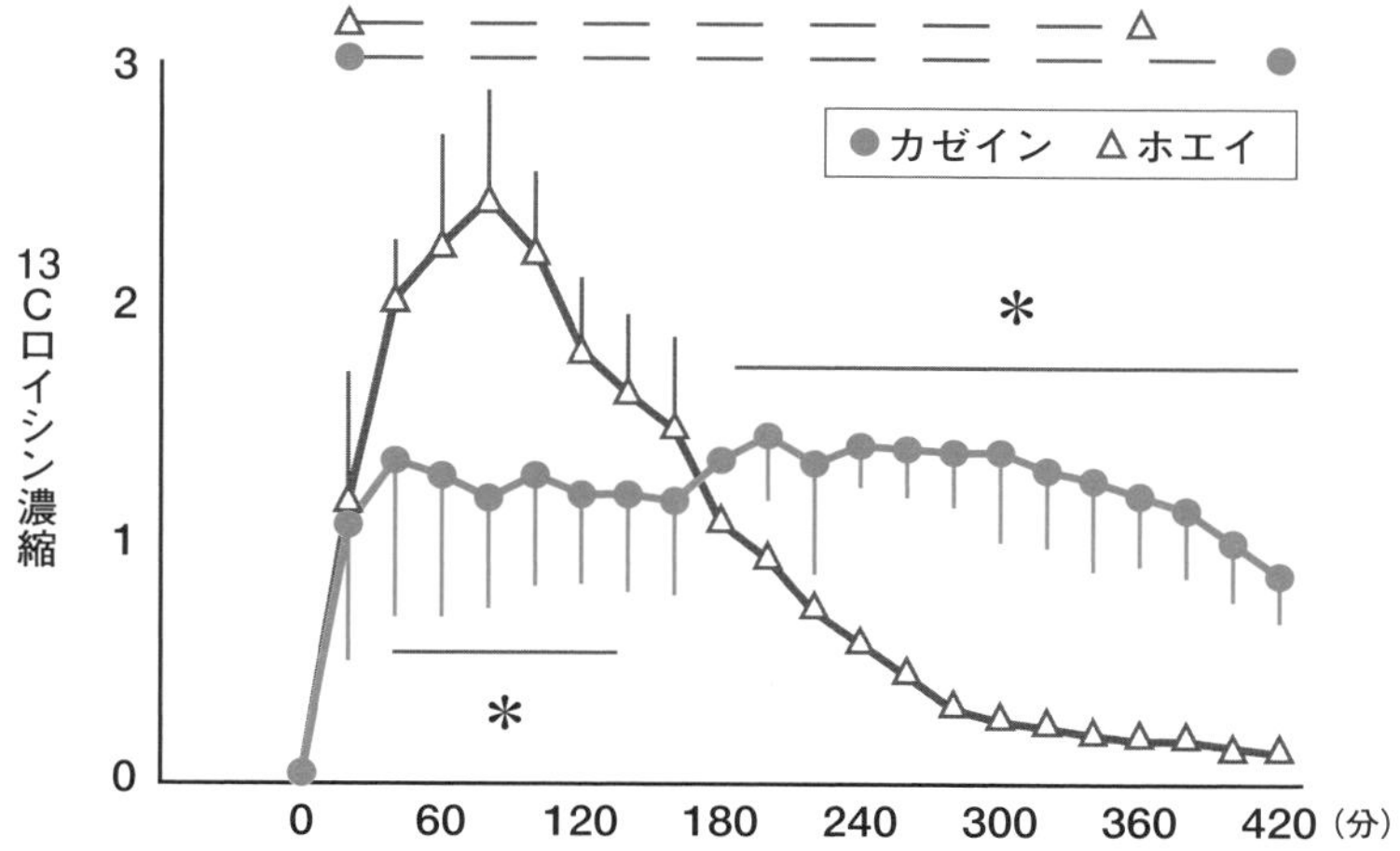

（※47）の研究より

カーのものを試しましたが、昔ながらのマズいプロテインに慣れている筆者でさえ、これはキツイなーと感じる味でした。今後の企業努力に期待しましょう。

カゼインの問題点

ここで、カゼインについて触れておきましょう。カゼインもホエイプロテイン同様、牛乳由来のプロテインです。

トレーニング雑誌などには、こう書いてあります。「カゼインはゆっくり吸収されるため、就寝前などに飲むとよい」。

確かに上のグラフを見ると、カゼインは7時間にもわたって血中アミノ酸レベルを高く保つことができています。（※47）

●ホエイとカゼインプロテインの構成比較

		ホエイ	カゼイン			ホエイ	カゼイン
エネルギー（kJ/kg）		17270	14980	アミノ酸	イソロイシン	84	58
プロテイン（g/kg）		762	850		ロイシン	105	101
炭水化物（g/kg）		87	87		リジン	91	83
脂質（g/kg）		48	15		メチオニン	16	30
アミノ酸	アラニン	48	31		フェニルアラニン	31	54
	アルギニン	2	38		プロリン	61	105
	アスパラギン酸	102	73		セリン	52	63
	システイン	12	4		スレオニン	62	46
	グルタミン酸	172	223		トリプトファン	21	14
	グリシン	20	19		チロシン	24	58
	ヒスチジン	16	32		バリン	60	74

しかし、後述しますが、このグラフには、あるトリックがあるのです。

まずはアミノ酸バランスについて調べてみましょう。

ホエイとカゼインを比較すると、上表のようになります。（※48）

この表で目立つのが、カゼインにはシステインが少ないことです。システインが多いとグルタチオン*が増えるため、システインを多く含むホエイを飲むと免疫が高まります。そのため、カゼインには免疫向上のメリットが少ないのです。

また、**システイン摂取によるグルタチ**

＊ **グルタチオン**
グルタミン酸、システイン、グリシンという3つのアミノ酸が連なったペプチド（化合物）のこと。

オン産生量増加は、窒素バランスを改善して筋肉量を増やすことにつながります。（※49、※50）この面からもホエイはカゼインに勝っていると言えます。

カゼインにはカゾモルフィンというペプチドが含まれ、これは自閉症や統合失調症と関連しているという主張も見られます。

しかし、実際にカゾモルフィンにそうした作用があるとする信頼できる文献は現時点で存在しないため、この点については心配する必要はないでしょう。

とはいえ、カゼイン由来のオピオイドにシステイン取り込みの阻害作用があり、それが広範囲にＤＮＡメチル化を引き起こしてエピジェネティック*な変化を引き起こす可能性はあります。（※51）

また、カゼインが免疫を低下させる可能性（※52）や、トリプシンを働かせたカゼインは逆に経口免疫寛容*に良好な結果をもたらすという報告（※53）もあります。

ともあれ、カゼインを摂取するメリットとしては「長時間作用する」ことですが、それは本当なのでしょうか。

＊**エピジェネティクス**
先天的であるDNAの塩基配列を変化させず、後天的に化学的修飾によって遺伝子発現が制御される仕組み。

● A ホエイ、大豆、カゼインプロテイン摂取による血中必須アミノ酸の変化

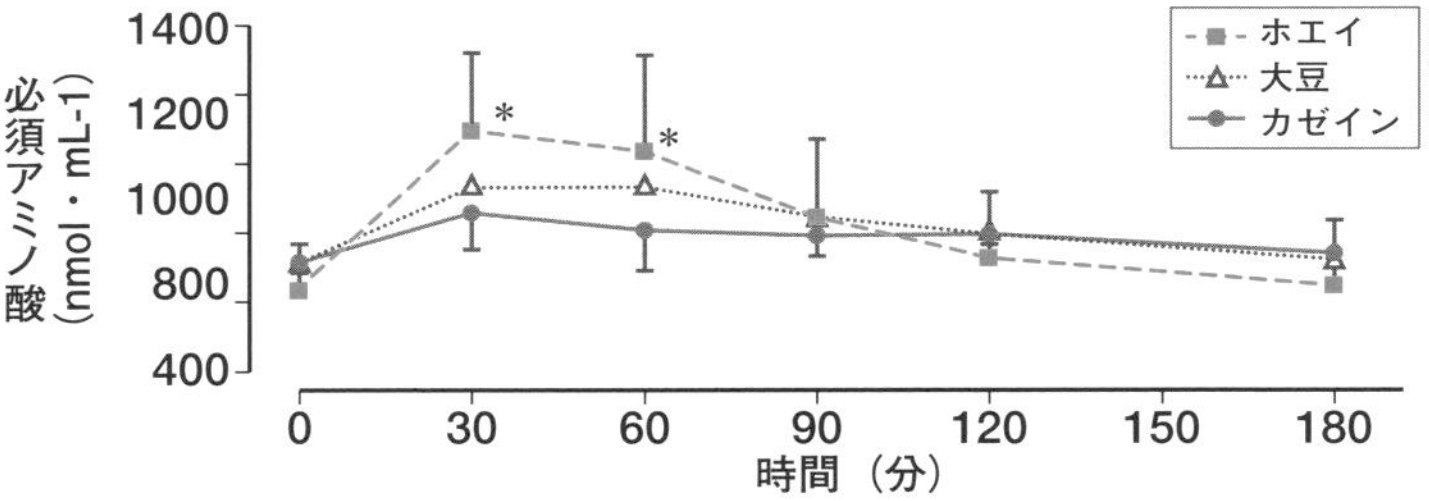

● B ホエイ、大豆、カゼインプロテイン摂取による血中ロイシンの変化

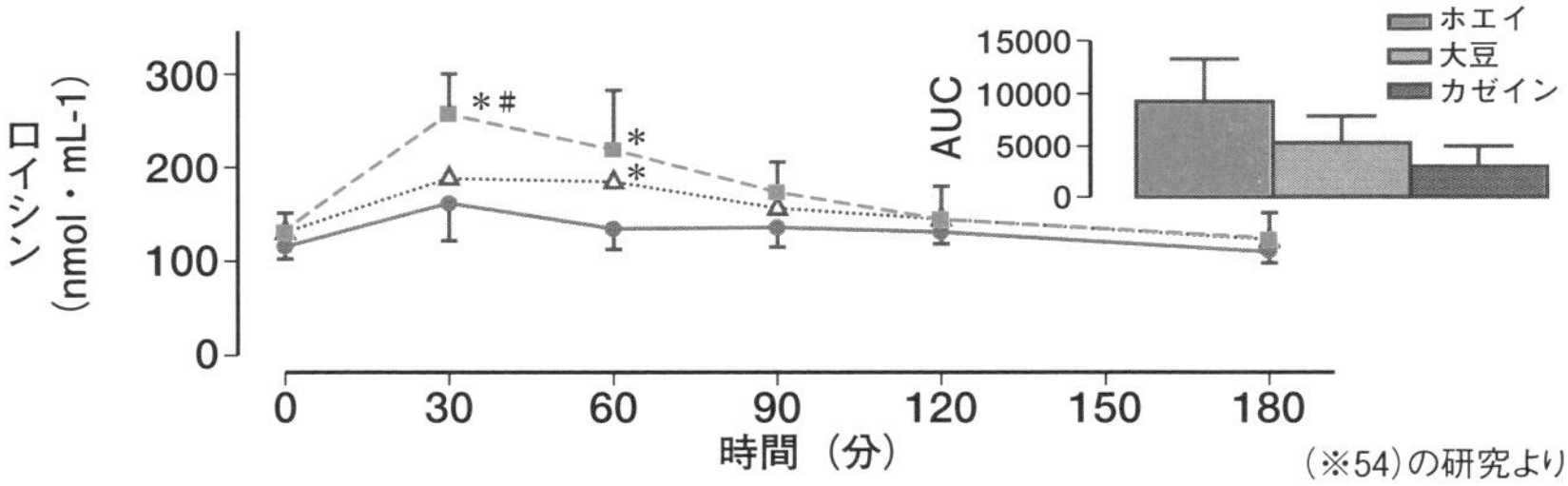

（※54）の研究より

上のグラフをご覧ください。20g強のホエイあるいはカゼイン、大豆プロテインを摂取してからの血中必須アミノ酸、血中ロイシンのレベルです。(※54)

177ページのグラフ(※47)だと7時間後もカゼインは血中アミノ酸レベル(ロイシン)が高かったのですが、上のグラフでは少し違う結果になっています。なぜでしょうか。

※47の研究では、ロイシンの量をホエイとカゼインで揃えるため、ホエイは30gなのに対し、カゼインは43gを摂取していたのです!

多く摂取していれば、それだけ長くとどまるのは当然です。また、同じ※47の研究において、摂取5時間後のロイシン

＊ **経口免疫寛容**

口から摂取した食物タンパク質については、抗原(体内に侵入した異物)として認識せずに免疫反応が起こらない現象のこと。

はカゼインが61％、ホエイは29％、ベースラインより高いままとなっています(これもカゼイン43g、ホエイ30gでの話)。

しかし、グリシンやアラニンは、カゼインであっても5時間後はベースライン以下のレベルになっています。

右ページグラフ(ホエイとカゼインは同量摂取)では、3時間後の血中必須アミノ酸レベルはホエイもカゼインも同等となっています。またこの研究では、筋タンパク合成率においてホエイはカゼインよりも63％高かった、大豆よりも18％高かったとしています。トレーニング後に摂取した場合、ホエイの筋タンパク合成率はカゼインよりも122％高く、大豆よりも31％高かったということです。

これらのグラフから、血中アミノ酸レベルの上昇カーブはホエイが圧倒的に急になっていることがわかります。筋肉に大量のアミノ酸を「注入」するためには、ホエイが有利だということは否めないでしょう。

ちなみに昔のボディビルダーは、スキムミルクをよく飲んだものです。スキムミルクは別名を脱脂粉乳《だっしふんにゅう》、つまり牛乳から乳脂肪を取り除いたものですが、このタンパク質はほとんどがカゼインです。**カゼインプロテインを飲みたい方は、スキムミルクを飲むという手もあり**

ます。ただし、スキムミルクには、かなりの乳糖とナトリウムが含まれますが……。

なお、某国産牛乳メーカーがプロテインを販売しており、そこは「ミルクプロテイン」を推していいます。ミルクプロテインは、当然「ホエイ+カゼイン」なのですが、メーカーの実験ではミルクプロテインはホエイやカゼイン、大豆単独それぞれよりも効果があるとのこと。これについてはノーコメントとさせていただきます。

ホエイや大豆、pea、カゼインの他にエッグプロテインやヘンププロテイン、ビーフプロテインなどもありますが、商品数としては少ないため、今回は触れません。

プロテインの飲み方とゴールデンタイム

プロテインの特徴を踏まえてプロテインをどのように飲んでいくか。先ほどゴールデンタイムの話(➡149ページ)をしましたが、ここではタイミングが重要となってきます。

プロテインを飲むベストタイミング

トレーニング直後、プロテインを飲んだ場合とトレーニング終了2時間後に飲んだ場合とを比較したところ、**直後に飲んだ群は筋肉量と筋力が大きく向上したのに対し、2時間後に飲んだ群は筋力が少しだけ増えたにすぎなかった**という報告があります。（※55）

さらに、トレーニング開始直後には既にタンパク合成が亢進していることを考えると、**トレーニング開始時には既に血中アミノ酸レベルを高くしておくことが望ましい**と思われます。ホエイの場合は摂取60分後には血中アミノ酸レベルが最高値に近くなっているため、トレーニングの1時間前にホエイプロテインを飲むようにするとよいでしょう。

実際、**トレーニング前後にプロテインを飲んだ場合と、朝食時および夕食時にプロテインを飲んだ場合とを比較したところ、トレーニング前後に飲んだほうが、はるかに筋肉量の増加が見られます。**（※56）

また、就寝中は何も食べないため、血中アミノ酸レベルだけでなく、血糖値も低くなり、糖新生が起こりやすくなっています。**筋肉の分解を少しでも早く解消するため、起床直後にプロテインを飲むこともおすすめできます。**

ちなみに糖尿病患者を対象にした研究では、ホエイを多め（この研究では50g）に飲み、その30分後に高グリセミック指数*（高GI値）の朝食を食べたところ、消化管ホルモンのGLP－1のレベルが141％高まり、食後高血糖が改善され、インスリン応答が96％も高まって

＊**グリセミック指数**
食後血糖値の上昇度を示す指数。高GI食品を摂取すると、一気に血糖値が上昇、多量のインスリンが分泌される。

いました。（※57）

もちろん就寝前の摂取も追加したいところです。ただし、仕事が終わってからジムに行き、トレーニングをしてからプロテインを飲み、寝る前に夕食を食べる……というような場合は、夕食で十分にタンパク質を摂取しておけば、特に寝る前にプロテインを飲まなくても大丈夫です。

ただし、夕食から就寝までの間に時間が空くときは、就寝前にもプロテインを飲みます。この場合、消化吸収をゆっくりにするために「ホエイ＋大豆またはｐｅａ（エンドウマメ）のプロテイン」としてもよいですし、ホエイプロテインにオリーブオイルなどを５ｇほど混ぜるだけでもＯＫです。オイルと一緒に飲むことで、ホエイの吸収を遅くすることができます。

面白いことに、**油ものの多い料理を食べてからホエイを飲んだ場合、カゼインやグルテンなどと比べて胃内容排出時間が遅くなるようです。**（※58）

なお、**本気でトレーニング効果を上げたい人には、寝た後、夜中に１回起きて、冷蔵庫に入れておいたプロテインを飲むようにすることをおすすめしています。**

1回に飲むべき量は？

プロテインの摂取量はどうでしょうか。

体重1kgあたり2・2〜2・3gとすると、80kgの人で1日に180g程度のタンパク質が必要となります。食事でも高タンパクを意識したとして、食事から摂取できるタンパク質が80〜90gといったところでしょうか。

するとプロテインから摂取するべき量は、1日に100g程度のタンパク質となります。

これを**トレーニング前とトレーニング後、寝る前あるいは起床直後などに分散させます。**なお、「タンパク合成はプロテイン20gで最大となるので、1回にそれ以上飲んでもムダ」という説が流れたことがあります。これはもともとムーアの研究(※59)が発祥となっているようで、その後も似たような報告がいくつか出てきています。(※60、※61)

しかし、最近になって発表された報告(若いトレーニング経験豊富な男性を被験者とする)によると、20gでは足らず、40g摂取することにより最大のタンパク合成がもたらされたという結果が出ています。面白いことに、これは筋肉量が少ない人でも同様だったとのことです。(※62)

筋肉量が多いほど、タンパク質は多く要求されるというのがこれまでの常識でした(※63、

※64、※65)が、この報告では除脂肪体重が65kg以下の人でも、除脂肪体重70kg以上の人と同じように、40gのタンパク質のほうが強いタンパク合成を示しています。

また、若者(平均22歳)と非若者(平均71歳)を比較したところ、若者は「体重1kgあたり0.24g」あるいは「除脂肪体重1kgあたり0・25g」のタンパク質で合成率が最大だったのに対し、非若者は「体重1kgあたり0・4g」あるいは「除脂肪体重1kgあたり0・6g」のタンパク質で、合成率が最大になったという報告があります。(※66)

このような報告から考えて、**1日に100gのプロテインを飲む場合、例えばトレーニング1時間ほど前に40g、トレーニング後に40g、起床直後に20gというような感じでトレーニング前後に多く割り振るようにしたほうがよいでしょう。**

なお、トレーニング直後は交感神経が興奮しており、副交感神経が働きにくくなっています。また、筋肉に血流が行き渡っているため、胃腸への血流は少なくなっている状態です。そのため、**トレーニング直後は消化の必要がないグルタミンなどのアミノ酸を摂取しておき、トレーニング終了後、数十分して副交感神経が優位に立ち、胃腸の血流も回復したあたりでプロテインを飲む**ようにしたほうがよいものと思われます。

そしてもう一つ。「トレーニングしない日はプロテインを飲まなくてもよいのですか？」という質問を受けることがあります。答えはもちろん「NO！」。**トレーニングが終わってからも48時間は筋タンパク合成が亢進しているため（※67、※68、※69、※70、※71）、オフの日もプロテインは飲まないといけません。**

Chapter 5

コラーゲンと酵素

美容成分、軟骨成分として広く知られるコラーゲンもタンパク質の一種です。ここでは、コラーゲンとは何か、そして、栄養素の分解に不可欠な酵素について解説しましょう。

コラーゲンとは

私たちの体は36兆個もの細胞からつくられています。そして細胞の外には細胞どうしをくっつける接着剤のような物質が存在し、それを**「細胞外マトリックス（ECM）」**と呼びます。**コラーゲンは、このECMの主成分**なのです。

しかし、**30代を境に体の中のコラーゲンはだんだんと減少していき、肌や髪、爪などコラーゲンが主な材料となっているところに老化のしるしが現れてきます。**肌のたるみやシワ、髪のツヤの不足や髪が細くなる、爪が割れやすくなる。こういったものはみんな、コラーゲンの不足を示すサインなのです。

コラーゲン合成のために

コラーゲンは主にグリシンやプロリン、ヒドロキシプロリン（プロリンを水酸化したもの）、アルギニンなどのアミノ酸から構成されるタンパク質です。

体内でコラーゲンが合成されるとき、最初の原料はプロリンになります。そして、コラーゲンがおおかた出来上がったところで、その中のプロリンに酵素が働き、ヒドロキシ化（水酸化）されます。このヒドロキシ化（水酸化）を行うためには、ビタミンCが重要な役割を果たします。

ですから**コラーゲンを体内で合成するときには、ビタミンCが欠かせません。**

グリシンやプロリンは普通にタンパク質を摂取していれば、まず不足することはありません。しかしアルギニンは不足する可能性があります。

特にコラーゲンを体内で生成する際、コラーゲンの構造は「Y」に似た形をしているのですが、Yのちょうど分岐している位置を形成するためにアルギニンが必要とされます。なお、アルギニンの成長ホルモン分泌作用やNO（一酸化窒素）産生作用も影響してきます。

詳しくは後述しますが、**アルギニンを摂取することでコラーゲンの合成が促され、ケガか**

●コラーゲン摂取による皮膚の弾性の変化

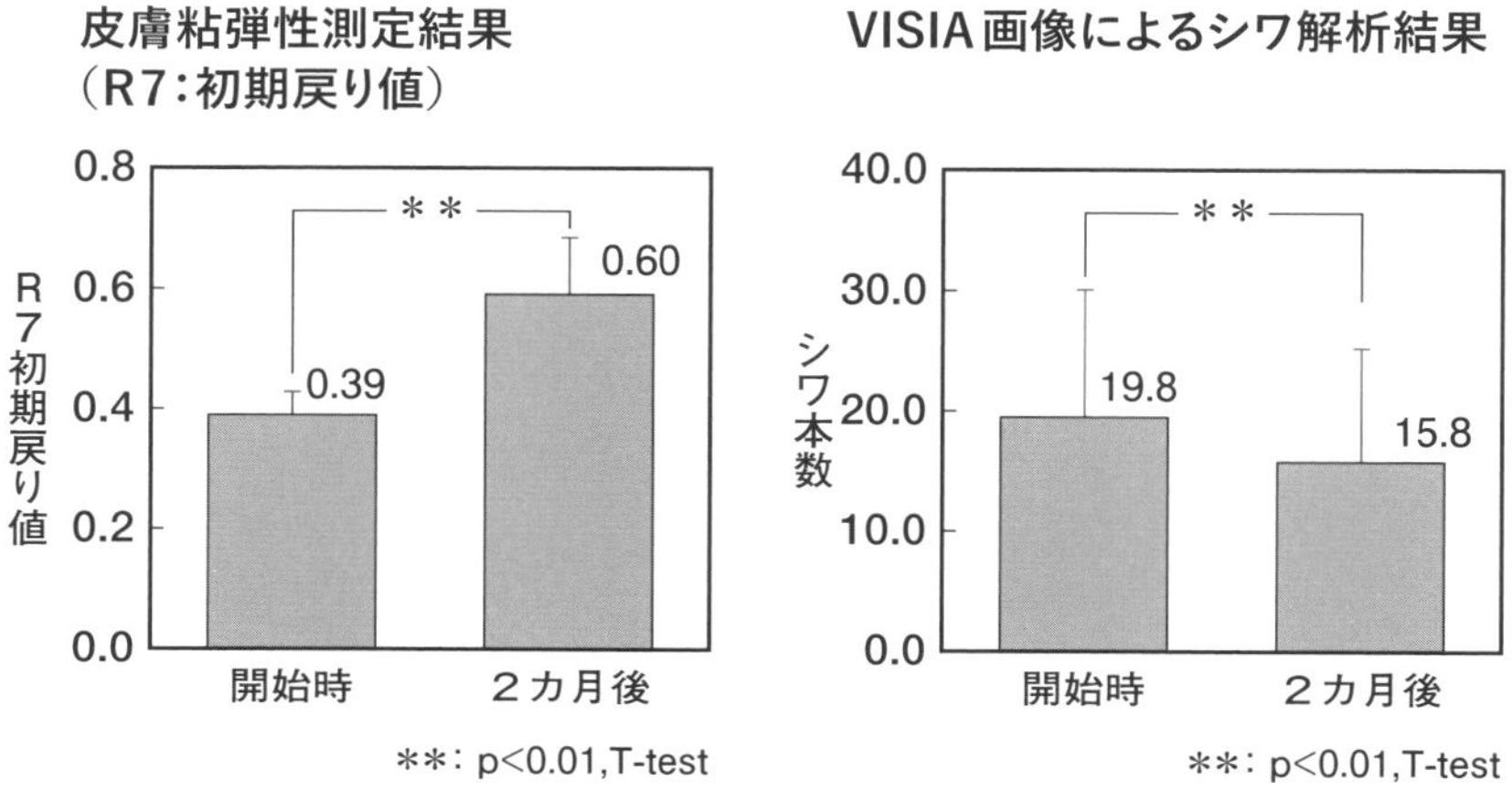

常盤薬品工業株式会社 調べ

らの回復が早まったという報告もあります。（※72、※73）

サプリメントとしてのコラーゲン

十分なタンパク質に加えてビタミンCやアルギニンを食事で摂取することにより、体内におけるコラーゲン合成は十分に高まります。しかし、30代以降はそれに加えて「外部からの摂取」も行うようにしたいところです。

コラーゲンを摂取してもアミノ酸にまで分解されてしまうため、体のコラーゲンにはならないという意見がありますが、そんなことはありません。

最近の研究によれば、**コラーゲンを摂**

取することで、それが体内でペプチドに分解され、そのペプチド（特にプロリンとヒドロキシプロリンのジペプチド）がさまざまなシグナルを送ることにより、体内におけるコラーゲン合成がさらに高まるという報告がされています。

実際にコラーゲンを摂取することにより、皮膚の弾性が改善し、シワが減ったという報告もあります。

また、コラーゲンペプチドを毎日10g、2カ月にわたって摂取したところ、変形性膝関節症の患者半数に改善が見られています。（※74、※75）

コラーゲン由来のジペプチドである「ヒドロキシプロリン＋グリシン」が、＊筋芽《きんが》細胞の分化や筋管の肥大を促すという研究（※76）や、コラーゲン由来のトリペプチド（グリシン＋プロリン＋ヒドロキシプロリン）が体内に十分吸収されるという報告（※77、※78）、**コラーゲンペプチドがセルライトの改善に役立ったという報告**（※79）、肌のバリア機能や弾力、保湿機能を高めるという報告（※80、※81）、コラーゲン加水分解物の摂取により肌のコラーゲンが増えたという報告（※82）など、**近年、コラーゲンの経口摂取による効果の報告は続々と出てきています。**

＊ 筋芽細胞の分化

筋芽細胞どうしが結合して筋管細胞となり、さらに筋管細胞から筋繊維が形成されて筋肉になる。

なお、アルギニンとＢＣＡＡ、あるいはアルギニンとグルタミンを組み合わせることによって、コラーゲンの合成速度が高まったという研究結果が味の素から出されています。

この報告によれば、経口にて成人1日あたり、5～12gのアミノ酸混合物（ＢＣＡＡとアルギニン、グルタミン）を摂取することによって、コラーゲンの合成が促進される可能性があるとのことです。

また、医薬品でも使われているもので、「3gのＨＭＢと14gのアルギニン、14gのグルタミン」をミックスした製品があります。この配合においては7～14日間の摂取によって、コラーゲンの合成が飛躍的に高まったことが示されています。（※83）

さらに高齢者がトレーニングと同時に15gのコラーゲンペプチドを摂取したところ、除脂肪体重や筋肉量、筋力に顕著な改善を認めたという報告も出ています。（※84）
なお、一般的にコラーゲンと言う場合、それはⅠ型コラーゲンです。コラーゲンは現時点で30種類ほどが確認されており、ほとんどがⅠ型とⅡ型、Ⅲ型です。Ⅰ型は皮膚の他に腱や靭帯、硬骨。Ⅱ型は軟骨や目の硝子体に存在し、Ⅲ型は皮膚や血管壁に存在します。

ケガからの回復目的でコラーゲンを摂る場合、筋肉ならⅠ型、軟骨のケガの場合はⅡ型コラーゲンを摂取することが必要となります。軟骨のうち、実に15～20％がⅡ型コラーゲンで、他の大部分は水分となります。

Ⅰ型コラーゲンで腱と靭帯、Ⅱ型コラーゲンで軟骨の材料を摂取すれば、結合組織を全体的にサポートしていくことが可能となります。

コラーゲンを強くするトレーニング

余談になりますが、コラーゲンを強くするトレーニングというものもあります。それが「エキセントリック・トレーニング」、いわゆるネガティブトレーニング*です。

某メジャーリーガーが「腱や靭帯はウェイトトレーニングしても強くならない」と発言していましたが、それは違います。特に**腱はトレーニングによって強くなる**ことが数々の研究によって報告されています。（※85、※86、※87）

ここで紹介した論文では、「腱」の修復がネガティブトレーニングによって促進され、コラーゲンの合成や血管の生成が高まったとされています。アキレス腱断裂などに悩まされているアスリートは、リハビリのある段階でネガティブエクササイズを取り入れていくべきかもしれません。

また、**通常時からネガティブトレーニングを適宜採用することによって、ケガをしにくい**

＊ネガティブトレーニング
筋肉を伸ばしながら力を発揮すること。例えば、ダンベルカールで肘を曲げて持ち上げるのがポジティブトレーニング。肘を伸ばして下ろすのがネガティブトレーニング。

強靭な腱をつくりあげることが可能になると思われます。

酵素とはいったい何？

最後に「酵素」について紹介しておきましょう。「一遺伝子一酵素説」という仮説があり、一つの遺伝子はそれぞれ一つの酵素を指定するものだとする考え方です。実際には例外が多いため完全に正しいとは言えないのですが、遺伝子と酵素の対応関係を明らかにして分子生物学の進歩に大きく役立った説です。

しかし、基本的に一つの遺伝子は一つの酵素の生成に関与しており、私たちの生命の実体はＤＮＡによる酵素のコードであるということも言えます。では、酵素とは何なのでしょうか？

角砂糖にライターの火を近づけても燃えませんが、タバコの灰を角砂糖にまぶすと、簡単に燃えます。タバコの灰が反応を助けるわけですが、このように化学反応を助けるものを「触《しょく》媒《ばい》」と呼びます。**酵素は体内において、反応を助ける触媒となるのです。**

牛肉を水にひたしたり、１００度の熱を加えたりしても、分解してアミノ酸になることはありません。しかし、消化酵素を使うと、牛肉は体温で簡単に分解されてアミノ酸になります。

つまり酵素は「反応速度が早く」、「高温を必要とせずに」反応を起こすことができるのです。

人間の体内には数千種類の酵素があると言われていますが、大きく6種類に分けることができます。

酵素の種類

① 加水分解酵素（Hydrolase）

タンパク質や炭水化物、脂肪を消化するときに作用する酵素。作用するときに水分子を与えるため、Hydro～という名前が付く。消化酵素もHydrolaseの一種。

② 異性化酵素（Isomerase）

ブドウ糖を果糖に変えるグルコースイソメラーゼなど、異性体（分子式は同じだが、原子の結合状態や立体配置が違うため、異なった性質を示す化合物）に変化させる働きをする酵素。

③ 合成酵素(Ligase)

2つの異なる分子を結合させて別の分子をつくったり、結合している分子を切り離してそれぞれ別の分子に結合させたりする酵素。DNAリガーゼと言えば、2本のDNA鎖をつなぐ酵素である。

④ 付加脱離酵素(Lyase)

2つの原子の間で化学基を引き離して(脱離反応)二重結合をつくり出したり、逆に二重結合に作用して化学基を付け加えたりする反応(付加反応)を引き起こす酵素である。

⑤ 酸化還元酵素(Oxidoreductase)

ある原子が、別の原子から電子を引き抜くことを可能にする酵素。つまり物質が酸化したり、逆に酸化物から酸素を奪ってもとの物質に戻ったりする作用(還元)のときに働く酵素。体内で活性酸素を除去する抗酸化酵素(グルタチオンペルオキシダーゼやカタラーゼなど)も、この一種。

⑥ 転移酵素(Transferase)

ある化合物を別の化合物のところに運ぶ酵素。例えば「アスパラギン酸アミノ基転移酵素」はグルタミン酸のアミノ基をオキサロ酢酸に転移し、アスパラギン酸のアミノ基をαケトグルタル酸に転移させる。そしてこの反応は逆方向にも起こる。それによって、「グルタミン酸とアスパラギン酸」⇕「オキサロ酢酸とαケトグルタル酸」という相互変換が可能になる。

鍵と鍵穴の関係

酵素の働きは、どのようにして起こるのでしょうか。簡単に流れを追ってみると、次のようになります。

酵素がある物質(基質)に結合する ↓ 酵素ｰ基質複合体ができる ↓ 生成物ができて酵素が離れる

そして、酵素が基質に結合するときは、酵素にある「鍵穴《かぎあな》」に、基質という「鍵」が入り込むといったイメージになります。つまり、どんな酵素と、どんな基質が結合できるかは、最初から決められているのです。それは当然のことで、手あたり次第に基質と酵素が結合してしまっては、代謝がメチャクチャになってしまいます。

なお、**酵素が働くときには、「至適《してき》温度」というものがあり、一般に「体温よりやや高い」くらい**となります。ですから**ウォームアップによって体を温めることは、酵素の働きをスムーズにして代謝がうまくいくようにする**という意味もあります。

また、「至適pH」もあり、例えば乳酸が溜まって筋肉のpHが下がったりすると、酵素がうまく働かなくなって、筋肉が疲労するというわけです。

ところで、「酵素は一生のうちでつくられる量が決まっている」とか、「食事から生きた酵素を摂る必要がある」とか「死んだ食品には酵素が含まれていない」などといった大ウソを言う人がいます。ここまで読んでくれた読者はおわかりのことでしょうが、どこがおかしいのかを説明していきましょう。

ＤＮＡとは何か。それは「タンパク質の設計図」です。アミノ酸を組み合わせて、ホルモンや筋肉、コラーゲン、血中タンパクなどさまざまなタンパク質をつくっていきます。そして「酵素」も、ＤＮＡによってつくられるタンパク質です。

つまり、**ＤＮＡが存在している限り、つまり生きている限り、酵素はつくられ続ける**のです。**一生のうちでつくられる決まった量など存在しませんが、主酵素の材料となるタンパク質や補酵素の材料となるビタミンやミネラル類をしっかり摂取しておくことが前提です。**

そもそも酵素は自前でつくられるものですので、外来の酵素がそのまま作用したとしても、間違いなく代謝を攪乱するだけでしょう。

酵素はタンパク質であり、酸や高温によって変性します。そして「消化酵素」によってアミノ酸あるいは細かいペプチドにまで分解されます。だから「生きた酵素食品」なるものを食べたとしても、胃酸で変性・分解してしまい、小腸ではアミノ酸かペプチドにまでなり、酵素としての活性は既にとどめられていません。つまり「生きた酵素」は、小腸にまで届いた時点で、ただのアミノ酸かペプチドになってしまっているのです。

ダーゼン（武田薬品工業）やキモタブといったタンパク分解酵素の薬剤が、昔は消炎酵素剤として販売されていました。しかし、ダーゼンはプラセボとの間に差がなくて自主回収され、キモタブも「原材料が確保できなくなった」として持田製薬は販売中止したようです。

ただし、消化酵素剤については胃の中で直接食物に対して働くため、もちろん効果はあります。

アミノ酸の基礎知識

ヒトのタンパク質を構成するのは、20種類のアミノ酸です。そのうちの9種類は体内で合成されないので、食事からとる必要があります。

筋肉維持にかかせない

アミノ酸が体をつくる

アミノ酸の体内での主な働きは、たった20種類のアミノ酸からヒトに必要なタンパク質をつくることです。アミノ酸は、いわばタンパク質を構成するユニットで、その種類や組み合わせによって体内での作用も異なります。

ヒトのタンパク質になるまで

肉や卵などのタンパク質がそのままヒトのタンパク質になるわけではない。いったんバラバラのアミノ酸に分解して組み立て直している。

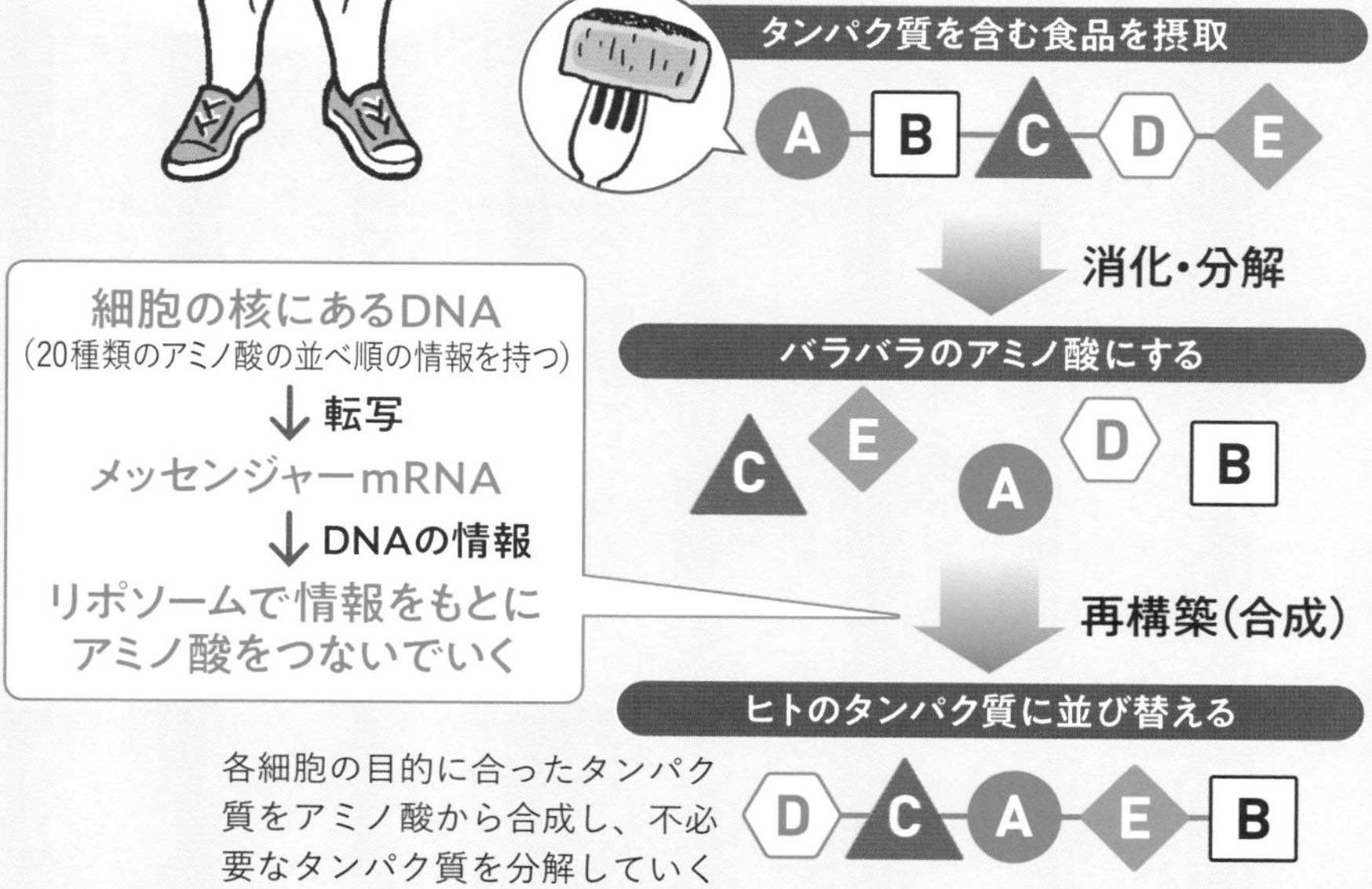

タンパク質を含む食品を摂取
A B C D E
消化・分解
バラバラのアミノ酸にする
C E A D B
再構築(合成)
ヒトのタンパク質に並び替える
D C A E B
各細胞の目的に合ったタンパク質をアミノ酸から合成し、不必要なタンパク質を分解していく
細胞の核にあるDNA
(20種類のアミノ酸の並べ順の情報を持つ)
↓転写
メッセンジャーmRNA
↓DNAの情報
リボソームで情報をもとにアミノ酸をつないでいく

筋力アップに効果的な3つの必須アミノ酸BCAA

筋肉をつくるタンパク質に含まれる必須アミノ酸の多くを占めているのが、BCAA（バリン、ロイシン、イソロイシン）。筋肉を強化する効果もあるほか、筋肉の分解を抑制したり、疲労を回復させる効果もあります。

BCAAが多く含まれるもの

鶏肉／マグロなどの赤身の魚／納豆、卵／乳製品（牛乳、チーズ）

アミノ酸もエネルギーをつくる

アミノ酸の中でもBCAAは、筋肉のエネルギーとして使われます。また、筋肉からはアラニンやグルタミンが取り出され、それぞれ糖新生してグルコースになったり、腸のエネルギーになったりします。

Chapter 6

アミノ酸とは何か

タンパク質の材料となるアミノ酸。アミノ酸とは、いったいどのようなものか、体内でどのように変化していくのかを見ていきましょう。

アミノ酸の構造

アミノ酸の名前である「アミノ」は、「アミノ基《き》」を持っていることから由来します。**アミノ基とは、アンモニアから水素原子1個を除いたもので「-NH2」で表されます。**

では、アミノ酸の「酸」とは何でしょうか。

これは「酸性」のことで、酸性を示す

●アミノ酸の構造

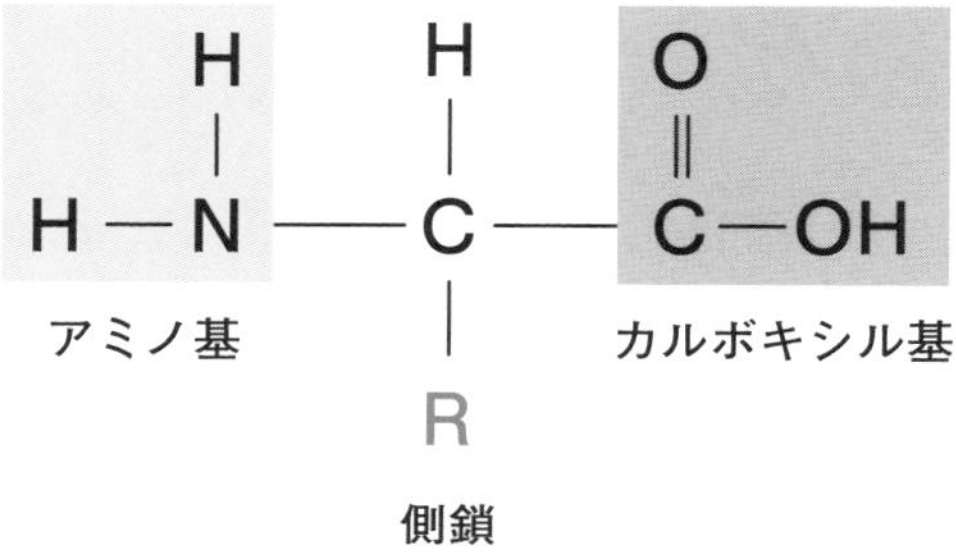

●L体とD体（アミノ酸の構造）

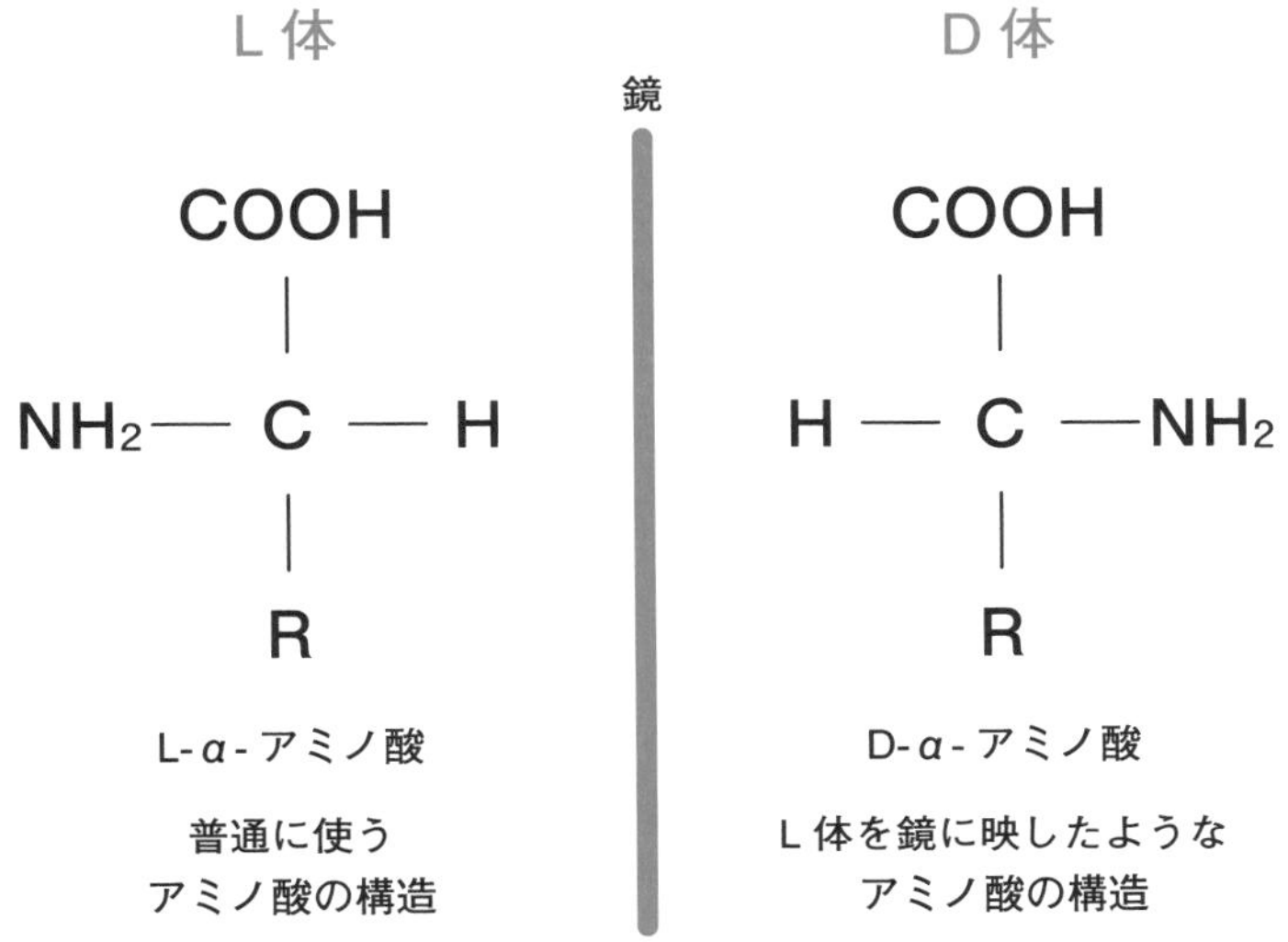

有機化合物の多くは、その中に「－COOH」を含みます。この**「－COOH」を「カルボキシル基」と呼びます。アミノ基「－NH2」とカルボキシル基「－COOH」を持っているものをアミノ酸と呼びます。**構造は前ページ図のとおり。Hは水素です。

「R」の部位を「側鎖《そくさ》」と呼び、これの違いが各アミノ酸の違いを表します。

なお、私たちの体が普通に使うアミノ酸の構造を「L体」と呼びます。L体を鏡に映すと逆の構造（鏡像異性体）になりますが、そのような構造のものを「D体」と呼びます。

体内におけるアミノ酸はほとんどが

●αアミノ酸、βアミノ酸、γアミノ酸の構造

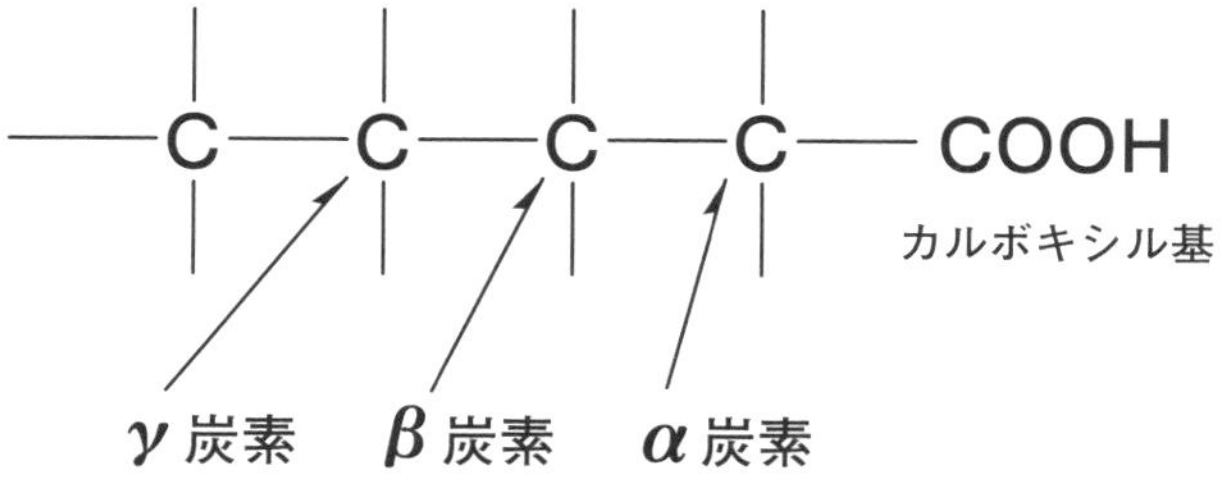

L－アミノ酸ですが、D－アスパラギン酸やD－セリンなどのD－アミノ酸も少量ですが存在します。

上記の構造の真ん中にある「C(炭素)」に注目してください。体内のほとんどのアミノ酸は、真ん中の炭素にアミノ基とカルボキシル基が両方くっついています。このような構造を「α－アミノ酸」と呼びます。この場合、真ん中の炭素をα炭素と呼びます。

カルボキシル基の隣の炭素(β炭素)にアミノ基がくっついているアミノ酸もあり、それはβアミノ酸となります。この代表例がβアラニンです。

さらに隣の炭素(γ炭素)にアミノ基がくっつくと、それはγアミノ酸となります。代表例はGABA(γ－アミノ酪酸)です。

また、アミノ基ではなくイミノ基(＝NH)というものもあり、これがα炭素に結合したものを「イミノ酸」と呼びます。代表例はプロリンです。

アミノ酸の代謝

α炭素やβ炭素やらが出てきましたが、このように**炭素がくっついた部分のことを「炭素骨格」と呼びます。**アミノ酸からアミノ基が外れると、炭素骨格が残ります。

アミノ酸を摂取して体内で代謝されるときは、「アミノ基転移反応」*によってアミノ酸からアミノ基が外れて炭素骨格が残ります。この炭素骨格はどこに行くのでしょうか。

多くのアミノ酸の炭素骨格は、TCAサイクル（➡380ページ）の中間体か、ピルビン酸になります。そして最終的にグルコースとなるため、このようなアミノ酸を**「糖原性アミノ酸」**と呼びます。

しかし、アミノ酸の中でもロイシンはこの経路に入ることができず、アセチルCoAからケトン体になります。そのためロイシンは**「ケト原性アミノ酸」**となります。

この両方に流れるアミノ酸もありますが、ここでは**「ロイシンはケト原性アミノ酸である」ということだけ覚えておくといいでしょう。**なおリジンもケト原性アミノ酸です。

＊アミノ基転移反応
アミノ基転移反応は、アミノ基転移酵素のアミノトランスフェラーゼにより、アミノ酸とα-ケト酸との間でアミノ基が転移する反応。

●アミノ酸の代謝

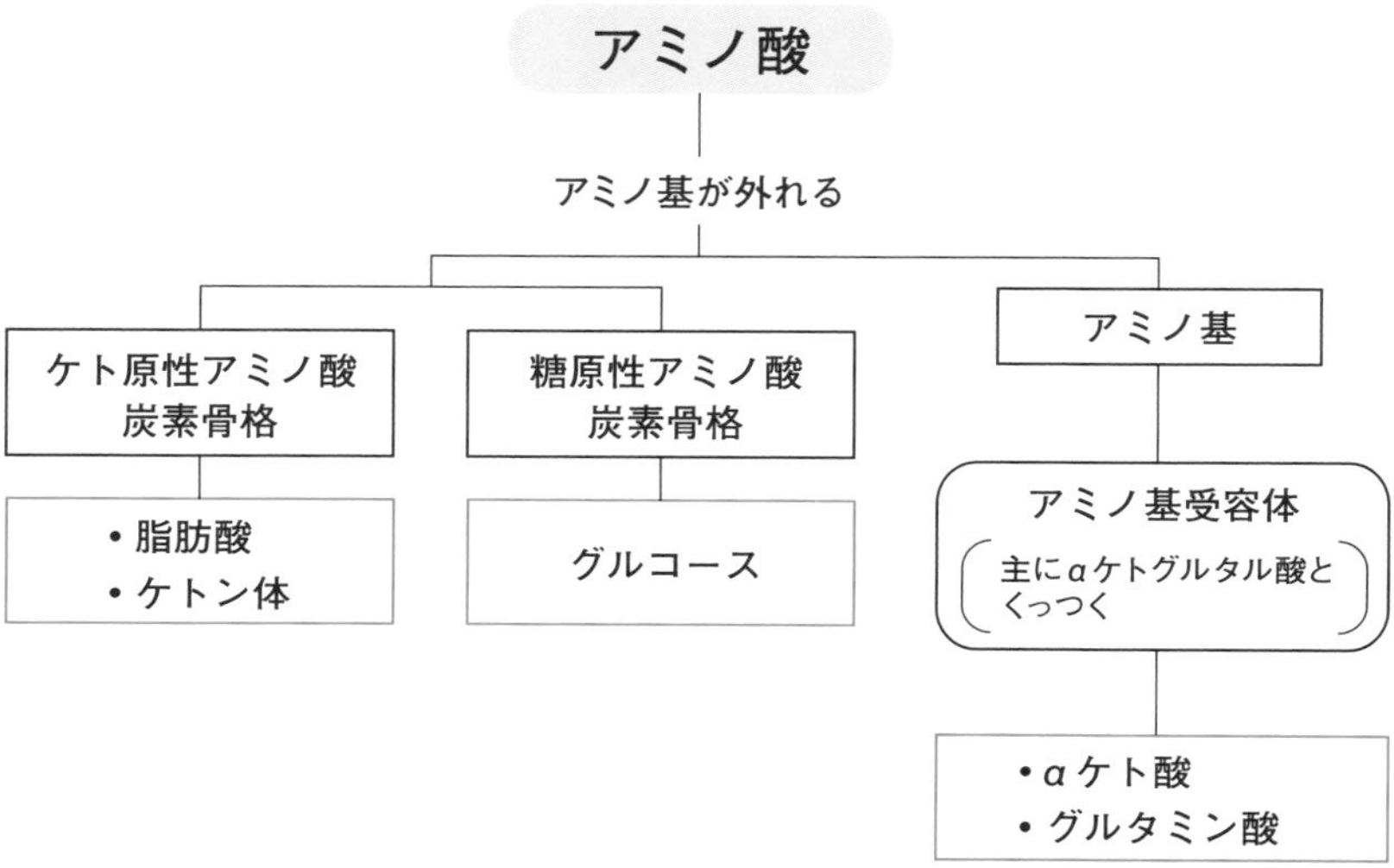

では、アミノ基はどこに行くのでしょうか。

アミノ基はアミノ基受容体とくっつきます。アミノ基受容体の代表となるものがαケトグルタル酸で、アミノ基と結合するとαケト酸とグルタミン酸がつくられます。

これは可逆的な反応ですので、αケト酸からアミノ酸をつくり出すことも可能です。しかし、体内では十分な量のαケト酸を供給できないため、必須アミノ酸が存在するというわけです。

このようにアミノ酸はさまざまな代謝を経た後、最終的に糖質やケトン体、αケト酸、グルタミン酸(これもアミノ酸)などに変化します。

＊補酵素

単体では触媒の役目を果たさない酵素を補助する成分。低分子有機化合物。ビタミンやミネラル、コエンザイムなども補酵素。

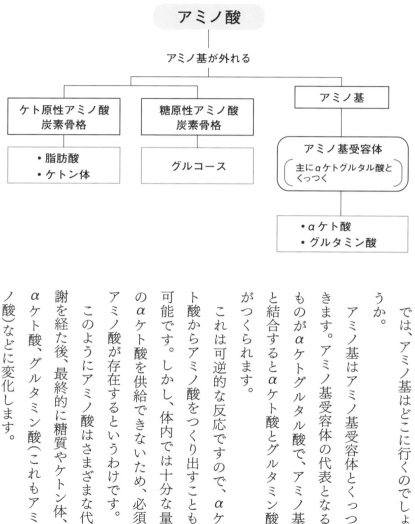

肝臓の検査数値には「GOT（AST）」や「GPT（ALT）」があります。この「T」はトランスアミナーゼの略。アミノ基転移酵素のことで、普段は肝臓内に存在します。これらの酵素の血中数値が高いということは、酵素が血中に漏れ出ているわけで、肝臓の細胞が壊れていることを示します。

なお、ALTは肝臓に多いのですが、ASTは骨格筋にも多く含まれます。そのため、**トレーニングをハードに行って筋肉が破壊されるとASTが高くなることがあります。**

アミノ酸基転移酵素によりアミノ酸とαケト酸との間でアミノ基が転移する「アミノ基転移反応」においては、ビタミンB6の誘導体であるピリドキサルリン酸が補酵素として必要となります。それだけでなく、ピリドキサルリン酸はアミノ酸の脱炭酸*、ラセミ化（副反応）、側鎖の修飾などさまざまな代謝に関わるため、**タンパク質を多めに摂取しているときはビタミンB6の十分な摂取が望まれます。**

プロテインを飲んで肝臓の数値が悪くなったという話をよく聞きます。これは私の仮説ですが、それはビタミンB6不足が関係しているかもしれません。

＊脱炭酸
カルボキシル基（－COOH）を持つ化合物から二酸化炭素（CO_2）が抜け落ちる反応。

ＡＳＴ遺伝子はグルココルチコイドによって転写が誘導されます。しかし、ピリドキサルリン酸はグルココルチコイド受容体と結合することにより、ＡＳＴ遺伝子の発現を抑制します。ということは、ピリドキサルリン酸が不足しているとＡＳＴの上昇が起こる可能性があるわけです。

十分にビタミンＢ６を摂取していれば、ＡＳＴ遺伝子の発現は抑制されており、ＡＳＴの上昇は起こりにくいかもしれません。

Chapter 7

BCAAとEAAの基礎知識

退屈な話が続きましたが、いよいよアミノ酸それぞれの解説をしていくことにしましょう。まずはBCAA、続いてEAAについて解説します。

BCAAとは何か

BCAAは、「バリン」、「ロイシン」、「イソロイシン」の3つのアミノ酸を指します。これらのアミノ酸は、側鎖がすべて枝分かれ(Branched Chain)した構造を持っています。そこで「Branched Chain Amino Acids」の頭文字をとって、BCAAと呼びます。

芳香族アミノ酸(チロシンやフェニルアラニン、トリプトファン)が肝臓で代謝されるのに対し、**BCAAは主に筋肉で代謝されます。**

なお、筋タンパクの16%がBCAAを構成成分としており、これは1kgの筋肉あたり約32gとなります。(※1)

●BCAAの代謝

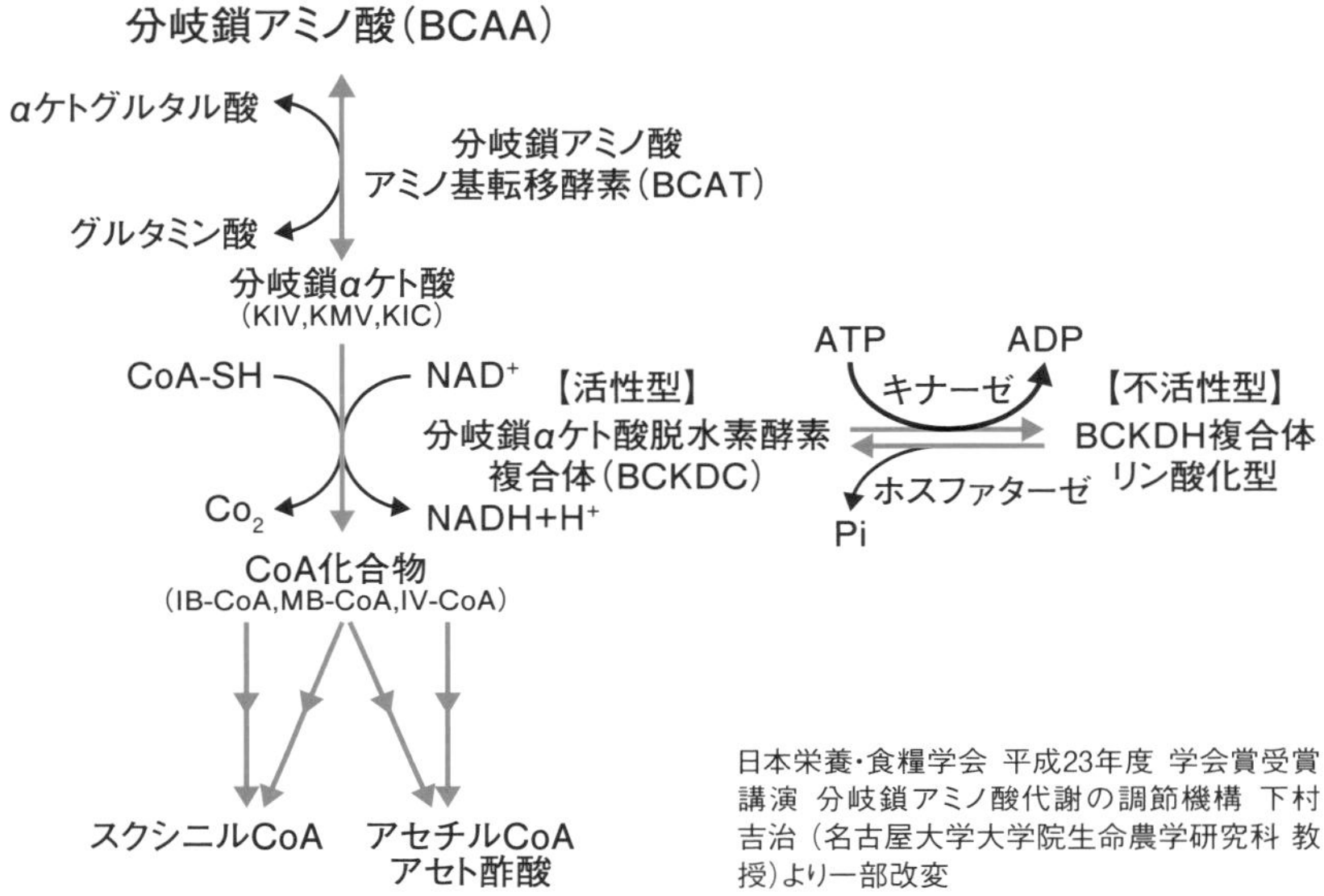

日本栄養・食糧学会 平成23年度 学会賞受賞講演 分岐鎖アミノ酸代謝の調節機構 下村吉治(名古屋大学大学院生命農学研究科 教授)より一部改変

アミノ酸プールにもBCAAは存在していますが、かなりの低濃度であり(約650μM)、筋肉1kgあたり0・1gにもなりません。また、血中のBCAA濃度も約400μM程度に過ぎません。

しかし、サプリメントとしてBCAAを摂取すると、30分程度で血中濃度はピークに達します。5gのBCAAを摂取することで、通常の320%もの血中濃度になり、2時間後には元のレベルに戻ります。(※2)**この急激な濃度変化により、BCAAはさまざまな生理作用を示す**と考えられます。

摂取したBCAAは分岐鎖アミノ酸アミノ基転移酵素（BCAT）によって分岐鎖αケト酸になります。分岐鎖αケト酸は、分岐鎖αケト酸脱水素酵素複合体（BCKDC）によってCoA化合物となり、それがアセチルCoAやアセト酢酸、スクシニルCoAになります。（※3）

BCAAが体に及ぼす効果とは

BCAAには、どのような効果があるのでしょうか。箇条書きで説明していきます。

●筋肉を増やす

タンパク合成を活性化する**mTORシグナル伝達経路をBCAA（特にロイシン）が、活性化**します。（※4）

また、ロイシンは**インスリン分泌を刺激**することでタンパク合成を高めます。（※5）

さらに、**ミオスタチンを減らすことにより、筋肉を増やすという効果も認められています。**（※6）

ロイシンはリソソーム系におけるオートファゴソーム形成の阻害や、タンパク分解酵素であるプロテアソームを阻害してタンパク分解を防ぐ作用もあり（※7、※8）、特に低栄養児

における筋肉の減少を防ぐ効果が知られています。

12名の男子大学生を対象に、ＢＣＡＡを1日12ｇ摂取させてハードな水泳を行わせた実験では、筋分解の指標である尿素窒素やトリメチルヒスチジン、ヒドロキシプロリンのレベルが顕著に低下していました。（※9）

つまり、**ＢＣＡＡはタンパク合成を高め、同時にタンパク分解を減少させることによって筋肉を増やしてくれるのです。**

●持久力を増やす

炭水化物とＢＣＡＡ、カフェインを配合したドリンクを飲んで2時間のランニングを行った実験において、通常よりも高いパフォーマンスを発揮することができたという報告があります。（※10）

また、70％ＶＯ2ｍａｘでサイクリングを行った研究では、**ＢＣＡＡ摂取によって運動後の筋ダメージを明らかに抑えることができています。**（※11）**特にグリコーゲンが枯渇した状態では、ＢＣＡＡが脂肪酸の酸化によるエネルギー合成を高めるため、疲労が起こりにくくなるようです。**（※12）

グリコーゲンを枯渇させた状態で疲労困憊するまで運動させた研究では、ＢＣＡＡの摂取によって疲労まで到達する時間が延伸し、また脂肪の酸化（エネルギー化）が増加していることが示されています。

●体脂肪を減らす

BCAAはダイエットにも役立ちます。40歳から59歳の男女4429名を対象にした調査では、**BCAA摂取量が多いと過体重や肥満になりにくいことが示されています。**（※13）

また、25名のエリートレスラーがダイエットと並行してBCAAを摂取したところ、特に腹部の脂肪を減らすことができたという報告があります。（※14）

高脂肪食マウスの実験では、ロイシン摂取量を2倍にしたところ、体重の増加が32％抑制され、褐色および白色脂肪組織、そして筋肉におけるUCP－3の増加に伴う安静時基礎代謝が増加しました。

また、インスリン感受性*が高まり、グルカゴンや糖新生アミノ酸が減少、さらにLDLコレステロールも低下（27～53％）しています。（※15）

さらに、**ロイシンはmTORを活性化することにより筋タンパクを合成するだけでなく、体内にエネルギーが増加していると感じさせて食欲を減らすことができます。**それだけでなく、

＊インスリン感受性
血糖値を調節しているインスリンの効き具合のこと。インスリン感受性が高いと、高血糖によるさまざまな健康リスクを下げることができる。

満腹ホルモンであるレプチン感受性を高めてレプチンの働きを高めたり、食後のレプチン上昇を調整したりすることにより、食欲を抑える作用があるようです。（※16、※17）

●回復を促進する

ＢＣＡＡは筋ダメージを急速に回復することにより、トレーニングによる筋肉痛を軽減することができます。（※18、※19、※20）

また、ＢＣＡＡはインスリンの働きを強化することができます。ブドウ糖にホエイプロテインを追加して摂取することにより、エクササイズ後のグリコーゲン回復を促進させることができています。（※21、※22）

●集中力をアップさせる

血液中には、アルブミンというタンパク質が存在し、普段はアルブミンにアミノ酸のトリプトファンが結合しています。

しかし運動時など、脂肪がエネルギーとして動員されるときは脂肪酸がアルブミンと結合しようとします。すると、アルブミンはトリプトファンを離してしまってフリーとなるので、脳に入ることができるようになります。（※23）

脳に入ったトリプトファンはセロトニンの合成を促進し、セロトニン作動性神経を亢進します。これが精神的な疲労の原因になるという説があります。実際、セロトニン受容体の活性化は筋収縮の発火頻度を低下させるという報告があります。(※24)

BCAAも脳に入ることができるのですが、このときにトリプトファンと同じトランスポーター(運搬体)を使います。つまりBCAAを摂取することにより、トリプトファンが脳に入るのを防ぐことができるわけです。そのため、**BCAAの摂取は脳内セロトニンの合成を抑え、結果的に、精神的な疲労を軽減させると言われています。**(※25)

12名の男性テコンドー選手を対象にした研究や、22名の男女ハンドボール選手を対象にした研究で、BCAAとアルギニンを同時に摂取したところ、非摂取群と比較して顕著にスプリントパフォーマンスの改善や、中枢性疲労が軽減されたという報告もあります。(※26、※27)

ロイシン大量配合の是非

こうして見てくると、ＢＣＡＡの効果の大半はロイシンにあるように思えます。では、ロイシンだけ摂取すればよいのでしょうか。ＢＣＡＡの中でもロイシンの割合を大量にしたサプリメントが見受けられますが、そのほうが効果は高いのでしょうか。

最初に考えなければいけないのが、**ロイシンがタンパク合成を高めるとしても、材料となる他のアミノ酸が足りなければ意味がない**ということです。どんなに腕のよい大工がいても、資材がなければ家は建てられないからです。その観点からも、ロイシンだけではなく他のアミノ酸も重要だということは、まず押さえておきましょう。

また、ロイシンがタンパク合成を高める時間は長く続きません。そのためｍＴＯＲの下流にあるｅＩＦ４Ｆなどを十分に増加させることができず、実質的な効果をもたらすことができないのです。

しかしその場合、他のアミノ酸（必須と非必須両方）と同時摂取することにより、タンパク合成を実質的に高めることができたという報告があります。（※28）

これはロイシンが瞬間的にタンパク合成を高めるため、血漿中の必須アミノ酸レベルが低下してしまうことが原因だと思われます。これは後で重要になってくることですが、**筋タンパク合成が高まっているときには、必須アミノ酸（EAA）が十分にあることが必要**なのです。

ロイシンを過剰摂取した場合、バリンの不足をもたらす可能性や（※29）、トリプトファンからナイアシンへの変換を阻害する可能性もあるかもしれません。（※30）

また、β細胞の機能を低下させたり、インスリン抵抗性を惹起したりする可能性もあるかもしれません。（※31）

つまりロイシンだけでなく、他のアミノ酸もバランスよく摂取する必要があるということです。BCAAとしてアミノ酸3種類を摂取した場合であっても、トリプトファンやスレオニンとのバランスが崩れてアミノ酸のインバランス（バランスが崩れること）が起こり、またセロトニンが不足し、食欲の亢進や肥満、寿命の短縮が起こる可能性もあります。

ここで同じBCAAのバリンに着目しましょう。バリンはTCAサイクル（⬇380ページ）の中間体*をつくり出します。ロイシンがつくるのはアセチルCoAだけであり、中間体はつ

＊ 中間体

TCAサイクル（クエン酸回路）を回してATPを生み出す、8種類の酸。

くりません。なお、イソロイシンは、アセチルＣｏＡと中間体の両方をつくり出します。中間体が足りないとオキサロ酢酸がつくれないため、ＴＣＡサイクルが回りにくくなります。一方、ケトン体は中間体をつくり出せますので、ローカーボ・ダイエットでケトーシスになっている場合、この心配は少なくなります。

ちなみに、脳や神経には特別な酵素（ＢＣＡＴｃ）が存在し、ロイシンからグルタミン酸をつくり出すことができます。

私は15年ほど前にバリンを多めに配合したＢＣＡＡを開発し、「運動時のエネルギーアップが体感できる」、「汗をかきやすい」といったフィードバックを多くいただいております。商品名は『ＬＩＶ８４５』です。興味のある方は検索してみてください。ロイシン(Leucine)のＬ、イソロイシン(Isoleucine)のＩ、バリン(Valine)のＶを8対4対5の割合で配合したものです。

次に、イソロイシンです。実は、イソロイシンにはロイシンにも勝る、強いグルコース取り込み作用があることが最近になってわかりました。（※32、※33）

また、イソロイシンはＰＰＡＲαをアップレギュレートさせると同時にＵＣＰ－２やＵＣＰ－３を増加させ、体脂肪を減らす可能性もありそうです。（※34）

こう見てくると、**BCAAの配合比率としてロイシンだけを特に増やす必要はなさそうです。**医療用BCAA（リーバクトなど）ではバリンが多めに配合されていることなども考慮してBCAAサプリメントを選ぶようにしたいところです。

なお、最近になって褐色脂肪組織*がBCAAをエネルギーとして優先的に使っていることがわかってきました。寒冷刺激を与えて褐色脂肪の活性が高まると、BCAAの血中濃度が低下したのです。（※38）

また、BCAA分解酵素をつくれないマウスは、褐色脂肪組織の熱産生能力が低下し、体重増加やインスリン抵抗性を起こしました。このことから、BCAAを分解することがエネルギー代謝とインスリン感受性に大きく関わっていると考えられます。

BCAAとEAAの使い分けは？

BCAAに比べ、EAA（9種の必須アミノ酸）のサプリメントはそれほど浸透していないようです。BCAAとEAAを比較する前に、まずはBCAAと、多くのBCAAが含まれているホエイについて比較してみましょう。

＊**褐色脂肪組織**
肩甲骨間などに存在し、脂肪を燃やして熱を産生する特殊な脂肪組織。

- 体重増加：ＢＣＡＡ群＞ホエイ群＞炭水化物群
- 除脂肪体重：ＢＣＡＡ群＞ホエイ群＞炭水化物群
- 体脂肪の低下：ＢＣＡＡ群＞ホエイ群＞炭水化物群
- 筋力の向上：ＢＣＡＡ群＞ホエイ群＞炭水化物群

ホエイを飲んでいればＢＣＡＡは必要ないという考え方があります。実際のところ、ホエイプロテインを１００ｇ飲めばＢＣＡＡは20ｇ以上が摂取可能となります。ただし前述のとおり、ＢＣＡＡを単体で摂取することによる急峻な血中ＢＣＡＡ濃度の増加は、ホエイプロテインでは得られません。

では、少なめの量のホエイとＢＣＡＡを比較してみましょう。成人男性に14ｇのＢＣＡＡを摂取させた群と28ｇのホエイを摂取させた群、28ｇの炭水化物を摂取させた群に分けて８週間のウェイトトレーニングを行わせました。その結果、上記のように、**すべてＢＣＡＡ群がホエイ群を上回りました。**（※35）28ｇのホエイですと、それに含まれるＢＣＡＡは７〜８ｇ程度です。

では、ホエイの量を増やしてみましょう。ホエイ摂取量を10ｇと20ｇ、30ｇ、40ｇそれぞれに分けて摂取し、タンパク合成酵素の活性を調べたところ、多く摂取するほど合成が活発になりました。（※36）ホエイ40gに含まれるBCAAは、10g弱となります。

面白いことに、ロイシンが多く含まれる必須アミノ酸サプリメントを「3gだけ」摂取したところ、20gのホエイプロテインと同程度の筋タンパク合成が起こったという報告もあります。（※37）

ホエイにロイシンを追加配合したらどうでしょうか。16・6gのホエイに3・4gのロイシンを追加したところ、普通のホエイを摂取するのと大差ないという結果が出ているようです。（※38）

これらの結果から考えると、**ホエイ単独よりもBCAA単独のほうがアナボリック効果*としては確かに上回るようです。**

血中濃度の上昇速度がBCAAと同等であるEAAの効果はどうでしょうか。

まず、15gのEAAと15gのホエイプロテインのタンパク合成効果を比較した研究を見てみましょう。結果は、EAAのほうが、はるかに高い合成効果を示しています。（※39）

しかし、EAAの量が少ないとダメかもしれません。7gのEAAを使った研究では、筋タ

＊アナボリック効果
同化の意味。十分な栄養が供給され、筋肉などの組織が増えている状態。

ンパク合成効果はそれほど認められていません。（※40）

※38の報告ではロイシンが多ければ少量でもよいとされていますが、追加試験が待たれるところです。

確実なところで、**若者でも高齢者でも、EAAを15g摂取しておけば十分なようです。**（※41）

この場合、ロイシンの配合量を増やす必要はなく、15gのEAAに含まれるロイシンは絶対量として既に十分だとされています。この研究ではロイシンは2・79g、イソロイシンは1・56g、バリンは1・73gとなっています。

15gのEAAであれば、ホエイと比較して明らかに有利ですが、ではBCAAと比較した場合はどうでしょうか。ロイシン単体とBCAA、EAAをそれぞれトレーニング中に摂取した研究があります。（※42）

それによると、**タンパク合成酵素であるp70s6kの活性はEAAが一番高くなり、次いでBCAA、最後にロイシン単体**という結果でした。

この結果から考えると、**十分な量のEAA（15g以上）を摂取すれば、BCAAを上回る効果が期待できそうです。**

なお、この研究ではロイシンの量を揃えるために、総EAA量が総BCAAよりも多くなっています。これを批判する向きもありますが、「BCAAだけ」よりも「BCAAプラス他の必須アミノ酸を含んだEAA」のほうが、タンパク合成を高めるという点に変わりはありません。

フェニルアラニンやスレオニン、トリプトファンなど別のEAAがタンパク合成を高めたり、リジンがタンパク分解を防いだりする可能性も指摘されています。つまりBCAA以外の必須アミノ酸にもタンパク合成作用が期待できるということです。となると、BCAAだけで摂取する意味は少なくなります。EAAが安価に手に入るようになった現在では、EAAを十分な量で摂取することにより、BCAAプラスアルファの効果を得るという選択肢を選ぶことができるようになりました。

BCAAやEAAの摂取方法

BCAAやEAAは、具体的にどのように摂取すればよいのでしょうか。前述したとおり(➡210ページ)BCAAを摂取すると、摂取後15〜30分で血中濃度レベルが最大になり、それからゆっくりと低下して2時間後には元のレベルに戻ります。

BCAAはエネルギーとしても使われますし、集中力増加作用もあります。よってトレーニング前の摂取がよいでしょう。血中から筋肉中に移行するのにもある程度の時間がかかるため、**タイミングとしては練習や試合の30分くらい前に摂取するようにすればピッタリです。**

短時間で終わる運動ならば、運動前だけで十分です。しかし、**運動が長時間にわたる場合は、トレーニング前に加えて運動中のドリンクにBCAAを入れ、少しずつ飲むようにします。そうすることで体内のBCAAを常にハイレベルに保つことができます。**

効果的な摂取量としては、だいたい体重1kgあたり、0・08g〜0・12gを目安とします。体重の軽い人は5g、体重の重い人(80kg以上)は10gが目安です。これだけの量を運動の30分前に飲み、長時間の運動の場合は同じだけの量を運動中のドリンクに配合して少しずつ飲んでいきます。(※10、※11、※36、※43、※44)

● BCAA、EAA、ホエイの摂取の量とタイミング

BCAA 体重1kgあたり、0.08～0.12g

● 短期間のトレーニングの場合
摂取は トレーニングの 30分前でOK

● 長時間のトレーニングの場合
トレーニングの 30分前に摂取
＋
トレーニング中に 同量を少しずつ摂取

EAA 15g以上 ※筋肉の多い人は、20〜25g程度まで増量

トレーニング中に 少量ずつ 1時間以内に飲み切ること

ホエイ ＋ EAA

トレーニング1時間前に ホエイプロテインを摂取
＋
トレーニング中に ＥＡＡを少量ずつ摂取

予算に制限がない場合、大量のＥＡＡを摂取するという選択肢が可能となります。ただし問題があります。15ｇ以上ものＥＡＡを一気飲みすると、多くの人が浸透圧性下痢＊を引き起こしてしまうのです。

そのため、私としては**ＥＡＡをワークアウトドリンクに混ぜ、少しずつトレーニング中に飲んでいくことをすすめています。**ワークアウトを1時間とし、その間に15ｇ以上のＥＡＡを少しずつ飲んでいくのであれば、浸透圧性下痢の心配はありません。また1時間以内に飲み切るのであれば、十分に急峻な血中ＥＡＡ濃度を期待することができます。

＊ **浸透圧性下痢**
浸透圧調節のため、腸に水分が大量に流れ込むことによって起こる下痢。

では、30分前にBCAAを飲み、トレーニング中にEAAを飲めばベストなのでしょうか。そうとも言えません。筋タンパク合成能力の高まりには限度があり、BCAAを飲んでからさらにEAAを飲んでも、タンパク合成は頭打ちになる可能性が高いのです。

それよりは、**トレーニング1時間前にホエイプロテインを飲み、トレーニング中にEAAを飲むという方法をおすすめします。**EAAと組み合わせた場合、ホエイは十分に血中アミノ酸レベルを高め、またBCAAと違って急激に濃度が低下することもありません。「ホエイ+EAA」であれば、筋タンパク合成能力は十分に高まり、頭打ちのムダも少なく、またトレーニング後、数時間にわたって筋タンパク合成を高めることができます。

また、最近の研究において、「ホエイ12・6g&カーボ2・6g」と「EAA3・2g&ホエイ2・4g&クレアチン0・5gを2回投与」を比較していますが、その結果、後者のほうがはるかにアナボリック応答は高まっていました。多めのホエイよりも、少量のホエイにEAAを追加したほうがよいという可能性もありそうです。

なお、体重に応じて増やす必要はあるのでしょうか。基本的に筋肉量が多いほど、タンパク質は多く要求されます。(※45、※46、※47)

タンパク合成が高まっているときこそ、多くの必須アミノ酸が必要となります。よって15gは最低ラインとし、筋肉量が多い人の場合は20～25g程度までEAA摂取量を増やすことをおすすめします。

ワークアウトドリンクの摂取法

ワークアウトドリンクには、糖質を入れるのが一般的な方法です。アミノ酸と糖質を同時に摂取することで、アナボリック作用が増加したという報告は数多くあります。（※48）

しかし高齢者（平均72歳）の場合は、糖質を同時に配合することで、むしろアナボリック作用が減少したという報告もあります。（※49）

そのため、**高齢者はワークアウトドリンクに入れる糖質は控え、アミノ酸だけにしたほうがよいかもしれません。**（※50）

ここからは完全に私の仮説ですが、この現象は動脈硬化によるインスリン抵抗性によるものと思われます。

インスリン受容体基質《き》2（IRS2）は、インスリンと結合することによって一酸化窒素合成酵素（eNOS）を活性化し、血管を拡張して糖の取り込みを促進します。肥満の人はIRS2の発現が低下しているため、eNOSが活性化せず、血管が拡張しないため糖の取り込みが低下します。同じことがアミノ酸で起こっている可能性があり、アルギニンやシトルリンの摂取によりNOを発生させることが高齢者のタンパク合成活性化に一役買ってくるかもしれません。

アミノ酸の多くは、LAT2（L-type amino acid transporter 2）というトランスポーター（輸送体）によって細胞内に運ばれます。ちなみに、がんになるとLAT1というトランスポーターが働くようになります。

高齢者を分析した研究では、SLC7A5（LAT1をコード）やSLC7A8（LAT2をコード）の遺伝子変異が見られ、これらは細胞内へのロイシン取り込みや細胞外へのグルタミン流出を調節します。つまり、**アミノ酸の取り込みも高齢者は低下しているため、1回に摂取するタンパク質やアミノ酸の摂取量も増やさないと、若者のようなタンパク合成能力は得られないのだと考えられます。**

Chapter 8

グルタミンとは何か

BCAAと並んで人気のあるアミノ酸がグルタミンです。
グルタミンとは、どんなアミノ酸なのでしょうか。

グルタミンは条件下必須アミノ酸

ストレスと言えば精神的なものを指すのが一般的ですが、トレーニングのような肉体的刺激も、体にとっては非常に強いストレスとなっています。睡眠不足だったり、寒かったり、空腹感を覚えたり、仕事がハードだったりというような肉体的ストレスは、精神的ストレスよりもむしろ強く体を蝕んでしまいます。

グルタミンは、体内にもっとも多く存在するアミノ酸です。必須アミノ酸ではありませんが、ストレスがあるときに必要量が急増します。このようなアミノ酸を「**条件下必須アミノ酸**」と呼びます。

グルタミンは、免疫細胞や消化管の粘膜細胞の主なエネルギー源でもあります。血漿中のアミノ酸の約20％がグルタミンで、また筋細胞内の遊離アミノ酸の60％以上をグルタミンが占めています。

グルタミンと間違えやすいのが「グルタミン酸」です。アミノ酸の構造（➡202ページ）を確認してみましょう。グルタミンは、「R」の部分の末端がアミド（－CONH2）になっているのですが、グルタミン酸はこの部分がカルボキシル基（－COOH）になっています。

体内でアンモニアが発生すると、グルタミン酸がアンモニアと反応してグルタミンになり、無毒化されます。グルタミン酸は興奮性の神経伝達物質としても働きます。

肉などを美味しいと感じるのは「イノシン酸」によるものですが、昆布などの美味しさはグルタミン酸によるもので、舌の味蕾《みらい》にもグルタミン酸を感知する受容体が存在します。

もう一つ間違えやすいのが「グルタミン酸ナトリウム」です。これはいわゆる「化学調味料（うま味調味料）のことで、食品のラベルに「調味料（アミノ酸等）」とあったら、コレのことです。グルタミン酸は「酸」ですので酸味がありますが、これにナトリウムを結合させて乾燥させることにより、「うま味」を感じやすくしてあります。

グルタミン酸ナトリウムによるナトリウム摂取が懸念されますが、食塩のナトリウムは39・3％、グルタミン酸ナトリウムのナトリウムは12・3％であり、使用量がナトリウムよりはるかに少ないことを考えると、ナトリウム過剰の心配はいらないでしょう。

グルタミンの効果

グルタミンの効果についても、箇条書きで紹介していきましょう。

●筋肉の分解を防ぐ

トレーニングをハードに行って疲労すると、体はそれをストレスだと感じ、ストレスに対抗するエネルギーをつくり出そうとします。このとき筋肉からグルタミンが取り出され、エネルギーの材料にしようとします。これは筋肉が分解されるということです。トレーニングをして筋肉を増やそうとしているのに、筋肉が分解されてしまっては元も子もありません。

そこで、**グルタミンをサプリメントで摂取するのです。外部からグルタミンを摂取することによって、筋肉の分解を防ぐことができます。**（※51、※52、※53、※54）

このように筋肉が分解されるカタボリック（分解）防止がグルタミンの主な効果だと思われていますが、もしかするとグルタミンにはアナボリック（合成）作用もあるかもしれません。（※55）

必須アミノ酸の存在下において、十分な量のグルタミンが存在することが、ｍＴＯＲ（タンパク質の複合体）の活性化を促すことがわかっています。（※55）

この研究においては、糖尿病のラットの場合、ｍＴＯＲシグナル伝達系におけるＡｋｔ（リン酸化酵素の一つ）のリン酸化が著しく損なわれるのですが、それをグルタミンのサプリメンテーション＊によって防ぐことができたという結果が出ています。

また、糖尿病ではない普通のラットの場合でも、ＡｋｔのｍＲＮＡの翻訳《ほんやく》レベルを読み取ってタンパク質を合成するプロセス）が、グルタミンの摂取によって2倍になったとされています。

アミノ酸がｍＴＯＲの一つであるｍＴＯＲＣ1を活性化する詳細なメカニズムは未だ不明ですが、その中でもわかってきているのがＲａｇＡ／Ｂ－ＲａｇＣ／Ｄ（Ｒａｇ複合体）が関与する経路です。

＊**サプリメンテーション**
栄養補助食品であるサプリメントを外部から摂取すること。

mTORC1は、細胞質に存在し、活性化には低分子量GTP結合タンパクであるRhebが必要です。しかし、Rhebは後期エンドソーム膜上に存在するため、細胞質にあるmTORC1をそちらに持っていく必要があります。これをリクルートと呼びます。このリクルートを行うのが、GTP結合タンパクであるRag*で、これを活性化するのが、アルギニンとグルタミンです。

また、Sestrin2とCASTORが、それぞれロイシンとアルギニンのセンサーとして同定され、Rag複合体の活性化の引き金となっていることがわかってきています。

さて、細胞の中には核やリボソーム、粗面小胞体《そめんしょうほうたい》、ミトコンドリア、リソソームなどがありますが、「液胞《えきほう》」というものもあります。植物の場合は細胞の多くを液胞が占めているのですが、これが植物のみずみずしさのもとでもあります。

液胞の役割は、ブドウ糖などの貯蔵やイオンを用いた浸透圧の調節、不要物の消化や貯蔵などです。

液胞の膜上には、Pib2というタンパク質があります。これがグルタミンセンサーとして働き、mTORC1に結合して活性化を行うことが最近になってわかりました。

ただし、これはグルタミンが高濃度で存在するときに限られるようです。もともと細胞内グ

*** Rag（recombination activating gene）**
Ragulatorタンパク質複合体のこと。細胞の代謝調節を行うシグナルの起点となる。

ルタミン濃度は高いので、センサーとグルタミンとの親和性が高過ぎても問題となるのでしょう。

ここでロイシンとアルギニンも関わってきます。リソソーム膜タンパク質であるSLC38A9というアミノ酸トランスポーターがあります。こちらはリソソームにおけるアルギニン濃度のセンサーとして働き、またアミノ酸放出メッセンジャーとしてmTORC1活性化に必要なアミノ酸(特にロイシン)の輸送を促進します。そしてRagがリクルートを行うときには、ロイシンとアルギニンが必要とされるのです。

また、Rag非依存的なルートでは、ゴルジ体[*]におけるmTORC1の活性化が起こります。ここではArf1が関与し、グルタミンが必要とされます。

このように、**グルタミンとアルギニンの働きによってこそ、ロイシンの筋タンパク合成効果が得られるわけです。**どちらもEAAではありませんが、細胞内に高濃度で存在することが筋発達のためには必要となることがおわかりいただけると思います。

さらに、筋タンパク分解系におけるユビキチンリガーゼであるMuRF-1やatrogin-1/MAFbxの発現を抑制することにより、ユビキチン連関タンパクの量をmR

＊ゴルジ体
細胞内に存在する細胞小器官。糖タンパクやリポタンパクを合成する。

ＮＡに関係なく、50％減らしたという結果も出ています。

●筋肉の回復を促進する

16名の健康な男女にレッグエクステンションを行わせた研究があります。その結果、**グルタミン摂取群のほうがトレーニング直後とトレーニング72時間後におけるピークトルクが高く、筋肉痛も減少していました。**特に男性の効果が高かったことが認められています。（※56）

ＢＣＡＡと同じように、グルタミンにはタンパク合成を高める作用があると思われ（※57）、この効果はインスリンが存在しない場合でも発揮されます。

また、**筋グリコーゲンを増加させる**という報告もあります。（※58）

他のアミノ酸を与えた群と比べ、グルタミンを与えた群はエクササイズ2時間後の筋グリコーゲン量が顕著に高かったという結果になっています。

他にもグルタミンには成長ホルモンの分泌を高める効果や（※59）、炎症を減らして酸素消費量を増加させ、さらにインスリンの脂肪細胞への感受性を低下させるような効果（※60）も期待できます。

●免疫を高める

私がグルタミンをはじめて使用したのは、確か1996年頃ですが、真っ先に体感した効果が「風邪をひかなくなった」というものです。周囲のトレーニーも同じような感想を持つ人が多く、「このサプリメントは効くのだなぁ」と感嘆したのを記憶しています。

好中球やマクロファージ、リンパ球などの免疫細胞は、グルタミンをエネルギーとして使っています。さらにグルタミンの濃度が高いほど、リンパ球の増殖も起こりやすくなります。このような場合、**グルタミンを摂取することで免疫レベルが高まり、風邪をひきにくくなったり、ケガからの回復を早めたりすることが可能となるのです。**(※61、※62、※63、※64)

また、ハードにトレーニングを行うアスリートに1日10ｇのグルタミンを飲ませたところ、NK(ナチュラルキラー)細胞の活性が上昇し、免疫グロブリン産生も高まっていたという研究報告もあります。(※65)

健康な食事をしていても、最善のグルタミンレベルを維持することはできず、免疫低下を招くことはあるため(※66)、**グルタミンのサプリメンテーションはトレーニー以外にもすすめておきたいところです。**

グルタミンはもともと胃潰瘍の薬として使われており、なんと半世紀以上前、1964年に出版された「胃潰瘍に対するL-グルタミンの使用経験」という論文もあるくらいです。これまでは胃の粘膜を保護する作用が知られていましたが、最近ではピロリ菌によって起こる胃粘膜の損傷を防ぐこともわかってきました。（※67、※68）

グルタミンの摂取方法

グルタミンは少量だけ摂取しても、腸のエネルギーとして使われてしまうため、効果はないとされてきました。しかし、2gのグルタミンで成長ホルモンの分泌が増加したという報告もあります（※59）。

また、**体重1kgあたり0・1gと0・3gの経口摂取では、量に比例して血中グルタミンが増加しています。**そして体重1kgあたり0・285g～0・57gを摂取すると、明らかに筋肉における窒素貯留が促進されるようです。（※69）

ただし、大量の摂取は問題もあります。アンモニアはグルタミン酸と結合してグルタミンになると前述しましたが、この逆も起こります。つまり大量のグルタミンは、アンモニアとグルタミン酸に変換されるのです。

「グルタミン酸＋アンモニア→グルタミン」の代謝で働くのはグルタミン合成酵素です。この酵素は筋肉に大量に存在しますので、大量の筋肉がある人ほど、大量のアンモニアを除去できます。

逆に、「グルタミン→アンモニア＋グルタミン酸」の代謝で働くのは、グルタミナーゼという酵素です。この酵素は肝臓以外に、小腸粘膜に存在します。つまり、大量にグルタミンを経口で摂取すると、アンモニアの発生が避けられないのです。

一方、経口による大量グルタミン摂取にはよい面もあります。毎日30ｇのグルタミンを経口摂取することにより、腸内細菌の割合(ratio of Firmicutes to Bacteroidetes)が改善して肥満の改善に役立つかもしれないという報告があります。(※70)

経口での30ｇグルタミン摂取によって、炎症性サイトカインが減少したという報告もあります。(※71)

アンモニアが問題になるのは、それが疲労に関係するからです。血中アンモニアは容易に脳に取り込まれ(※72、※73、※74)、脳内のアンモニアは脳のクレアチンリン酸やＡＴＰ、糖濃度を減少させたり、脳内の酸素代謝率を減少させたりする作用があります。(※75、※76)

また、血中アンモニアは筋疲労の指標ともなります。(※77)

グルタミンの主な効果は免疫向上と筋タンパク分解の防止ですので、これを考えると**「トレーニング直後」に摂取するのが効率的**だと思われます。

ＢＣＡＡやＥＡＡはトレーニングによるアナボリック亢進が目的ですので、トレーニング開始時には既に血中濃度レベルが高くなっている必要があります。しかし、グルタミンはトレーニング前からトレーニング中に摂取してもさほどメリットはなく、むしろメリットはトレーニング後の摂取において発揮されます。トレーニング後の摂取でしたら、アンモニア発生のデメリットは避けることができます。

トレーニング直後は胃腸の血流が筋肉に行っており、また交感神経が興奮している状態です。しかしこの状態でも、グルタミンならば消化の必要がないため、迅速に吸収されます。そして筋肉を分解から守ってくれます。

つまり**トレーニング直後にグルタミンを摂取し、数十分して血流が胃腸に戻り、副交感神経のほうが優位になった状態でプロテインを飲む**ようにすれば、万事メデタシということになります。私がこのプロトコルを提唱したのは20世紀のことになりますが、多くのアスリートからポジティブなフィードバックをいただいています。

グルタミンの摂取量

グルタミンの場合、ＢＣＡＡやＥＡＡのように急峻な吸収速度を得る必要はありません。そのためホエイプロテインなどを摂取する場合、それに含まれるグルタミンも計算に入れてトータルの必要量を導くことが可能です。

ここまで紹介した研究をまとめると、**1日にトータル20～30g程度のグルタミンを摂取することで、十分な効果が期待できると考えられます。**

ホエイプロテインの場合、１００ｇあたりに含まれるグルタミンは５ｇ弱です。またグルタミン酸は10ｇ弱が含まれます。

面白いことに、小麦タンパクにはグルタミンが豊富に含まれ、実に40％がグルタミンです。老齢マウスに小麦プロテインを与えた研究では、通常のタンパク質に比べて小麦プロテイン群は筋肉量の増加が見られています。（※78）

グルタミン酸が体内でグルタミンに変換される分や、食事から摂取するグルタミンも考えると、1日にホエイプロテインを50～１００ｇ飲む場合、サプリメントとしてのグルタミンは10g〜15g程度で十分だと思われます。

トレーニング直後にグルタミンを10〜15g程度飲み、その数十分後にホエイプロテインを40g程度飲むようにすることで、十分な効果が期待できます。

一気に10〜15gを摂取して下痢してしまう場合は、5〜7gを飲んでから15分ほどどして追加で5〜7gを飲むようにすれば、まず大丈夫です。

がんとグルタミンの関係

がん細胞は、ブドウ糖（グルコース）を栄養としています。ブドウ糖は炭素骨格（⬇205ページ）があるため、アミノ酸や脂肪酸、核酸の材料にもなります。

ブドウ糖がすべてエネルギーに変えられてしまうと、これらの物質をつくり出すことができません。そのため、がんのように増殖しやすい細胞では、ブドウ糖の代謝が解糖系、つまりピルビン酸の段階で止まり、酸化的リン酸化まで到達しないようになっているのです。

また、酸化的リン酸化は「有酸素系＊」でもあり、活性酸素が発生します。活性酸素から細胞を護るために、解糖系の段階でとどまっているということもあります。

＊ **有酸素系**
筋肉を動かす3つのエネルギー供給系の一つ。ATP（アデノシン三リン酸）を再合成あるいは産生する経路。

では、ブドウ糖を絶てばよいのでしょうか。そう簡単な話ではありません。**がん細胞はブドウ糖がなくなると、アミノ酸からエネルギーを取り出そうとします。このときに使われるアミノ酸が、グルタミンなのです。**

糖新生（⬇24ページ）で働く「ホスホエノールピルビン酸カルボキシキナーゼ2（PCK2）」という酵素があります。この酵素はグルタミンをホスホエノールピルビン酸に変換し、セリンやプリンなど、普通ならブドウ糖からつくられる物質を合成するのを助けます。（※38）

また、がん細胞ではTCAサイクルが逆向きに回る代謝があることも知られています。通常αケトグルタル酸はコハク酸→フマル酸へと代謝されるのですが、がん細胞においてはグルタミン由来のαケトグルタル酸がイソクエン酸からクエン酸となり、アセチルCoAをつくり出すのです。

こうしたことから、がんを怖れる人はグルタミンの摂取に不安を覚えるかもしれません。しかし、グルタミンはもともと非必須アミノ酸であり、体内で普段から合成されています。

そしてラットの実験では、胃管補給によるかまたは食品添加物としてグルタミンを与えられたことにより、腫瘍の成長は3週間以内に40％まで減少したという報告があります。

ラットにおける腫瘍体積の喪失が、グルタミンを食餌に添加することにより、ほとんど2

倍になったという報告もあります。

既に1996年の論文において、グルタミン補充ラットにおける腫瘍成長の減少はプロスタグランジンE2(PGE2)合成のグルタチオン媒介性抑制によるNK(ナチュラルキラー)細胞活性の増加によるものではないかとされています。

2019年10月に発表された論文では、次のようなことが言われています。

「固形がんでは、不完全な血管構築や血流不全から引き起こされる低酸素、低栄養、低pHなどの腫瘍微小環境が、エピゲノム変化、エネルギー代謝変動、転移・浸潤能などを促進し、がんの悪性化や治療抵抗性、再発・転移などの予後不良に寄与することが知られていた。低栄養状態のがん組織において、グルタミン欠乏に応答して細胞膜合成を調節する代謝酵素であるPCYT2の発現が低下し、細胞膜リン脂質(PE)合成経路の中間代謝物であるエタノールアミンリン酸(PEtn)ががん細胞内に蓄積することによって、がん細胞が栄養飢餓に対して耐性を獲得するというメカニズムが明らかになった」。(※79)

わかりやすく言い換えると、がん細胞においてグルタミンが欠乏すると、がん代謝物(オンコメタボライト)であるエタノールアミンリン酸が蓄積する。これによってがん細胞が栄養不良・

飢餓に対する耐性を獲得するということです。

グルタミンが十分存在すれば、エタノールアミンリン酸はＰＣＹＴ２という酵素によって細胞膜リン脂質の合成に使われるため、エタノールアミンリン酸は蓄積しないということになります。

以上により、**グルタミン摂取におけるがんに対する危険性については気にしなくても大丈夫ということになりそうです。**

最近では脳においてグルタミンが多く、グルタミン酸が少ないと「やる気」が維持され、タスクを遂行し続けるスタミナがあったという報告もあります。（※80）

「どうもやる気がない」「モチベーションが高まらない」という場合にも、グルタミンは有用となるかもしれません。

Chapter 9

アルギニン、シトルリン、オルニチンとは

BCAAやEAA、グルタミンに次いで、筋肉にとって重要なアミノ酸が「アルギニン」です。どのような働きがあるのでしょうか。

アルギニンの働き

アルギニンは非必須アミノ酸ですが、子供のうちは体内で合成できないため、子供にとっては必須アミノ酸ということになります。

WHO（世界保健機関）によれば、一般の成人男性のアルギニン必要量は1日に6～7g。しかし、日本人の食生活では、この6割くらいしか満たすことができていません。

アルギニンを多く含む食物は、ナッツ類や豆類、凍り豆腐、シラス干しなどですが、これらはアルギニン以外の余計なもの（脂肪、塩分など）も含んでいます。しかも、普段の食事で毎日食べるようなものでもありません。**できればアルギニンは、サプリメントで補うようにする**

のが賢いと言えそうです。

アルギニンには多くの作用があるため、まずは簡単に箇条書きで紹介していきましょう。

アルギニンの作用

アルギニンは体の中で**「一酸化窒素（NO）」**というものを出します。この一酸化窒素により、次のような効果を発揮します。

●血管を広げ、血液循環をよくする

アルギニンによって発生する一酸化窒素には血管を拡張する作用があります。それによって、血液の流れがよくなります。

そのため、動脈硬化の予防や、ＥＤ（勃起不全）の治療に効果を発揮したりしています。また、冷え性やしもやけなどにも有効です。

●骨を強くする

閉経期の女性は、女性ホルモンの分泌が低下して骨が弱くなるのですが、女性ホルモンは一酸化窒素の作用を介して骨を強くするとされています。

またアルギニンは、成長ホルモンを分泌させる作用もあるため、この方向からも骨を強化するように働きます。

●免疫力を上げる

一酸化窒素には免疫細胞（NK細胞、LAK細胞、マクロファージなど）の活性を高め、免疫細胞が細菌やがんなどをやっつける作用を助けます。

●筋肉細胞を増やす

筋肉細胞の周りには衛星細胞（サテライト細胞）と呼ばれる細胞があり、これは将来的に筋肉細胞に変わっていきます。

一酸化窒素は衛星細胞を活性化する作用があり、新しい筋肉を増やすために大きな役割を果たします。

他にも一酸化窒素の作用により、胃腸の調子をよくしたり、肝臓を保護したり、学習力や記憶力を高める効果が期待できます。

その他の効果

一酸化窒素に関連しない部分でも、さらに次のような効果があります。

- ●成長ホルモンを出す
- ●グリコーゲンを早く溜めるように働き、疲労を回復させる
- ●アンモニアを除去して腎臓の働きを助ける
- ●糖尿病、また糖尿病によるさまざまな疾患の予防
- ●痛みを抑える「キョートルフィン」という物質の材料となり、鎮痛作用を発揮する
- ●脂肪を燃やす酵素の働きを高め、運動中に脂肪が燃えやすくなる
- ●クレアチンの材料となる

ざっと紹介しましたが、重要なポイントを解説していきます。

まず一酸化窒素ですが、これは体内において活性酸素としても働き、逆に活性酸素を除去するようにも働きます。しかし46名の肥満患者を被験者として行われた研究によれば、**1日3gのアルギニン摂取を8週間継続することにより、抗酸化能が改善することが示されています。**（※81）アルギニンはリンパ球の働きを高めてリンパ球の一種のT細胞を増やし、免疫を増強してくれることも知られています。（※82）

新型コロナウイルス感染症の治療においては血管内皮が重要なターゲットとなりますが、入院患者にアルギニン1・66gを2回／日投与することによって、入院日数の減少が起こったという報告もあります。（※83）

また、アルギニンはグルタミンと同様、コラーゲンの＊前駆体《ぜんくたい》であるヒドロキシプロリンの合成に必要となり、アルギニンの摂取により創傷の治癒を促進することがわかっています。（※84）これは、アルギニンの成長ホルモン分泌作用も関係していると思われます。（※85）

さらに、ヒスチジンと同時にアルギニンを摂取することで窒素保持作用が認められたという報告（※86）や、成長期を終えたブタに1・0％のアルギニンを餌に混ぜて60日間与えたところ、胴体部の筋肉量が5・5％増え、脂肪量が11％減ったという報告（※87）から考えて、アルギニンの筋タンパク合成効果も期待できそうです。

＊ **前駆体**
ある化学物質について、その物質がつくられる前の段階の物質のこと。前駆物質。

研究者によれば、これらの作用は、いずれもインスリン抵抗性を改善するＡＭＰＫ*とＰＰＡＲγ*の活性化によるものだとされていますが、他にインスリン作用の強化やｃＧＭＰの筋細胞における活性化やアンドロゲンレセプターの活性化も関与していると思われます。

なお、リソソーム膜タンパク質であるＳＬＣ38Ａ９はロイシンをはじめとした多くの必須アミノ酸の輸送を仲介しますが、このタンパク質を介してアルギニンはタンパク質複合体のｍＴＯＲＣ１を活性化し、細胞増殖を駆動するのに必要な必須アミノ酸のリソソームからの放出メッセンジャーとして機能します。

アルギニンは脂肪燃焼にも関与します。肥満ラットを用いて行われた研究では、アルギニンの摂取により、白色脂肪細胞の増加が抑えられ、筋肉量が増え、褐色脂肪組織も増えたという結果が出ています。（※88）

12週間のアルギニン摂取により、コントロール群は98％増えた白色脂肪が、アルギニン摂取群では35％の増加に抑えられました。またコントロール群に比べ、アルギニン摂取群はヒラメ筋の筋肉量が13％、長趾伸筋の筋肉量が11％増え、褐色脂肪組織が34％も増えています。この研究では１・５％の塩酸アルギニン溶液を餌に混ぜて飲ませていますが、これはヒトに直すと１日２５００kcalの摂取に対し、９・４ｇのアルギニン摂取に相当します。

＊**AMPK**
AMP活性化プロテインキナーゼ。細胞内の代謝と分解のバランスを監視して調整する。

コペンハーゲンでの研究では、**アルギニンの摂取量が高い子供は、身長の伸びが大きいことが明らかになっています。**これは成長ホルモンの増加によるものでしょう。(※89)

アルギニンは、口腔ケアにも役立ちます。虫歯や歯周病を防ぐため、多くの歯磨きや洗口剤(ガーグル)が市販されています。しかし、口腔内にはバイオフィルムと呼ばれる細菌のコロニーが形成されていて、その中にいる歯周病菌は、殺菌剤に対する抵抗性を備えているのです。バイオフィルムを壊してくれる作用が、アルギニンにあるかもしれません。アルギニンは口腔内においてさまざまな種類のバクテリアの代謝やシグナル伝達を改変し、バクテリアの凝集を防ぐ作用があるのです。また、バイオフィルムの量自体を小さくします。(※90)

アルギニンのNO(一酸化窒素)産生による血管拡張・血行促進は、高血圧などを改善するだけでなく、酸素や栄養素の運搬をスムーズにするため、持久力の向上にも役立ちます。(※91、※92、※93)

12名の男性テコンドー選手を対象にした研究や、22名の男女ハンドボール選手を対象にした研究で、BCAAとアルギニンを同時に摂取したところ、非摂取群と比較して顕著にスプリントパフォーマンスの改善や、中枢性疲労が軽減されたという報告もあります。(※94、※95)

＊ **PPARγ**
ペルオキシソーム増殖剤活性化レセプター。脂肪細胞の分化に密接に関連している受容体。

アルツハイマー病の患者は一酸化窒素が不足、すなわちアルギニンが不足しているという知見があり、病態モデルマウスにシトルリン(アルギニンに変換される)を投与したところ、脳脊髄液中のアルギニンが上昇し、記憶が改善したという報告もあります。

オルニチン回路とは

グルタミンは、アンモニアとグルタミン酸になりますが、アンモニアをつくるのはグルタミンだけではありません。

アミノ酸の代謝(⬇206ページ)のところでも書いたとおり、アミノ基とαケトグルタル酸が結合すると、αケト酸とグルタミン酸がつくられます。しかし、運動時などはエネルギーを取り出すため、グルタミン酸はグルタミン酸脱水素酵素の働きにより、アンモニアとαケトグルタル酸になるのです。つまり、**グルタミン酸もアンモニアの発生源になります。**

グルタミンに限らず、多めのアミノ酸(タンパク質)を摂取し、運動している以上、通常より多いアンモニアの発生は避けられません。プロテインを飲むようになったら、汗がにおうようになったという人は、けっこう多いのではないでしょうか。

●オルニチン回路（尿素回路）

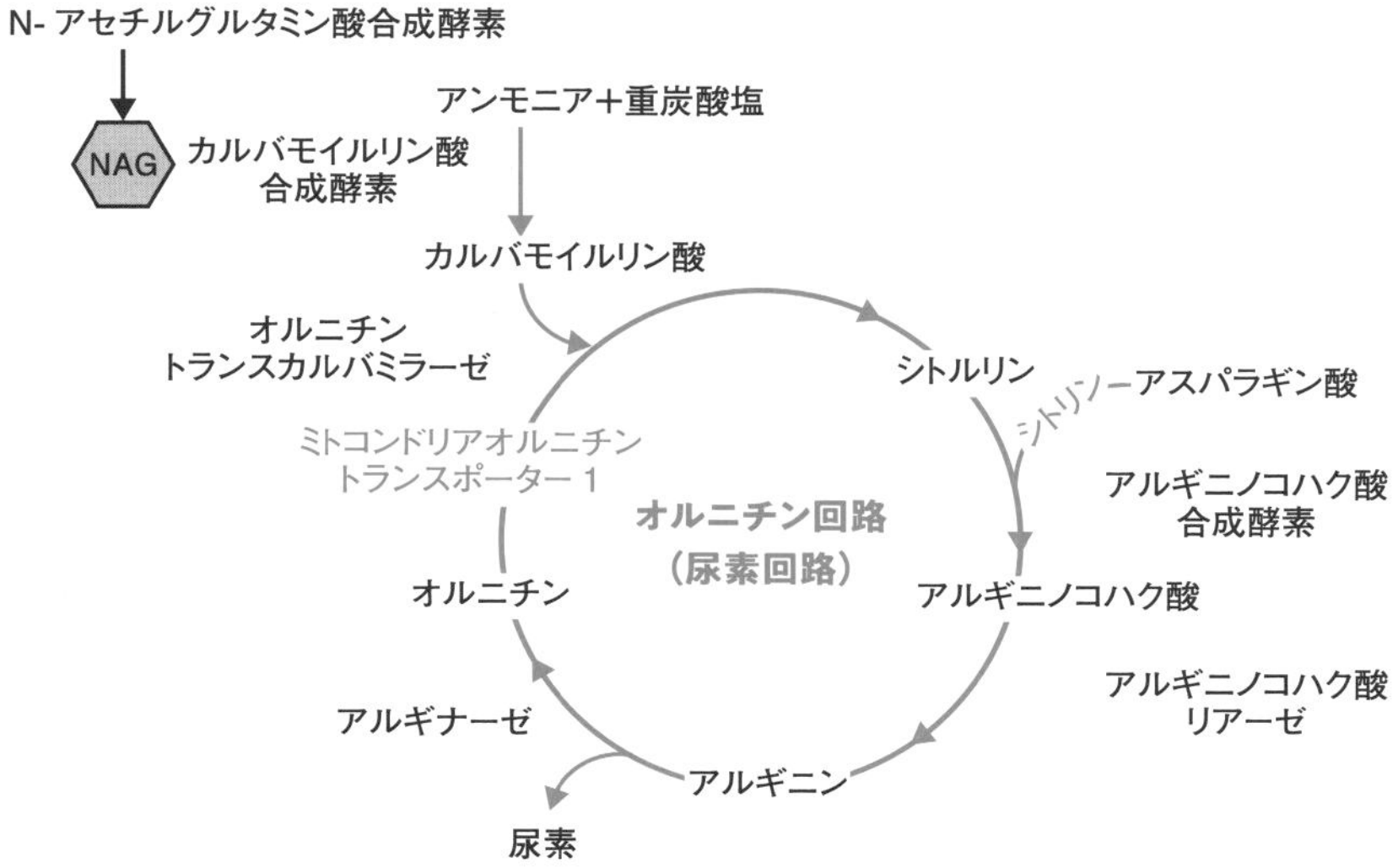

アンモニアは、どのようにして処理されるのでしょうか。

アンモニアは肝臓で尿素に変換されますが、毒性の高いアンモニアのままで肝臓へ運ぶのは危険です。そのため**組織で発生したアンモニアは、アミノ酸のアラニンやグルタミンに変換されて、肝臓まで運ばれます。そこでアラニンやグルタミンはグルタミン酸になり、アンモニアに戻ってから、尿素になります。**

アンモニアと尿素の関係を、もう少し詳しく見てみましょう。アンモニアは肝細胞のミトコンドリアにおいて、カルバモイルリン酸に変換されます。

それがアミノ酸の「オルニチン」と結合することによって「シトルリン」になります。
シトルリンはミトコンドリアから出て細胞質に移行し、アスパラギン酸と結合してアルギニノコハク酸ができます。そしてアルギニノコハク酸からアルギニンがつくられ、アルギニンから尿素とオルニチンがつくられます。つまり**アンモニアからスタートし、最終的に尿素とオルニチンが生成されるわけです。この回路を「オルニチン回路」または「尿素回路」と呼びます。**

通常、アンモニアはオルニチン回路によってすべて処理されますので、汗や尿に出てくることはほとんどありません。汗や尿に含まれているのは尿素です。尿素そのものは、それほど臭くありません。しかし、尿が排出されてしばらく時間が経つと、細菌によって尿素が分解されてアンモニアとなり、アンモニア臭が出てくるのです。

プロテインを飲むようになってタンパク質の摂取量が増大すると、オルニチン回路のキャパを超えてアンモニアが増えてしまいます。また、トレーニング自体がアンモニアを大量に発生させてしまいます。そのため、トレーニングをハードに行ってプロテインを飲むようになると、オルニチン回路で処理しきれなかったアンモニアが尿や汗に出てくるようになり、アンモニア臭がしてしまうのです。

アンモニア臭を減らすには、オルニチン回路を活発にしてアンモニアの除去を促進することが重要です。**アルギニンやオルニチン、シトルリン、アスパラギン酸などを十分に摂取することで、オルニチン回路はスムーズに回るようになり、アンモニア臭も減るはずです。**

なお、アスパラギン酸は、ＴＣＡサイクル（➡３８０ページ）におけるオキサロ酢酸やグルタミン酸から容易に合成されるため、まず不足することはありません。

アルギニンかシトルリンか

アルギニンの弱点はアルカリ性が強いことです。また味も悪く、そのままパウダーで飲むのは難しく、カプセルで飲んだとしても胸やけすることがあります。

そこで、**アルギニンの代わりにシトルリンやオルニチンを摂取するという方法があります。オルニチン回路はスムーズに回っているため、シトルリンやオルニチンでも十分にアルギニンの代用となるのです。**

１回に７５０㎎のシトルリンを１日２回摂取することにより、体内のアルギニンレベルを十分に高めることができます。

アルギニンとシトルリンで血圧を下げる効果を比較したところ、シトルリンはアルギニンの倍の血中濃度を達成できたという報告もあります。

これはアルギニンを摂取するとアルギニンの分解(first pass)が起こるのですが、シトルリンはそれがあまり起こらないということに起因しています。しかし、血圧を下げる効果としてはアルギニンより効果的だった場合と、逆に効果がなかった場合が混在していたようです。

22名の男性に1日2・4gのシトルリンを摂取させ、7日間継続したところ、血中アルギニンレベルが高くなり、自転車で4㎞を走るタイムが短くなったという研究があります。(※96)

また、1日6gのシトルリンを摂取したところ、高強度運動におけるパフォーマンスが改善し、酸素利用能も高まったという報告もあります。(※97)

アルツハイマー病の患者は一酸化窒素が不足、すなわちアルギニンが不足しているという知見があり、病態モデルマウスにシトルリン(アルギニンに変換される)を投与したところ、

脳脊髄液中のアルギニンが上昇し、記憶が改善したという報告もあります。（※98）

また老齢ラットの実験ですが、シトルリンを与えた群は他の非必須アミノ酸を与えた群に比べて筋肉量が14〜48％も増えており、体脂肪も減少（特に腹部の脂肪）していたという研究もあります。（※99）

この研究ではタンパク質複合体のｍＴＯＲＣ１への影響がなく、別の経路からのタンパク合成が起こっているのでしょう。なおミトコンドリアの活性が増加しており、さらにＶＬＤＬ（超低密度リポタンパク質）やＬＤＬ（低密度リポタンパク質）の酸化も抑制されているようです。

ただし、ホエイプロテインにシトルリンを加えたところ、ｍＴＯＲが活性化されてタンパク合成が高まったというラットの研究もあります。（※100）一酸化窒素発生による血流の増加がアミノ酸利用能を高めたのかもしれません。

やはりラットの研究ですが、シトルリン摂取によりＡＭＰＫとＬＫＢ１のリン酸化が促進され、さらにＳｉｒｔ１が活性化して脂肪酸合成酵素が低下したという結果が出ています。そして脂質代謝が改善され、体重増加と肝臓脂肪の蓄積が抑えられたようです。（※101）

オルニチン回路（⬇253ページ）により、**アルギニンはアルギナーゼによってオルニチン**

となり、さらにシトルリンとなってからアルギニノコハク酸になり、アルギニンに戻ります。そのため、オルニチンよりはシトルリンのほうがアルギニンレベルを高めるには効果的だと考えられます。

ちなみに成長ホルモンの分泌を促進するためにはオルニチンの場合、体重1kgあたり170mgくらい摂取する必要があり、体重が80kgだったら13〜14g必要になってしまいます。(※102)

しかしアルギニンならば5〜9gでOKです。(※103、※104、※105)オルニチンやシトルリンに比べて安価でもありますので、アルギニンをベースにして、追加でシトルリンを少し使うというような方法でもいいでしょう。

アルギニンの摂取方法

アルギニンも他のアミノ酸と同様、摂取後30分ほどで血中濃度は最大に達し、2時間後に半分となり、4時間ほどかけて元のレベルに戻ります。(※106)

しかし、血中アルギニンレベルが最大になってから、一酸化窒素が産生されるまでの間に

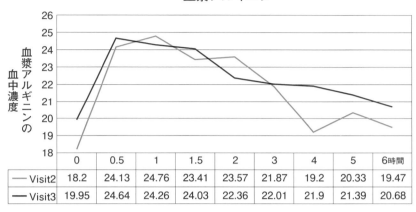

●アルギニン摂取後の血中濃度の変化

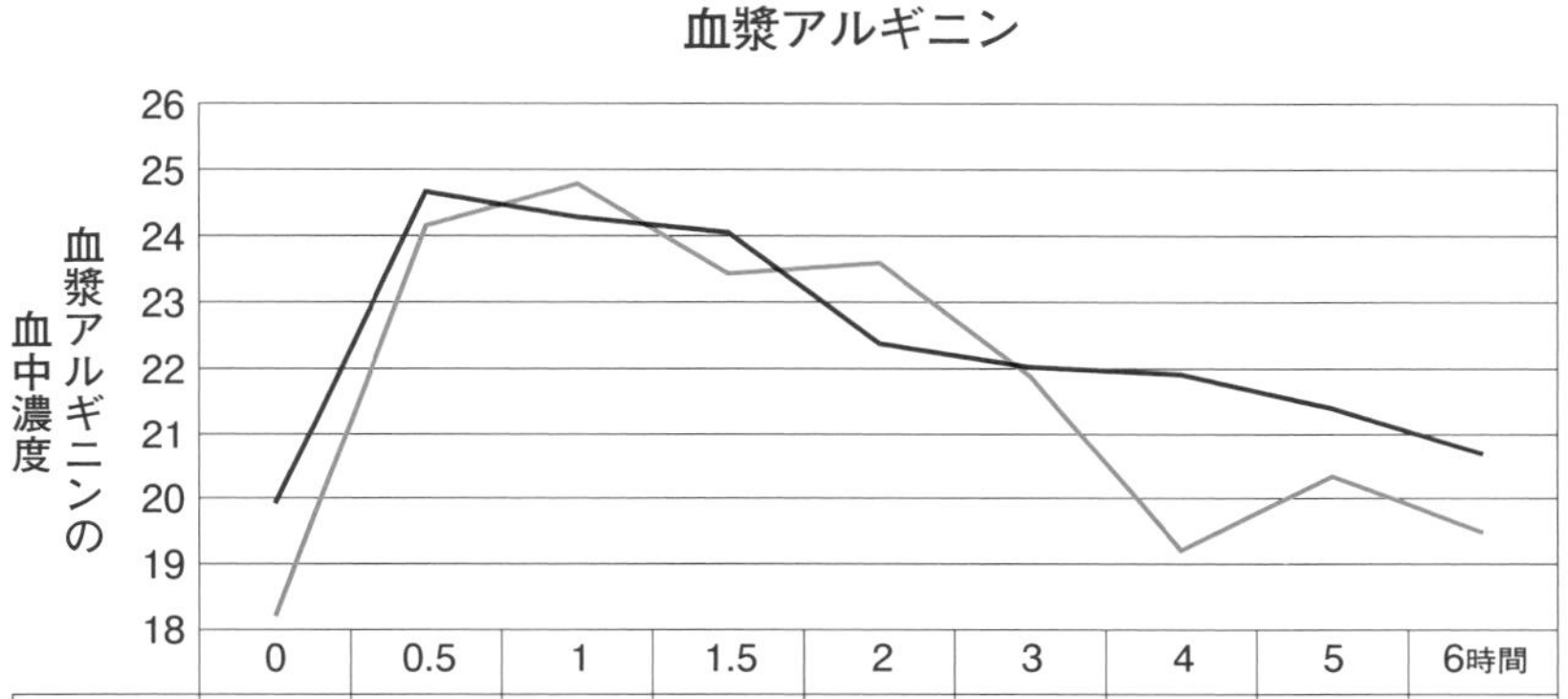

	0	0.5	1	1.5	2	3	4	5	6時間
— Visit2	18.2	24.13	24.76	23.41	23.57	21.87	19.2	20.33	19.47
— Visit3	19.95	24.64	24.26	24.03	22.36	22.01	21.9	21.39	20.68

アルギニン摂取後、約30分（0.5時間）で血中濃度は最大になり、4時間かけて元の血中濃度に戻る。

ラグがあります。そのため血流が最大になるのはアルギニンを摂取してから90分ほど経った頃となります。（※107）

摂取後60分したところで十分に血流は増加していますので、**トレーニングの1時間くらい前にアルギニンを5～9g摂取する**ことで、トレーニング時の血行増進効果や持久力アップ効果が期待できると考えられます。この場合、プロテインと一緒に飲んでもかまいません。ホエイプロテインにはアルギニンが少ないため、アミノ酸バランスを改善するのにもよいと思われます。

前述のとおり、アルギニンはアルカリが強い性質を持っています。食事によって胃酸が薄まり、胃内のpHが高くなるため、食後にアルギニンを摂取すると胃痛が起こるかもしれません。胃痛が起こる人は空腹時に飲むようにしましょう。

「L－アルギニン」ではなく、「アルギニンHCL」という塩酸で中和したサプリメントもあります。これならいつ飲んでも大丈夫です。

トレーニングをしない日は、起床直後の摂取がおすすめです。アルギニンの成長ホルモン分泌効果を考えると、就寝時などはもともと成長ホルモンの分泌が高まるため、タイミングがかぶってしまって、もったいないのです。

最近では、ゼリータイプのアルギニンなども出ており、手軽に持ち運べ、美味しく食べられるようになっています。

Chapter 10

その他のアミノ酸やアミノ酸類縁物質

ここでは、これまでに紹介していない必須アミノ酸や非必須アミノ酸、そしてアミノ酸類縁物質について解説します。

芳香族アミノ酸とは

構造の中に、**「芳香族基」を持つアミノ酸があります。具体的にはトリプトファンやチロシン、フェニルアラニンです。ヒスチジンもその仲間に入ることがあります。**英語ではAromatic Amino Acid となるため、略してＡＡＡと呼ばれます。

●トリプトファン

トリプトファンは、セロトニンやメラトニンの材料になるアミノ酸で、メラトニンの材料になることから、睡眠を深くする作用が期待されて、アメリカなどでは入眠剤として使用されてきました。実際に睡眠時無呼吸を改善したり、眠りにつくまでの時間が短くなったりと

いう報告があります。（※108、※109）

しかし、1990年頃に昭和電工が製造したトリプトファンがアメリカで好酸球増加筋肉痛症候群を引き起こし、38名の死者を出して大問題となったことがあります。おそらくは製造時における不純物混入が原因だろうとされており、トリプトファン自体に問題はないということになっています。アメリカでのトリプトファン製品は販売が禁止され、その後制限は緩和されましたが、今でもアメリカでつくられる多くのアミノ酸製品（EAAなど）にはトリプトファンが含まれていません。

セロトニンやメラトニンの材料ということは、運動の前に摂取するのは不向きだと思えます。しかし、意外にも600㎎のトリプトファンを摂取することで、サイクルパフォーマンスが向上したという報告があります。（※110）

この作用機序は不明なのですが、トリプトファンを摂取することでアセト酢酸（ケトン体）が増え、脂質代謝が向上したという可能性も考えられます。（※111）

この研究では悪玉コレステロールが減り、TMAOも減ったとされています。TMAOはカルニチンの項で詳述しますが、カルニチンの代謝物質であり、動脈硬化を促進する可能性があるとされている物質です。この害をトリプトファンが防ぐことができるかもしれないということになります。

また、トリプトファンを摂取することで細胞内カルシウムが増加し、酸素分圧の高い状態では骨髄における間葉系幹細胞の分化を促す可能性もあるようです。（※112）**さらに、筋タンパク合成を高める作用もあるようです。**（※113、※114、※115）

面白いことに、ミオスタチン遺伝子をトリプトファンが減らすという報告があります。（※116）この研究ではタンパク質が不足した状態において、トリプトファンのサプリメンテーションを行うことにより、ＩＧＦ－１とレプチン、フォリスタチンを増やし、ｍＴＯＲも活性化したということです。

なお、トリプトファンはトレーニング界よりも栄養療法界において、よく話題となります。特にメンタル系においてなのですが、１９７０年代から既に統合失調症患者の血中トリプトファン濃度が低いことが報告されています。

●トリプトファンの代謝の仕組み

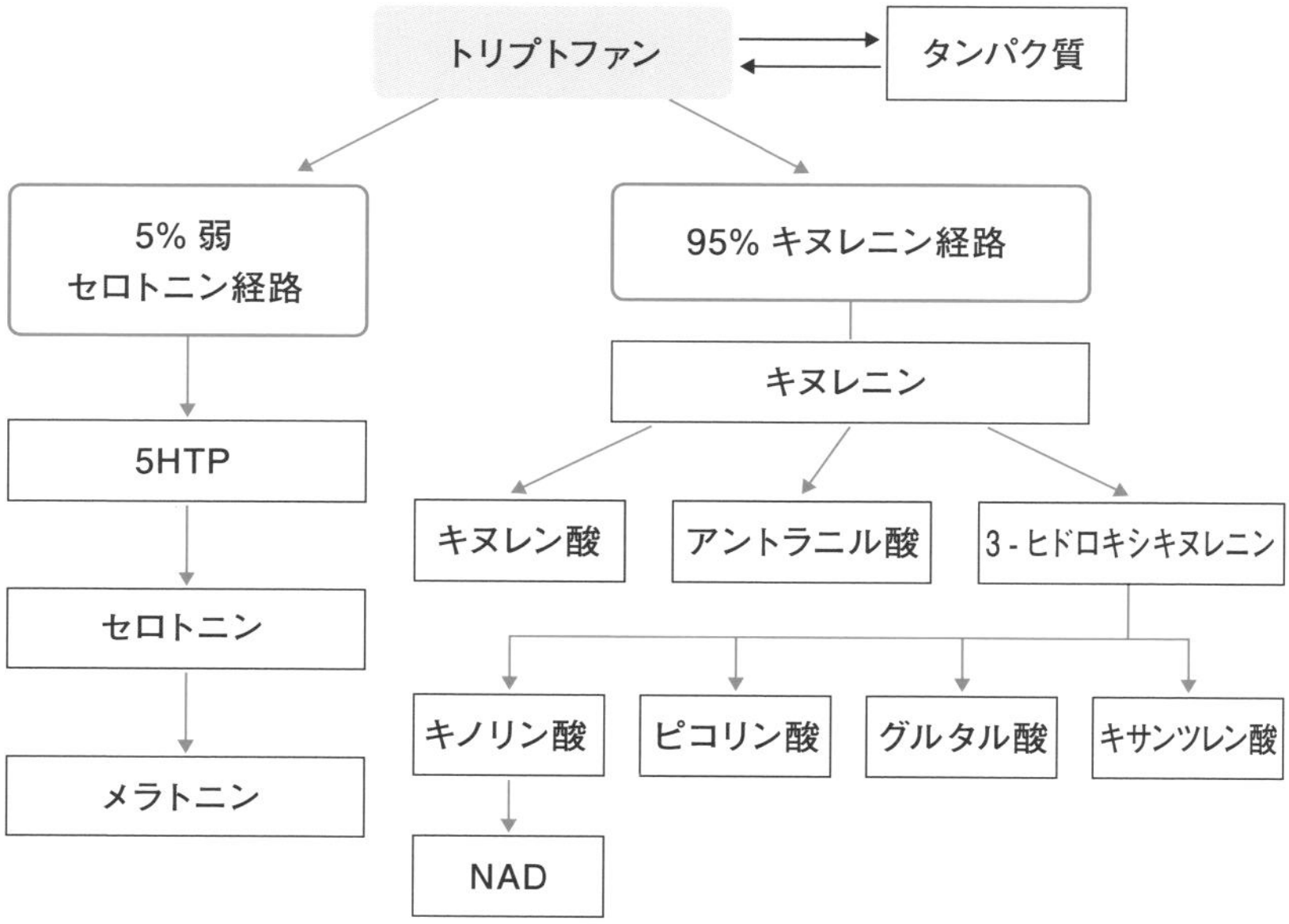

トリプトファンの代謝についても説明しましょう。

トリプトファンはタンパク合成にも使われるのですが、残りの代謝は大きく「セロトニン経路」と「キヌレニン経路」に分けられます。

セロトニン経路においては、トリプトファンは、アミノ酸前駆体の5HTP(5－ヒドロキシトリプトファン)を経て、セロトニンとなってからメラトニンになります。

キヌレニン経路においては、トリプトファンはキヌレニンとなり、キヌレニンはキヌレン酸やアントラニル酸、3－ヒドロキシキヌレニンになります。

3－ヒドロキシキヌレニンはキサン

ツレン酸やピコリン酸、グルタル酸（からアセチルＣｏＡ）、キノリン酸となり、キノリン酸からＮＡＤ（ニコチンアミドアデニンジヌクレオチド）がつくられます。

ここで重要なのが、95％以上はキヌレニン経路に流れ、残りの５％弱がセロトニン経路に流れるということです。

栄養系のセミナーでは、「炎症があるとキヌレニン経路に流れやすい」ということがよく言われますが、これは、炎症によりＩＤＯ（インドールアミン2,3－ジオキシゲナーゼ）という酵素が発現し、これがキヌレニン経路を活性化するためです。

ＩＤＯはＡＣＭＳ（αアミノβカルボキシムコン酸εセミアルデヒド）を生成し、これがキノリン酸となり、ＮＡＤ（ニコチンアミドアデニンジヌクレオチド）を生成します。ＡＣＭＳはＡＣＭＳＤ（αアミノβカルボキシムコン酸εセミアルデヒド脱炭酸酵素）によってグルタル酸経路に入りますので、ＡＣＭＳＤの活性が高いとグルタル酸からアセチルＣｏＡへの経路が増加し、低いとＮＡＤ経路が増加します。

さらに、これはあまり知られていませんが、トリプトファンは非酵素反応によってグルコースと結合、つまり糖化を起こし、糖化化合物をつくるという流れもあるのです。

糖質制限によってメンタルが安定したという話を聞きますが、これはトリプトファンの糖化反応が減少したから、という可能性もあります。

●**チロシン**

チロシンはフェニルアラニンからつくられるため、必須アミノ酸ではありません。チロシンには水酸基があり、さまざまなタンパク質に取り込まれて「リン酸化」されることにより、タンパク質の機能を大きく変化させる作用を持っています。これを「**チロシンリン酸化**」と呼び、シグナル伝達において重要な役割を果たします。

また、**チロシンはカテコールアミン（ドーパミンやアドレナリン、ノルアドレナリン）や甲状腺ホルモンの材料となり、メラニン色素の材料にもなります。**

カテコールアミンや甲状腺ホルモンの材料になることで、「やる気」を出したり、トレーニング前に気合を入れたりするのに役立つと考えられます。実際にチロシンを摂取することにより、暑熱条件下におけるサイクリングのパフォーマンスが向上したという報告（※117）や、寒冷化における認知機能の低下を抑制したという報告（※118）、睡眠不足後の認知機能低下を抑制したという報告（※119）、特に短期間において認知機能が要求されるシチュエーションで効果を発揮するというレビュー（※120）などが存在します。

カテコールアミンの材料になるということは、血圧を上昇させる可能性がありそうですが、そうとも言えません。

イギリスで行われた18歳から75歳の双子女性1898名を対象に行われた横断研究では、7種類のアミノ酸（アルギニン、システイン、グルタミン酸、グリシン、ヒスチジン、ロイシン、チロシン）について検討され、これらのアミノ酸の摂取量が一番多かった群は、一番少なかった群よりも血圧が低く、動脈硬化も進んでいなかったことがわかりました。（※121）

また面白いのは、血圧が低かったのは植物性タンパク質摂取群で、動脈硬化の進行が少なかったのは肉類摂取群だったことです。

さらに、収縮期血圧を下げるのに一番効果のあったのが、チロシンのようです。チロシンはアドレナリンやノルアドレナリンの材料になり、交感神経を興奮させて「やる気を出す」アミノ酸なのですが、これに血圧を下げる作用があるというのは非常に興味深い結果です。（※121）

短期的な効果を求める場合はトレーニングの45分ほど前に2～3gを摂取するとよいでしょう。もっと長期的に「やる気」を出す効果を求める場合は、起床直後に1～2gを継続的に摂取するようにします。

●フェニルアラニン

フェニルアラニンは、チロシンに変換されて前述(⬇266ページ)のような効果を発揮しますが、この変換を受け持つ酵素が足りないと、チロシンが少なくなってカテコールアミンや甲状腺ホルモンなどの低下が起こります。

ただし、フェニルアラニンはチロシンとは別の効果があり、その最たるものが**「鎮痛効果」**です。タンパク質の構成成分となるのはL－フェニルアラニンですが、構成成分とならないD－フェニルアラニンやDL－フェニルアラニンには鎮痛作用があることがわかっています。(※122)DL－フェニルアラニンには、うつ症状を改善する効果も知られています。(※123)この場合、使用量としては体重1kgあたり14mgが標準で、一般的に1日に750～3000mg程度が使用されています。

●ヒスチジン

最後の芳香族アミノ酸はヒスチジンです。ヒスチジンは体内で合成可能ですが、合成のステップが遅く、ヒスチジン1mol*をつくるために42molものATPを必要とするため、必須アミノ酸ということになっています。

＊mol(モル)
物質量の単位。1molは6.02×10^{23}個の集団を表わす。

ヒスチジンは乳児期にとっては準必須アミノ酸で、それ以降は体内での生成が可能だとされていました。しかし、成人でもヒスチジンが不足すると体内の窒素バランスが乱れ、さまざまな異常が現れることが確認されたため、１９８５年からは必須アミノ酸に分類されるようになりました。

ヒスチジンはヒスタミンの前駆《ぜんく》物質ですが、後述するカルノシンというジペプチドの構成成分ともなっています。ヒスタミンには満腹中枢を刺激する作用もあるため、ヒスチジンの摂取によって食事量を抑えることができます。（※124）

またラットの研究ですが、食事量を減らすとともに脂肪分解を促進する働きも期待できるようです。（※125）

さらにヒスチジンとカルノシンの摂取によって、活性酸素分解酵素のＳＯＤ（スーパーオキサイドディスムターゼ）と抗酸化酵素のカタラーゼを増やし、酸化ストレスや炎症マーカーが減少することが確認されています。（※126）他の効果についてはイミダペプチドの項で紹介します。

その他のアミノ酸

次はこれまで紹介していなかったアミノ酸について解説します。

その他の必須アミノ酸

●メチオニン

メチオニンは、システインと同じように「硫黄」を含むため、「含硫アミノ酸」と呼ばれます。

メチオニンは体内でシステインになる他、カルニチンやタウリンを合成するのにも必要となります。

メチオニンは「抗脂肪肝栄養素」でもあり、肝臓に脂肪が蓄積するのを防ぎます。(※127)

また、アセトアミノフェン中毒による肝障害の予防にも役立つようです。(※128)

ここでは詳しく言及しませんが、メチオニンのもっとも重要な機能は「メチル化」です。メチル化というのはさまざまな物質にメチル基を提供するということで、アミノ酸やDNA、RNAなどをメチル化することは体内の代謝において非常に重要な役割を果たします。メチオニンはSアデノシルメチオニン(SAMe)となることで、メチル基供与体(メチルドナー)

となります。

最近では、メチオニンの制限が健康やダイエットによいとする論調が見られるようになりました。メチオニンが制限されると転写因子「ATF4」応答遺伝子の発現が増加し、これはアミノ酸が足りていないというシグナルを送ります。それにより体は低栄養状態にあると判断し、体脂肪を分解してエネルギーをつくろうとするのです。

また、メチオニン制限によって血管内皮細胞増殖因子（VEGF）の発現が増加し、毛細血管が増えます。

さらに、マウスの研究でメチオニン制限ががんの治療効果を高めることが示唆されており、ヒトを対象とした場合でも、同じような代謝効果が示されています。さらに寿命延長などを含めた代謝改善作用も示されています。（※129）

ここではDNAメチル化である「One Carbon Metabolism」が大きく関わってきます。One Carbon Metabolismは葉酸代謝とメチオニン代謝を合わせたもので、抗酸化システムや核酸代謝において必須となり、メチオニンがそのスタート物質となります。

必須アミノ酸であるメチオニンを極端に減らすのは問題ですが、50歳を過ぎるあたりからはホエイプロテインの代わりにメチオニンの少ない大豆プロテインにするのもよいかもしれません。

●リジン

必須アミノ酸のリジンですが、お米に不足することが一時問題となり、学校給食のお米にリジンを添加しようとする動きがありました。またそれに反対する市民運動もあり、結局リジンの添加はお流れになったようです。

リジンはヘルペスウイルスの増殖を抑制することが知られており（※130、※131）、この目的では1回1gのリジンを1日3回飲むことが推奨されています。

なお少量ですが、8週間のリジン摂取により筋力が増加したという報告もあります。（※132）

●スレオニン

トレオニンと呼ばれることもあります。これは、ピルビン酸やαケト酪酸になってスクシニルCoAとなり、TCAサイクルに入る他、**体内におけるリン酸化や糖鎖の結合において重要な役割を果たしています。糖原性アミノ酸でもあり、グルコースの材料にもなります。**

また、遺伝性痙縮症候群が見られる患者6名に12カ月間にわたってスレオニンを500mg／日摂取させた研究（※133）では、筋肉のけいれんや大腿四頭筋反射強度に部分的改善が示されています。また6g／日の摂取により、脊髄痙縮に対する有効性が示唆されています。（※134）

さらに、マウスの研究ですが、8週間の肥満誘発期間後に「高脂肪食群」と「高脂肪食にリジンかスレオニン、メチオニンのどれかを飲料水中に3％追加した群」とで比較したところ、10週間後にスレオニン追加群は体重、精巣上体および腎周囲の脂肪体の重量、グルコースの血清濃度、中性脂肪、総コレステロール、およびLDLコレステロールが有意に減少しました。またHOMA－IRと血清レプチン、アディポネクチンもスレオニン補給により改善されています。スレオニン添加により、褐色脂肪組織におけるUCP－1および関連遺伝子の発現が刺激されているようです。なお、リジンまたはメチオニンを追加した群では、これらにおいて変化がありませんでした。（※135）

その他の非必須アミノ酸

●グリシン

もっとも構造が単純なアミノ酸で、体内では解糖系の中間体であるホスホグリセリン酸からセリンを経て、容易につくられます。

糖質制限をしていると、この合成が滞る可能性があります。解糖系の最終生成物であるピルビン酸からはアラニンができますが、これも同じことです。

一般に非必須アミノ酸は、糖質代謝によりつくられるものが多いと言えます。

アスリートにとって重要なのは、グリシンはクレアチンやコラーゲンの材料となることです。グリシンはコラーゲンの3分の1を占めるため、不足すると肌が荒れたり血管や細胞外マトリックスが弱くなったりして動脈硬化やケガの元になる可能性があります。

グリシン摂取によってタイプⅡコラーゲンの合成が高まる可能性も示されており、ヒトで効果を出すためには1日に10g程度の摂取が必要かもしれないと言われています。

さらに、グリシンは抑制性神経伝達物質として働くとともに、Sアデノシルメチオニンを分解します。これが足りないと躁病になりやすく、ホモシステインも増えやすいため、ますます動脈硬化の原因になってしまいます。メンタルを安定させたい方は特に必要性が高まります。

グリシンはグルタチオンの材料にもなります。そして解毒作用や、抗酸化作用を発揮してくれます。グリシンを摂取することにより、がんの食欲減少による筋肉量減少を防いだという報告もあります。（※136）

他に**グリシンの重要な作用として、睡眠の改善があげられます。**「グリナ」という名前で商品化されていますが、グリシンには*視《し》交《こう》叉《さ》上核《じょうかく》におけるNMDA受容体を活性化し、血管を拡張することにより睡眠を改善することがわかっています。（※137）

ノンレム睡眠（脳が休息状態）に至るまでの時間を短くし、さらにノンレム睡眠とレム睡眠（体は休息状態でも脳は活動している状態）のリズムを改善し、中途覚醒も減らします。（※138）

加えて末梢の血流量が増加して深部《しんぶ》体温の低下が促され、睡眠を促進します。（※139）

健康な男性10名に3日間にわたって睡眠時間を通常より25%少なくしてもらい、代わりに寝る前にグリシンを3g摂取させた研究があります。（※140）

その結果、疲労や睡眠不足からくるVAS（視覚的評価スケール）の値が改善し、パソコンを使うパフォーマンスも改善しました。なお、メラトニンや時計遺伝子における作用はなかっ

＊視交叉上核
脳の視床下部にある神経細胞の集まりでごく小さな器官。体内時計の司令塔の働きをしている。

たようです。起床時の疲労感軽減や気分の改善も観察され(※141)、また日中に投与されても眠くなるようなことはなく、大量に摂取しても(1日31gなど)副作用は認められていません。(※142)

グリシンはグルタチオンの材料となるため抗炎症作用や抗酸化作用があり、ロイシンと同時に摂取することで特に体内に炎症がある場合におけるタンパク同化作用を増強させる効果があるようです。(※143)

研究者は、ロイシン:グリシンを1対2の割合で摂取することをすすめています。

さらにマウスにグリシンを大量に与えた実験では寿命が4~6%延びています。

ヒト線維芽《せんいが》細胞での研究では、ミトコンドリアでのグリシン産生に関わる核コードのGCAT遺伝子のエピジェネティックな下方制御がミトコンドリアを老化させることがわかっており、グリシン処理によって老化表現型の発現を阻害できています。(※144)

●システイン

システインの含硫アミノ酸は、ホエイプロテインのメリットとして言及してきました。システインは乳幼児にとっては不可欠で、必須アミノ酸のメチオニンからシスタチオニンに変換され、その後システインになります。

なお、システインが2分子結合するとシスチンになります。

血漿中のシステイン量が全身のタンパク質代謝の制御剤となっている可能性があり、血漿中に存在する非必須アミノ酸の量は、肝臓におけるシステイン（とシスチン）の硫酸塩への異化を通じて制御されているようです。

アミノ酸が分解されて尿素が産生されると、血漿中アミノ酸レベルが低下し、そして異化反応が起こります。異化によりシステイン（とシスチン）が放出され、それをシグナルとして肝臓での尿素産生がダウンレギュレート（低下）されるようです。

特にがんのように異化によって筋肉が減る場合、システインがそれを防ぐ可能性があります。（※145、※146）

また、システインの効果で有名なのが**美白作用**です。これは**チロシナーゼという酵素を阻害して、チロシンからメラニン色素がつくられるのを邪魔する作用を持っています。**（※147）

国内ではシステインは「医薬部外品」となっており、美白のためのシステイン摂取量としては1日に240mg程度です。しかし、**ホエイプロテインを1日に100gも飲めば、その中に**

含まれるシステインは何と３３００㎎にもなります。ホエイを飲めば、美白にもよいということです。

また、システインにはＳＨ基(チオール基)があり、重金属の解毒などを受け持ちます。

●プロリンとヒドロキシプロリン

アミノ酸の構造の項(⬇２０２ページ)で書きましたが、プロリンはアミノ基ではなくイミノ基が結合しているため、イミノ酸というのが正確な分類です。

プロリンはグルタミン酸からオルニチンを経てつくられますが、このイミノ酸の主な作用はコラーゲンの材料となることです。コラーゲンの25%がプロリンで、さらにその半分はヒドロキシプロリンです。なおコラーゲンの33%はグリシンです。

ヒドロキシプロリンのヒドロキシというのは「水酸化」という意味ですが、この水酸化作用にはビタミンCが必須となります。そのため、コラーゲンの合成にはビタミンCが重要な役割を果たします。

コラーゲンの量の多さ、またコラーゲンに占めるプロリンとヒドロキシプロリンの割合を考えると、プロリンの体内における合成の重要性が示されます。さまざまな動物にプロリンを添加したエサを与えたところ、成長が促進されたという報告（※148）や、プロリンの摂取によってケガが早く治ったという報告（※149）、プロリンが免疫を改善したという報告（※150）などがあります。

●アラニン

このアミノ酸は「グルコース・アラニンサイクル」によって知られています。このサイクル（回路）はアラニンが肝臓でピルビン酸とグルタミン酸になり、ピルビン酸がブドウ糖になる反応です。逆に**筋肉では、ブドウ糖が解糖系によってピルビン酸になり、アラニンになります。**

なお、筋肉で解糖系によってできた乳酸が、肝臓でまたブドウ糖に戻る反応のことを「コリ回路」と呼びます。

●セリン

セリンは脳に多く含まれるアミノ酸で、脳の機能に重要となるホスファチジルセリンの前駆体です。また美容にも関係し、表皮の天然保湿因子（ＮＭＦ）においてもっとも多く含まれるアミノ酸です。

セリンには水酸基が含まれ、これがリン酸化されるとタンパク質の高次構造(⬇135ページ)を変化させ、酵素活性の変化を引き起こします。なおセリンからグリシンがつくられ、逆にグリシンからもセリンができます。

●アスパラギン酸、アスパラギン

アスパラギン酸はオルニチン回路(⬇252ページ)のところで出てきましたが、アンモニア排出の際に役立ちます。また、興奮性の神経伝達物質としても働きます。なお、D－アスパラギン酸については後述します。

アスパラギン酸とは別に、アスパラギンというアミノ酸もあります。この違いはなんでしょうか。

アミノ酸の構造(⬇202ページ)だと、側鎖である「R」の部分で、各種アミノ酸の違いが現れてきます。アスパラギン酸やグルタミン酸は側鎖の末端が－COOH(カルボキシル基)となっています。一方でアスパラギンやグルタミンは側鎖の末端が－CONH2(アミド)となっています。カルボキシル基があると酸性化合物となりますが、アスパラギンやグルタミンはそれがないため、電荷は中性となります。

アスパラギン酸やアスパラギンは、アスパラガスから発見されたため、このような名前がついています。どちらも容易にオキサロ酢酸になり、エネルギーを生み出すことができます。

タウリンとは

アミノ酸と思われがちなタウリンですが、これはカルボキシル基を持っていないため、正確にはアミノ酸ではありません。またタンパク質を構成することもありません。ただし、タウリンはアミノ基を持っています。そして、カルボキシル基がスルホン基に置き換わっているということで、広義ではメチオニンやシステインと同様、**含硫アミノ酸に分類されます**。体内ではメチオニンやシステインから合成され、抑制性の神経伝達物質として使われます。

流れとしては次のとおりです。

まず、システインジオキシゲナーゼ（CDO）がシステインのチオール基を酸化し、システインスルフィン酸（CSA）をつくります。そしてCSAはシステインスルフィン酸デカルボキシラーゼ（CSAD）によってヒポタウリンになり、ヒポタウリンが非酵素的にタウリンになります。

タウリンはTAUTというトランスポーターによって細胞内に取り込まれ、Na^{+}（ナトリウムイオン）およびCl^{-}（シーエルマイナス）依存的に輸送されます。タウリン1分子に対し、Na^{+}2分子とCl^{-}1分子が共輸送されます。

なお、TAUTは他にGABAやヒポタウリン、βアラニンの輸送にも関わります。

メチオニンやシステインからタウリンがつくられるということは、タウリンの足りない人は、より多くのメチオニン（必須アミノ酸）を要求されるということにもなります。生体内にはタウリンが大量に存在し、体重の0・1％、つまり体重100kgの人なら100gがタウリンということになります。

哺乳類の胎児、特にヒトを含む霊長類の胎児や新生児ではタウリン合成能が低く、胎盤や母乳を介して母親から子へ授与されるタウリンが子の正常発達に必要とされます。

タウリンは日本ではサプリメントとして使うことができませんが、それは危険だからというわけではなく、サプリメントとしてはあまりに効果があるからかもしれません。

では、どのような効果があるのでしょうか。

まず、**タウリンを摂取することによって筋力が強化されたという報告があります。**タウリンのサプリメンテーションによって筋肉中のタウリン含有量が40％増加し、アイソメトリック*な筋力が19％増加しました。特に速筋繊維への影響が大きいようです。（※151）ラットの研究ではテストステロンが増加したという報告もあります。この研究ではASTやALTも顕著に下がっています。（※152）

また、**タウリンには脂肪燃焼や、運動時の脂肪酸の酸化を促進する作用もあります。**後述のとおり、脂肪酸をミトコンドリアに運び入れるときにはカルニチンが必要とされますが、実はこの作用が起こるときに、十分なタウリンが存在することが必要なのです。（※153、※154）

タウリンは抑制性神経伝達物質として働き、また視床下部神経細胞からのアルギニンバソプレシン放出を調整し、腎臓での水分再吸収を調整する作用があるため、血圧を下げる効果が期待できます。

実際にタウリンを7日間にわたって1日6g摂取したところ、収縮期血圧が9・0㎜Hg、拡張期血圧が4・1㎜Hg減少したという研究もあります。（※155）

またタウリンとカフェインを含んだドリンクを飲んだことにより、認知機能が高まり多幸感がもたらされたという報告があります。（※156、※157、※158）なお認知機能の改善はAkt－

＊アイソメトリック
等尺性筋収縮。筋肉の長さが変わらず、力を発揮する筋肉の筋収縮のこと。

CREB-PGC1α経路の活性化によるものかもしれません。（※159）

なお、**タウリンはインスリンの働きを高め、糖質の代謝を改善します。運動後にタウリンを摂取したところ、グリコーゲンの回復が促進されました。**（※160）また、ネガティブエクササイズによる筋肉痛を減らしたり（※161）、筋破壊の指標であるトリメチルヒスチジンを減らしたり（※162）、骨格筋においてピルビン酸の前駆体となるスレオニンとセリン、グリシンの利用を高めて持久力を増加させたり（※163）することが期待されます。

血中脂質プロフィールや肝機能の改善にも効果が期待でき、「EPA+DHA1・1g/日」とタウリン425mg/日を7週間摂取させたところ、血中のTC、LDL-C、ApoB、TC/HDL-C比の低下が認められたという報告（※164）や、うっ血性心不全患者にタウリン6g/日を4週間摂取させたところ、症状スコアの改善が認められたという報告、急性肝炎患者にタウリン4g×3回/日を6週間摂取させたところ、血清ビリルビン濃度、胆汁酸濃度の低下速度が促進したという報告（※164）、タウリン粉末2g×3回/日をレジスタンス運動前に2週間、運動後に4日間摂取させたところ、血管依存性血管拡張反応（FMD）の増加が認められたという報告（※166）などがあります。

タウリンが正常な胎児の発育に必要だと前述しましたが、最近になってタウリンがＧＡＢＡＡ受容体のリガンド＊として働くことが判明しました。ＧＡＢＡＡ受容体は、神経幹細胞の神経細胞分化の開始や深層の神経細胞への分化から表層の神経細胞への移行など、発生の時系列に伴う神経幹細胞の性質制御に関与します。

そして、ＧＡＢＡは胎生13日目以降にのみ神経幹細胞のＧＡＢＡＡ受容体を刺激するのに対し、タウリンは胎生13日目以前の時期でも神経幹細胞のＧＡＢＡＡ受容体の応答を引き出すようです。

この研究から、母体から胎児へのタウリン移行量低下が原因で脳発達に異常が生じ、将来において行動の変容が引き起こされる可能性が示唆されています。（※167）

摂取量としては、運動からの回復を促進する場合は運動後に３〜５ｇ、運動時の認知機能向上を目指す場合は２ｇを１５０㎎程度のカフェインと同時に摂取するとよいでしょう。

食事から摂る場合、タウリンは海産物に多く含まれ、特にホタテなどの貝類に多いようです。肥満マウスに高脂肪・高果糖の食事を摂取させた上で、タンパク源を徐々にタウリンの多いものに変えていった実験があります。（※168）

具体的には最初はカゼイン、そしてチキン、次にタラ、その次にカニ、最後にホタテです。

＊リガンド
特定の物質に結合して、生物学的な目的を果たす物質のこと。

その結果、カニとホタテをタンパク源としたときには体脂肪量が顕著に少なくなりました。特にホタテになったときに、その差が大きかったようです。

また、ホタテグループは善玉コレステロールの値も改善され、中性脂肪や遊離脂肪酸のレベルも下がったとのことです。

この結果を踏まえて、研究者は「ホタテにはタウリンとグリシンが多いため、このような結果が出た」としています。

カルニチンとは

カルニチンは、リジンとメチオニン、ビタミンC、ナイアシン、ビタミンB6、鉄などから体内で自然に合成されます。しかし20代を超えると加齢によって徐々に合成速度は低下し、また運動時には要求量が高まるので、不足する可能性も高くなります。

体内で合成されるカルニチンは一般に必要量の25%にすぎないため、残りは食事から摂取することになります。

100gの牛肉に140~190㎎のカルニチンが含まれます。食事由来のカルニチンは生体利用率が54~86%で、サプリメントとして2g摂取した場合の吸収率は9~25%とされています。

体内ではカルニチンの一部がアセチルカルニチンになっており、このアセチル基がＧＡＢＡやグルタミン酸など脳内神経伝達物質の材料となっています。特にアセチルカルニチンは加齢に従って減少していくため、外部からのサプリメンテーションが望まれます。

カルニチンは、脂肪酸をエネルギーにするときに重要な働きをします。脂肪酸はミトコンドリアという細胞のエネルギー工場に運ばれる必要があるのですが、脂肪酸はそのままだとミトコンドリアに入ることができません。「アシルカルニチン」になって、はじめて入ることができます。

まず、脂肪酸が「アシルＣｏＡ」に変換されます。そして、アシルＣｏＡはカルニチンと結びついてアシルカルニチンになります。このときに働く酵素が、ＣＰＴ－１です。アシルカルニチンはミトコンドリアに入り込めます。そして今度はＣＰＴ－２という酵素によってアシルＣｏＡとカルニチンとに分解されるという流れです。この酵素ＣＰＴ－１やＣＰＴ－２をつくるときにもカルニチンが必要となります。

なお、カルニチンを必要とする脂肪酸は「長鎖脂肪酸」であり、中鎖脂肪酸や短鎖脂肪酸はカルニチンを必要としません。

カルニチンをオメガ3脂肪酸およびポリフェノールと同時に摂取したところ、12週間にわたって脂肪減少が認められ、エネルギーレベルの増加と中性脂肪の低下が起こったという結果が出ています。(※169)ここでは核内受容体のＰＰＡＲαの発現増加や、酵素のＣＰＴ-１の発現増加、血漿中の遊離脂肪酸低下が起こっています。

また、高脂肪食マウスを使った研究ではカルニチンとブドウエキス、イソフラボンの摂取によって肝臓への脂肪蓄積が減少したという結果が出ています。

さらに、**高脂肪食による肥満を改善したり(※170)、アンドロゲンレセプターを増やしたり(※171)、血中乳酸濃度の上昇を減らし、グリコーゲンを節約したり(※172)、ピルビン酸脱水素酵素の活性を低下させて脂肪のエネルギー化を増やしたり(※173)などの効果が期待できるとされています。**

しかし最近になって、カルニチンはトリメチルアミン(ＴＭＡ)からトリメチルアミンＮオキサイド(ＴＭＡＯ)に変化し、動脈硬化を促進するのではないかという報告が出てきました。(※174)そのため、カルニチンを多く含む肉食が批判にさらされました。

このＴＭＡやＴＭＡＯというのは、「魚の臭み成分」です。つまり、肉に限った話ではありません。ＴＭＡＯが動脈硬化を促進するのは、腸内細菌の働きが悪いことが関連しているようです。よってカルニチンが悪者ということにはならないようです。

実際のところ、心臓発作を起こした患者がカルニチンを摂取することで、死亡率が減少し、不整脈や狭心症の発作を起こすリスクが格段に減少したことが示されています。（※175）

この研究ではカルニチンを摂取することにより、次のような結果が見られました。

・死亡率は27％減少
・不整脈のリスクが65％減少
・狭心症発作のリスクが40％減少
・心筋梗塞により梗塞した部分の縮小

こちらはマウスではなくヒトでの調査結果です。ただし摂取量はけっこう多く、効果の見られる最低量は1日2ｇ。最適の摂取量は1日に6〜9ｇだろうとのことです。

カルニチンの1日の体内における合成量は約１００mgと言われますが、その多くが筋肉に貯蔵されていることもあり、筋肉量の多い人は必要量が多くなると考えられます。またトレーニングによる脂肪酸の酸化によっても必要量は増します。

カルニチンには、スカベンジャーとして活性酸素を除去する作用が認められており、ハードトレーニングにおける筋保護作用も期待できます。

具体的にはクレアチンキナーゼの減少や、エクササイズに伴って起こる低酸素状態や筋ダメージ、筋肉痛などに対する効果、そしてミオグロビンやマロンジアルデヒドの漏出減少も起こるようです。

カルニチンの効果を得るためには、常時摂取することによって体内のカルニチンレベルを高めておくことが必要です。前述のような効果を期待するためには**最低でも毎日1～2gのカルニチンを摂取するようにするとよいでしょう。**

残念ながらカルニチンの合成能力は、20代をピークに徐々に低下していきます。30歳を過ぎるとダイエットの効果が出にくくなりますが、それはカルニチンの不足も関係していると思われます。

平均69歳の高齢者を対象にした研究では、カルニチン酒石酸塩4・5g（カルニチンとして3g）を摂取することにより筋肉中のカルニチンが20％増加し、また運動中の脂肪酸化量（脂肪のエネルギー化）も20％増加しています。

ただし、**日本人の場合カルニチンをあまり大量にまとめて摂取すると、大半の人は下痢してしまうため、1回に2g以上の摂取はおすすめしません。**

食事としては100gの牛肉に140～190㎎のカルニチンが含まれると書きましたが、一般に入手できる中ではラム肉がカルニチン源として優秀です。

ちょっと入手しにくいのですが、鹿肉にはラムの2・44倍ものカルニチンが含まれ、次いでダチョウ、そして馬肉にも多くのカルニチンが含まれます。その次に来るのがラムです。

なお、カルニチンは筋肉に含まれるため、卵や乳タンパクにはほとんど含まれません。

アセチルカルニチン（ALC）は吸収がよく、カルニチンによくある下痢を引き起こす心配がありません。またALCには集中力増加作用も期待できます。この場合、運動の45分ほど前に3g程度を摂取するようにします。

βアラニンとは

α炭素にアミノ基がくっついているのがアラニン。対してβアラニンはβ炭素にアミノ基がくっついています。βアラニンはヒスチジンと結合してジペプチドとなりますが、これを

「カルノシン」と呼びます。βアラニンもヒスチジンも「イミダゾール基」を含みますが、このイミダゾール基を含むアミノ酸が結合したジペプチド（2つのアミノ酸が結合したペプチド）を**「イミダペプチド」**と呼びます。

ヒスチジンは体内に十分存在するため、βアラニンを摂取することによってカルノシンによるさまざまな、特にパフォーマンスを改善する効果が発表されています。

例えば、6gのβアラニン摂取によりインターバルトレーニングが長時間できるようになり、除脂肪体重も増加したという報告（※176）や、トレッドミルの走行距離を伸ばすという報告（※177）、レスラーとフットボーラーが毎日4gのβアラニンを8週間摂取したら体脂肪が減り、除脂肪体重が増えたという報告（※178）などがあります。

他にもタウリンとの同時摂取によって不安行動が減少したり（※179）、カルノシンのレベルを高めて糖化を抑制し、寿命を延ばす効果が期待されたり（※180）、クレアチンとの同時摂取によって持久力がアップしたり（※181）、自転車競技におけるラストスパートを速くしたり（※182）など、数多くの報告が存在します。

さまざまな報告を合わせたメタ・アナリシスを見ても、特に短時間での運動におけるパフォーマンス改善作用があることは疑いのないようです。

なお、国際スポーツ栄養学会（ＩＳＳＮ）は、βアラニンをパフォーマンス向上において効果と安全性に確かなエビデンスがあるサプリメントとしてカテゴリーＡに分類しています。

摂取方法としては、食事と一緒に摂ると、カルノシンのレベルを有効に高めることができるようです。（※183）

最初は、１日３ｇ程度のβアラニンを継続して６週間ほど摂取してローディングし、体内のカルノシンレベルが十分に高まったら、１日１～２ｇに減らしてメンテナンスしていくという方法が一般的です。

最近の知見では、かなり多めに摂らないとカルノシンレベルが飽和しない、１日６・４ｇですら飽和しなかったという報告もあります。

一方で摂取量が多過ぎるのも問題で、タウリンの吸収が悪くなる可能性があります。βアラニンとタウリンはＴＡＵＴという輸送体（トランスポーター）を共有しているのです。

動物実験だとβアラニン大量摂取でタウリンが枯渇するのですが、ヒトでの研究では摂取量が少ないせいか、そういう報告はないようです。

なお、βアラニンを摂取すると、体の表面がピリピリした感じになることがあります。詳細なメカニズムはまだ不明ですが、ヒスタミンには関係のないことがわかっており、マウスでの研究からは、Gタンパク共役受容体であるＭｒｇｐｒＤニューロンの発現を促しＤＲＧニューロンを活性化することが原因ではないかと考えられています。

この「βアラニンフラッシュ」は一時的な不快感をもたらすかもしれませんが、特に体に悪影響のあるものではありません。βアラニンでピリピリした感じになっても、心配しなくて大丈夫です。

GABAとは

ＧＡＢＡは「γアミノ酪酸」のことで、γ炭素にアミノ基がくっついています。これは主要な**抑制性の神経伝達物質**であり、集中力の増加や脳の興奮を抑えてくれます。**「集中」とは余計なことを考えないということでもあり、ＧＡＢＡは余計なものへの意識の分散を防いでくれる**ことになるわけです。また、ある種の睡眠薬はＧＡＢＡの作用を強めることによって、睡眠を深くしてくれます。

ただし、**ＧＡＢＡは血液脳関門（BBB：blood - brain barrier）を通過することができません。**血液脳関門とは血液と脳脊髄液との間の物質交換を制御するバリアのことで、例えば脂肪酸はＢＢＢを通れませんが、ケトン体は通れるようになっています。

つまり**ＧＡＢＡを口から飲んだとしても、脳の中に入り込むことができない**ということです。そのため、ＧＡＢＡの効果を得るためには脳の中でＧＡＢＡが自然につくられるようにしてやらなければなりません。

そこで重要なのがビタミンＢ６です。ＧＡＢＡはグルタミン酸からつくられますが、このときにビタミンＢ６を必要とするのです。

しかし、ＧＡＢＡを摂取したら実際に集中力が増したとか、睡眠が深くなったという経験談もあります。ＧＡＢＡは脳に入らないはずなのに、なぜそうなるのでしょうか。

就寝30分前にＧＡＢＡを１００㎎摂取することにより、入眠までの時間が半分に短くなり、深い睡眠であるノンレム睡眠に至るまでの時間が短くなったという結果が出ています。またノンレム睡眠自体も長くなり、起床時の目覚めもよかったと報告されています。（※184）

まず、ＧＡＢＡは脳には入らなくても、末梢で作用することによりリラックス作用を生み出すということが考えられます。**ＧＡＢＡは末梢神経においてＧＡＢＡＢ受容体を活性化して交感神経系の伝達を抑制し、ノルアドレナリンの放出を抑制することによって血圧を下げます。**（※185、※186）

また、ＧＡＢＡが体内でＧＨＢ（γヒドロキシ酪酸）という血液脳関門を通り抜けられる物質に変化しているということも考えられます。（※187）ＧＡＢＡがＧＨＢとなって脳に入り、ＧＨＢが脳内でＧＡＢＡに戻っているのかもしれません。

腸にセロトニンが多く存在することは知られていますが、実はＧＡＢＡ受容体も腸に存在します。乳酸菌を摂取すると腸のＧＡＢＡ受容体が刺激を受け、それが脳内のＧＡＢＡ受容体の受容体発現を増加させたという報告があります。（※188）

これはつまり、腸のＧＡＢＡ受容体が脳内のＧＡＢＡにシグナルを送っているということになるのかもしれません。

１９９０年代のトレーニング界では「ＧＡＢＡは成長ホルモンを分泌させ、筋肉を増やして体脂肪を減らす」という宣伝文句のもとに海外メーカーがこぞって販売していたものです。

11名のトレーニング経験者を対象に３０００mgのＧＡＢＡを摂取させたところ、成長ホルモンの分泌量が４００％まで増加したという報告があります。（※189）ただしこの研究では、筋肉の増加や体脂肪の減少については調べられていません。

21名のトレーニング非経験者を対象に、12週間に渡って行われた日本での臨床試験があります。試験名は「γ－アミノ酪酸（ＧＡＢＡ）とホエイプロテイン共摂取によるヒトの筋肉に及ぼす効果検証」。（※190）

トレーニングは週2回、60％１ＲＭで12回３セットずつのレッグプレスとレッグエクステンション、レッグカール、チェストプレス、プルダウンを行いました。

そして「ホエイプロテイン10ｇのみ」または「ホエイプロテイン10ｇ＋ＧＡＢＡ１００mg」をトレーニング後、あるいは寝る前に飲むようにしました。

その結果、ＧＡＢＡを追加して飲んだほうは除脂肪体重の増加、腕や脚の筋肉量増加が顕著に見られたのです。ただし、筋力の増加は両群で差がありませんでした。

また、8週目まではＧＡＢＡ追加群のほうが成長ホルモンの分泌が高くなっていたのですが、12週目には両群で差がなくなっていました。

これは、ホエイもGABAも量が少な過ぎて、本来の効果を発揮できなかったのではと思えますが、4週目まではGABA追加群の成長ホルモン分泌量が対照群と比較してかなり多くなっていたため、少なくともGABAによる成長ホルモン分泌効果は期待できるということになりそうです。ただし、長期連用により体が慣れてしまうということはあるのかもしれません。

アミノ酸誘導体について

アミノ酸誘導体は、特定のアミノ酸の化学構造や性質を維持した上で、少しだけ変化を加えたもののことです。

●テアニン

緑茶のうま味成分として知られるテアニン。同じうま味成分であるグルタミン酸からの誘導体で、玉露から発見されました。**GABAと同様、抑制性に働き、集中力をアップさせたり睡眠を深くしたりする作用が期待できます。**

テアニンを200mg摂取した群は対照群と比較してα波の出現が有意に増大し、心拍数は

有意に減少、視覚的注意や反応時間が有意に改善したという結果が出ています。（※191）

また、寝る1時間前にテアニンを200mg摂取したところ、プラセボ群に比較して睡眠途中で起きてしまう時間が短くなり、また起きたときのリフレッシュ感が改善したことが確認されています。（※192）

タウリンとカフェインの同時摂取が認知機能を増加させると前述しましたが、テアニンにも似た効果がありそうです。

100mgのテアニンと50mgのカフェインを摂取したところ、動作の正確性や反応時間が向上したという報告があります。（※193）また、200mgのテアニンと160mgのカフェインを摂取したところ、視覚反応時間が短くなり、また事象関連電位のP300とN2のピークが高くなっていることが示されました。（※194）

なお、PMS（月経前症候群）時のイライラを改善したり（※195）、ドーパミンを増やしたり（※196）、脳梗塞による神経系の衰退や記憶障害を防ぐ効果も期待できます。（※197）

●D-アスパラギン酸

体内において使われるアミノ酸は、ほとんどがL型です。しかし数少ない例外があり、その一つがD−アスパラギン酸（DAA）です。

DAAにはコレステロールがミトコンドリアに運び込まれ、テストステロンを合成するときに必要となる「StAR（Steroidogenic Acute Regulatory Protein）」というタンパク質の発現を増大させる作用があります。DAAの摂取により、テストステロンレベルが30〜40％高まったという報告があります。（※198）

ただし量が多いと逆効果で、1日6gのDAA摂取はかえってテストステロンを減らしたという報告もあります。（※199）

1日3・12gであればLHとテストステロンの上昇が起こるようなので（※198）、量としては1日に3gを大幅に超えないようにしたほうがいいでしょう。

Chapter 11

ペプチドの作用

この章では「ペプチド」について紹介していきます。ペプチドはアミノ酸が結合したものですが、特有の生理活性作用があります。

ペプチドとは

アミノ酸のつながりが2つだとジペプチド、3つだとトリペプチドとなり、これらを含めて基本的に少数のアミノ酸がつながったものを「オリゴペプチド」と呼びます。もっと数が多くなると「ポリペプチド」となり、さらに多くなると、もうそれは「タンパク質」となります。

ペプチドは「ペプチド結合」によってつながるのですが、このときはアミノ酸のアミノ基と、別のアミノ酸のカルボキシル基がつながります。そして同時に水(H_2O)が取れます。

ペプチドには、神経伝達作用やホルモン作用など、さまざまな生理活性作用があります。

例えば、インスリンやグルカゴン、成長ホルモンなどは「ペプチドホルモン」で、アミノ酸が連なったものです。対して男性ホルモンや女性ホルモンなどのステロイドホルモンはステロイド骨格を持ったホルモンで、これは脂質の仲間だと言えます。

ペプチドの吸収

栄養素を吸収する小腸や、アミノ酸の再吸収を行う腎臓粘膜には**「アミノ酸トランスポーター」**が存在し、アミノ酸を運び込みます。これはナトリウム依存性のものと、ナトリウムに依存しないものがあります。

しかし、小腸および腎臓ではアミノ酸としてだけでなく、ペプチドとしても吸収されます。このときに働くのが**「ペプチドトランスポーター（PEPT）」**です。ただしPEPTはペプチドだけでなく、非ペプチド性化合物も輸送します。

アミノ酸単体とペプチドとでは、どちらの吸収が速いのでしょうか。

エスカレーターに一人ずつ乗る場合と、数人が並んで乗る場合を考えてみましょう。明らかに数人まとめて乗るほうが、一度に多くの人数を運ぶことができます。

それと同様、**ペプチドとしてまとめて運ぶほうが吸収は速くなります。**

●大豆タンパク質、大豆ペプチド、アミノ酸混合物摂取後のアミノ酸血中濃度と吸収速度

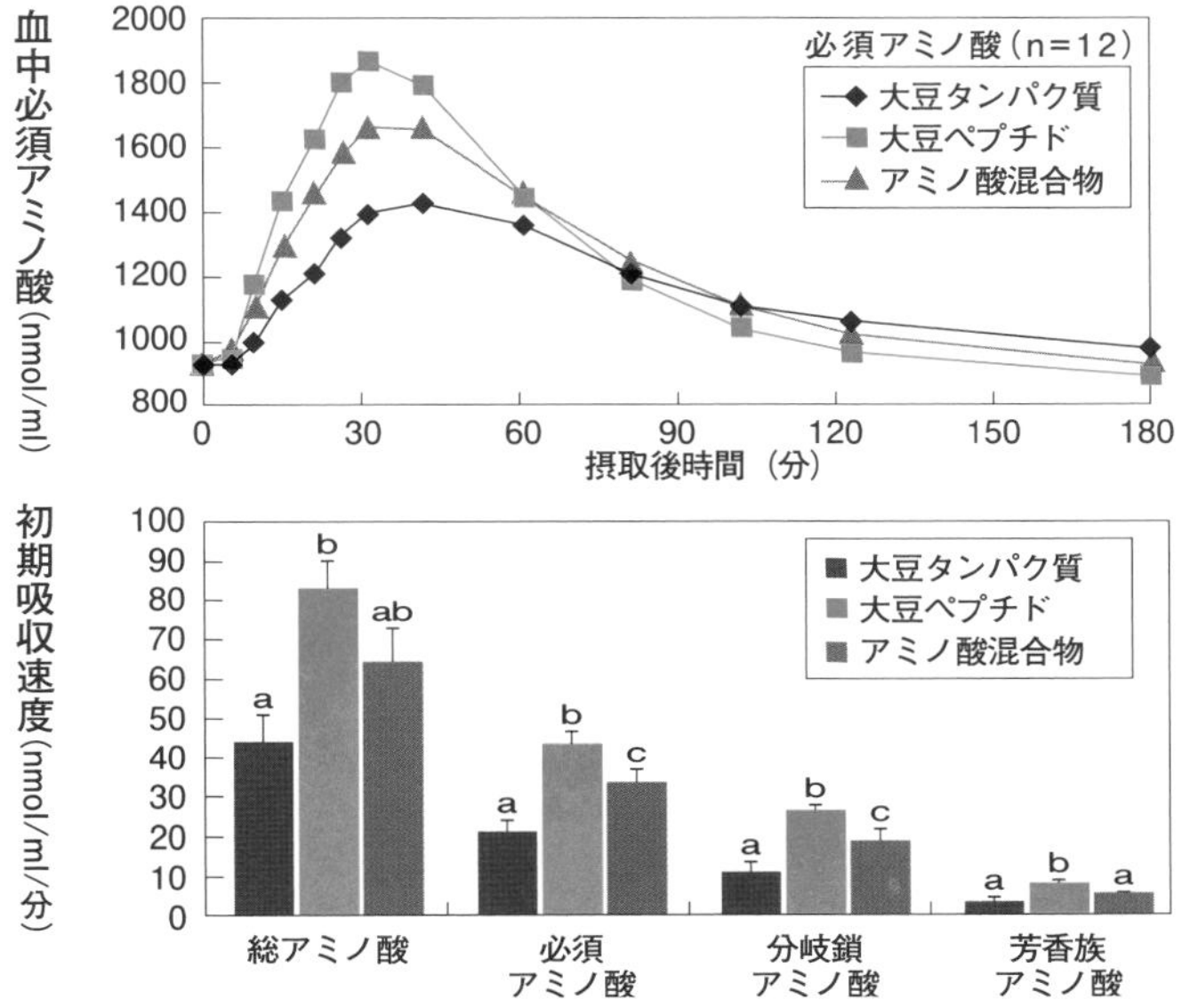

不二製油資料より

不二製油の実験によると、12名の成人男性に12・5gの大豆タンパク質、大豆ペプチド、アミノ酸混合物それぞれを含む飲料を摂取させたところ、上記のグラフからわかるように、大豆ペプチドがもっとも急峻なカーブを描き、血中濃度を高めることができています。（※200）

また、ペプチドとして摂取したほうがアミノ酸単体で摂取するよりも窒素を保留するという報告もあります。（※201、※202）

ただし、「※200」の研究ではジ

ペプチドとトリペプチドの割合が72％に達していますが、**多くのペプチド製品は加水分解しただけで、実際はもっと大きい分子であり、これほど吸収は速くありません。**前編で紹介しましたが、「加水分解ホエイプロテイン（ＷＰＨ）」も、ＷＰＩと比べて消化吸収の速度に大差はないのです。

最近出てきた「ペプトプロ」は60％がジペプチドとトリペプチドだとされています。

20世紀から筆者がお伝えしていることですが、普通のホエイプロテインに消化酵素を働かせると、ある程度分解されてペプチドに近くすることができます。「ブロメライン」というタンパク消化酵素のサプリメントがあります。そのカプセルを割って、プロテインに入れて30分ほど待つと、お手軽ＷＰＨをつくることができます。

なお、パイナップルジュースにもタンパク分解酵素が含まれるため、パイナップルジュースでプロテインを溶かし、やはり30分ほど待つと、ＷＰＨの出来上がりです。

ただし前述のとおり、ホエイプロテインと比べてそこまで違いはないと考えられます。

イミダペプチドとは

イミダゾール基を含むアミノ酸が結合したジペプチドを「イミダペプチド」と呼びます。また、βアラニンとヒスチジンが結合したものを**「カルノシン」**、βアラニンとメチルヒスチジンが結合したものを「アンセリン」、βアラニンとトリメチルヒスチジンが結合したものを**「バレニン」**と呼びます。

βアラニンのところで「ヒスチジンは体内に十分存在するため、βアラニンの摂取が重要」と書きましたが(⬇292ページ)、ヒスチジンにはヒスタミンの材料となって満腹感をもたらす他、インスリン抵抗性を改善し、炎症を防いでメタボ解消に役立ったという研究結果があります。(※203)

33歳から51歳の肥満女性100名にヒスチジンを1日4g、12週間摂取させたところ、BMIやウエスト周径、体脂肪量が低下し、インスリン抵抗性が改善し、炎症の指標が低下し、BMIアディポネクチンや生体内抗酸化酵素が増加したという内容です。副作用は見られませんでした。

試験管内の実験では、ヒスチジンはＩＬ－６やＴＮＦ(炎症性サイトカイン)やＮＦ－κＢのｍＲＮＡ発現を抑制しており、おそらく脂肪細胞におけるＮＦ－κＢシグナルが関係しているとされています。

マグロやカツオなどには１００ｇあたり、２ｇ前後のヒスチジンが含まれますので、これらを多く食べるのもいいでしょう。

鶏むね肉やマグロ、カツオには大量のカルノシンとアンセリンが含まれます。バレニンはクジラに多く含まれます。

カルノシンやアンセリンにはリラックス効果があり、エクササイズ後のアドレナリンやノルアドレナリンレベルを下げる作用が報告されています。(※204)

トレーニングが遅めの時間だと、気が昂ぶって眠れないということがよくあります。このようなときはトレーニング後の食事で鶏むね肉(カルノシンが多い)を食べるようにするとよいかもしれません。

また、運動中の乳酸を緩衝したり活性酸素の発生を抑えることによって持久力をアップさせたり(※205)、糖化を抑制したり(※206)、寿命を延長したり(※207、※208)といった作用のほか、アンセリンには尿酸値をコントロールする作用もあります。(※209)

カルノシンは金属キレート作用があり、また嗅覚組織に多く存在します。そこで嗅覚の必須金属である銅や亜鉛の運搬作用があるのではないかと言われています。

高脂肪食を与えてアルツハイマー病を誘導したマウスにカルノシンを摂取させたところ、完全に通常の健康なマウスと同レベルまでアルツハイマー病が回避され、記憶機能の低下が防止されることが示されています。

これは東京大学での研究ですが、その後カルノシンに追加してアンセリンを投与した研究をいくつか発表しており、認知機能の改善や脳血流の改善などが示されています。(※210、※211)

こうした作用はカルノシンの抗酸化作用によるものが大きいと思われますが、実はヒスチジンやβアラニンには抗酸化活性がありません。

しかし、カルノシンやアンセリンはスーパーオキサイドやヒドロキシルラジカル、過酸化水素などの活性酸素だけでなく、ペルオキシナイトライトなどの活性窒素をも消去する働きが示されているのです。

それは、なぜでしょうか。

このカギを握るのが、イミダゾール基に酸素が結合した**「酸化イミダペプチド（2‐オキソカルノシン、2‐オキソアンセリン）」**です。

活性酸素や活性窒素にやられた生体分子はダメになるだけだと思われていましたが、実は抗酸化応答シグナル（レドックス制御）を制御する機能を持つことがわかってきています。

そして2‐オキソカルノシンの抗酸化活性を測定したところ、なんとカルノシンの数万倍の抗酸化作用を示しました。

また、細胞内においても2‐オキソカルノシンは細胞保護効果を示します。つまり、カルノシンは酸化されて2‐オキソカルノシンになり、抗酸化活性と細胞保護作用を得るというわけです。この効果はグルタチオンやビタミンC以上でもあります。

カルノシンとアンセリンは鶏むね肉やマグロ、カツオなどの食事から摂取可能ですが、クジラに含まれるバレニンは食事から摂取するのは難しいかもしれません。

その他のペプチド

●大豆ペプチド

40歳以上のボディビルダーでしたら、「モリヤ アミノアシッド」という製品をご存じでしょう。これは大豆ペプチドの商品で、非常に味はマズかったのですが、当時としては画期的な製品でした。

21世紀になり、不二製油が大豆ペプチドを商品化します。コンビニなどでドリンクが買えるようになり、流行《はや》りかける兆しがあったのですが、いつの間にか消えてしまいました。

不二製油のホームページでも紹介されていますが、**大豆ペプチドは同じ量の大豆プロテインに比べて、筋損傷の回復促進（※212）、コラーゲンの産生や（※213）抗酸化作用による紫外線からの肌のダメージ緩和（※214）などの効果のほか、ドーパミンを増やして軽度認知機能障害の患者の記憶力を改善したり（※215）、記憶テストの成績を向上させたり（※216）といった脳機能改善への効果も期待できる**ということです。今後の普及に期待したいところです。

●魚ペプチド

魚のタンパク質を加水分解してペプチドにしたものが市販されています。それを26日間にわたって使用したところ、ソイやカゼインと比較して血中中性脂肪が減っただけでなく、腹部や肝臓の脂肪が減少したという結果が出ました。さらに脂肪酸の酸化も増加したようです。(※217)

また、魚タンパクペプチドの使用により、カゼイン群と比較して血漿アセチルカルニチンのレベル増加と脂肪合成の低下が見られ、抗炎症作用も高まりました。(※218)

研究者によれば、このアセチルカルニチンレベルの増加がミトコンドリアとペルオキシゾームにおけるβ酸化を促進したのではないかということです。

さらに**魚タンパクペプチドには、食欲を抑制する効果もありそうです**。120名の肥満男女を対象に1・4gあるいは2・8gのSlimpro®という魚タンパクペプチドを摂取させ、ゆるい減量食(通常のマイナス300kcal)を5月から9月にわたって続けてもらいました。なお、比較対照群は1・4gのホエイプロテインを摂取しています。

その結果、体重とBMI、体脂肪量、ウエストや大腿、ヒップの周径が減少するとともに、

消化管ホルモンのＣＣＫとインスリン分泌を促すＧＬＰ－１が増加しました。（※219）

日本では「イワシペプチド」が商品化されています。**イワシのペプチドにはバリンとチロシンが結合したバリルチロシンという構造があり、これには血圧上昇に関わるＡＣＥ（アンジオテンシン変換酵素）阻害作用があるため、血圧を低下させる効果が期待できます。**

高血圧のラットにビタミンＥと一緒にイワシペプチドを０・４㎎投与したところ、４週間で血圧の明らかな降下が見られています。（※220）

また、やや高血圧の患者29名を対象に４ｇのイワシペプチドを４週間摂取してもらったところ、最大血圧が９・３㎜Hg、最低血圧が５・２㎜Hg低下しています。（※221）

他にもゴマからつくられたゴマペプチド、鰹節からつくられたペプチドエース、ワカメからつくられたワカメペプチドなど、血圧を下げるために特化したペプチドが数々商品化されています。

Column

クレアチンの効果と摂取法

私たちの体は、ATP（アデノシン三リン酸）をエネルギーとして使っています（P26 参照）。ATP は主に脂肪や糖を原料として合成されますが、特に強度の高い運動をするときは、クレアチンリン酸が ATP をつくり出します。

クレアチンをサプリメントとして摂取すると、通常より 20% から 40% 増しのクレアチンリン酸をつくることができ、それだけ多くのパワーを発揮できるようになります。

大事なのは摂り方です。クレアチンを細胞内に引き込むためには、インスリンの働きが必要となります。そのためクレアチンを効率よく吸収させるためには、食後に飲むようにする必要があります。プロテインもインスリンを出しますので、プロテインに混ぜて飲んでも OK です。

１回につき１～２g のクレアチンを食後やプロテイン摂取時に飲み、１日の総量が３～５g になるようにしてみましょう。数週間後には体内のクレアチンレベルが最大になり、これまでにないパフォーマンスを発揮できるようになるはずです。

Part 3

筋肉維持に役立つ

脂肪酸とケトン体

脂肪の基礎知識

脂肪（脂質）は、脂肪酸とグリセロールが結合した分子化合物で、
体内の脂肪の大半は中性脂肪（トリグリセリド）が占めます。

主な脂肪の働き

糖質やタンパク質の倍以上の１ｇあたり９㎉のエネルギーを生み出す、効率のよいエネルギー源です。また、細胞膜や核膜などの構成成分、血漿の成分になったり、脂溶性ビタミンの吸収を助けたりします。

多く含まれるもの

肉／魚／牛乳・乳製品／油脂（動物性のバターや牛脂・豚脂、植物性の大豆油、紅花油、オリーブ油など）／ナッツ類など

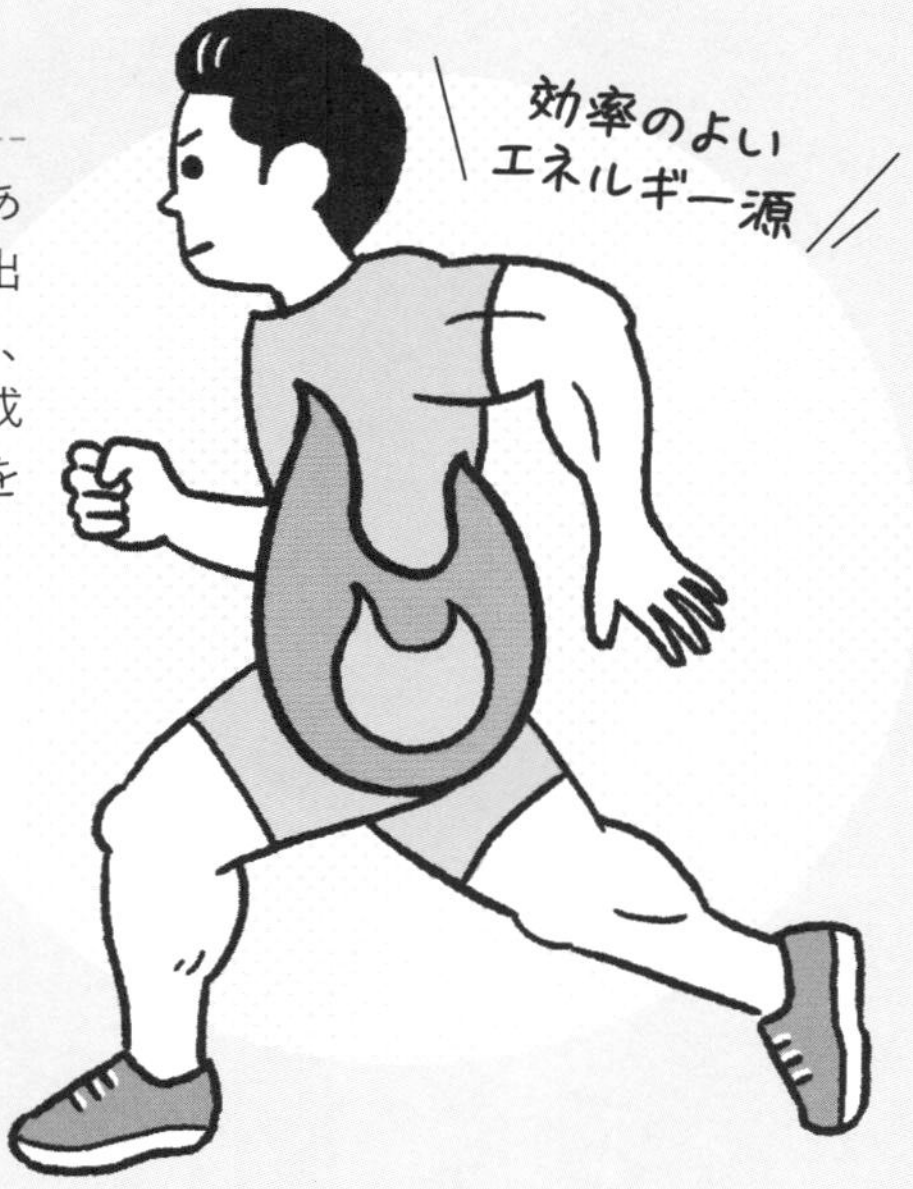

不足すると

- エネルギー不足になる。
- 血管や細胞膜が弱くなる。
- 脳出血を起こしやすくなる。
- 神経組織に障害を起こしやすくなる。
- 脂溶性ビタミンの吸収が低下する。

摂り過ぎると

- 内臓脂肪、皮下脂肪が増え、肥満になる。
- 体内の中性脂肪、コレステロールが増加し、動脈硬化の原因になる。
- がんになりやすくなる。

脂肪組織の中性脂肪は分解され、エネルギー源として使われる

私たちの体は、必要以上の糖質やタンパク質を摂取した場合、余った分を脂肪組織に取り込んで中性脂肪として蓄えています。中性脂肪は、グリセロールと脂肪酸に分解され、脂肪酸はミトコンドリアでβ酸化を受けてアセチルCoAに変換された後、TCAサイクルによってエネルギーを産生します。

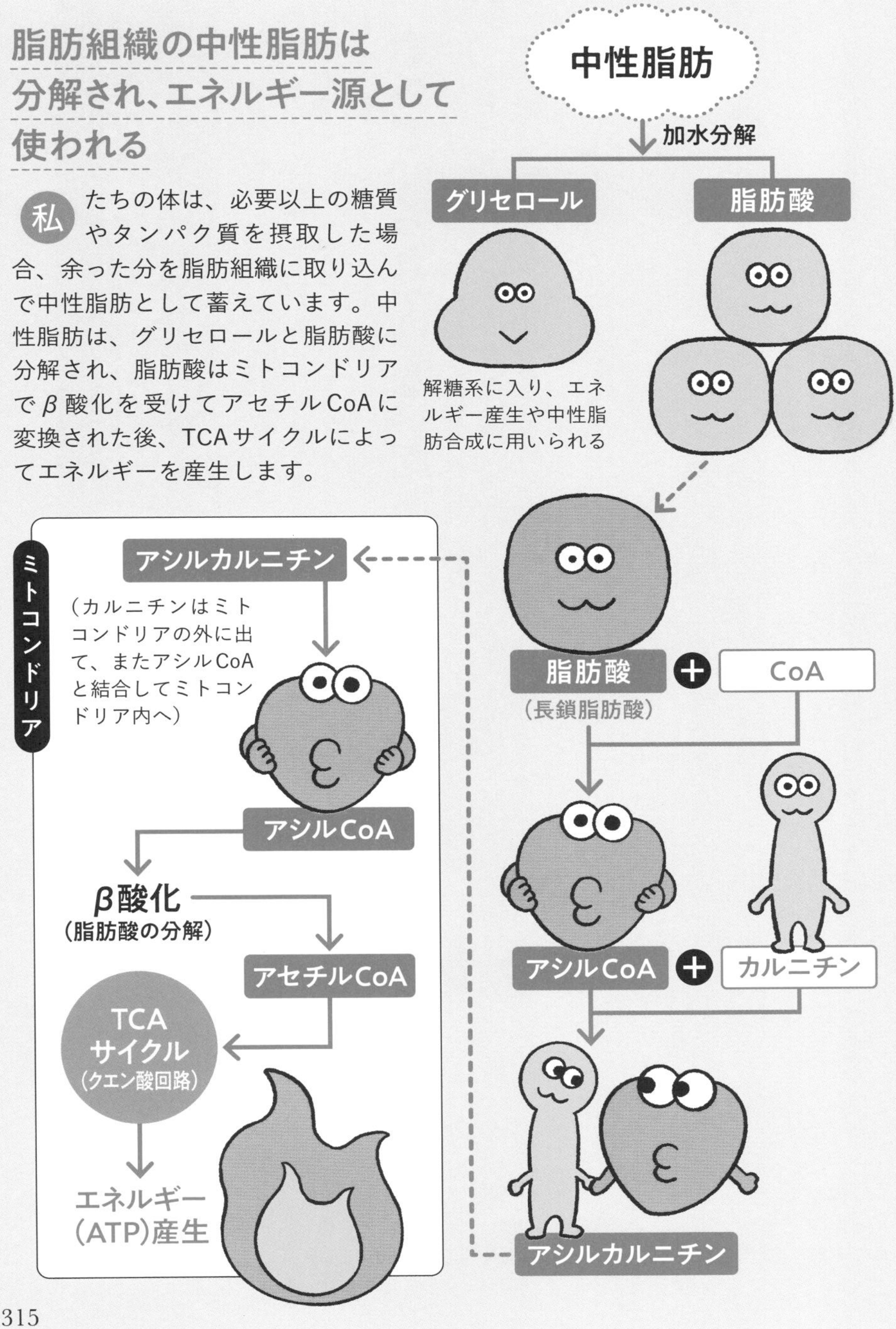

Chapter 1

脂肪とは何か

邪魔もの扱いされがちな脂肪ですが、そもそも脂肪とは何か。
どんな役割があるのか。それがわかれば、脂肪のイメージが変わるはずです。

意外と知られていない脂肪の実態

「今日は疲れていてエネルギーが足りない。だからエネルギーになる炭水化物を摂ろう」とか「筋肉を増やしたい。だから筋肉の材料になるタンパク質を摂ろう」などと、思ったことがあるかもしれません。これはわかります。

でも、「体脂肪*を減らしたい。だから食事から脂肪を取り除いてしまおう」とは、なかなか思わないでしょう。普通だと、脂肪ではなく食事の「カロリー」を減らそうという話になります。また、最近ではダイエットのために脂肪ではなく、糖質を制限するやり方が流行しています。

これはなぜでしょうか。アスリートにとっては、タンパク質やアミノ酸は身近な存在で、炭

＊体脂肪
体にある脂肪の総称。主に脂肪細胞の中にあり、大半は中性脂肪。体に占める体脂肪の割合を体脂肪率（%）という。

水化物についてもよく知られるようになってきました。しかし、脂肪については、あまり知らないという人が多いからではないかと思います。

脂肪に関連する言葉の意味も、あやふやかもしれません。例えば、「体脂肪と食べ物の脂肪は、別のもの？」とか、「中性脂肪とは何？」「コレステロールも脂肪の仲間？」など、いま一つ知識が整理できていない人も多いのではないでしょうか。

そこで、この項ではその実態があまり知られていない脂肪について詳しく解説します。**食べ物から摂取した脂肪が、体の中でさまざまな形に変わりながら重要な役割を果たしていることに注目してください。**さらに、最近流行の「糖質制限ダイエット」についても紹介していきます。なお、勉強するのが嫌いな方は、最終章の「糖質制限ダイエットの科学」（⬇394ページ）だけでもお読みください。

脂肪酸が集まって脂肪になる

脂肪とは何か。タンパク質と比べながら、説明していきましょう。ご存知の方も多いかと思いますが、アミノ酸がいくつも集まるとタンパク質ができます。それと同じように**「脂肪酸」が集まると、「脂肪」ができるのです。**

●脂肪は「グリセロール1分子＋脂肪酸3分子」からなる

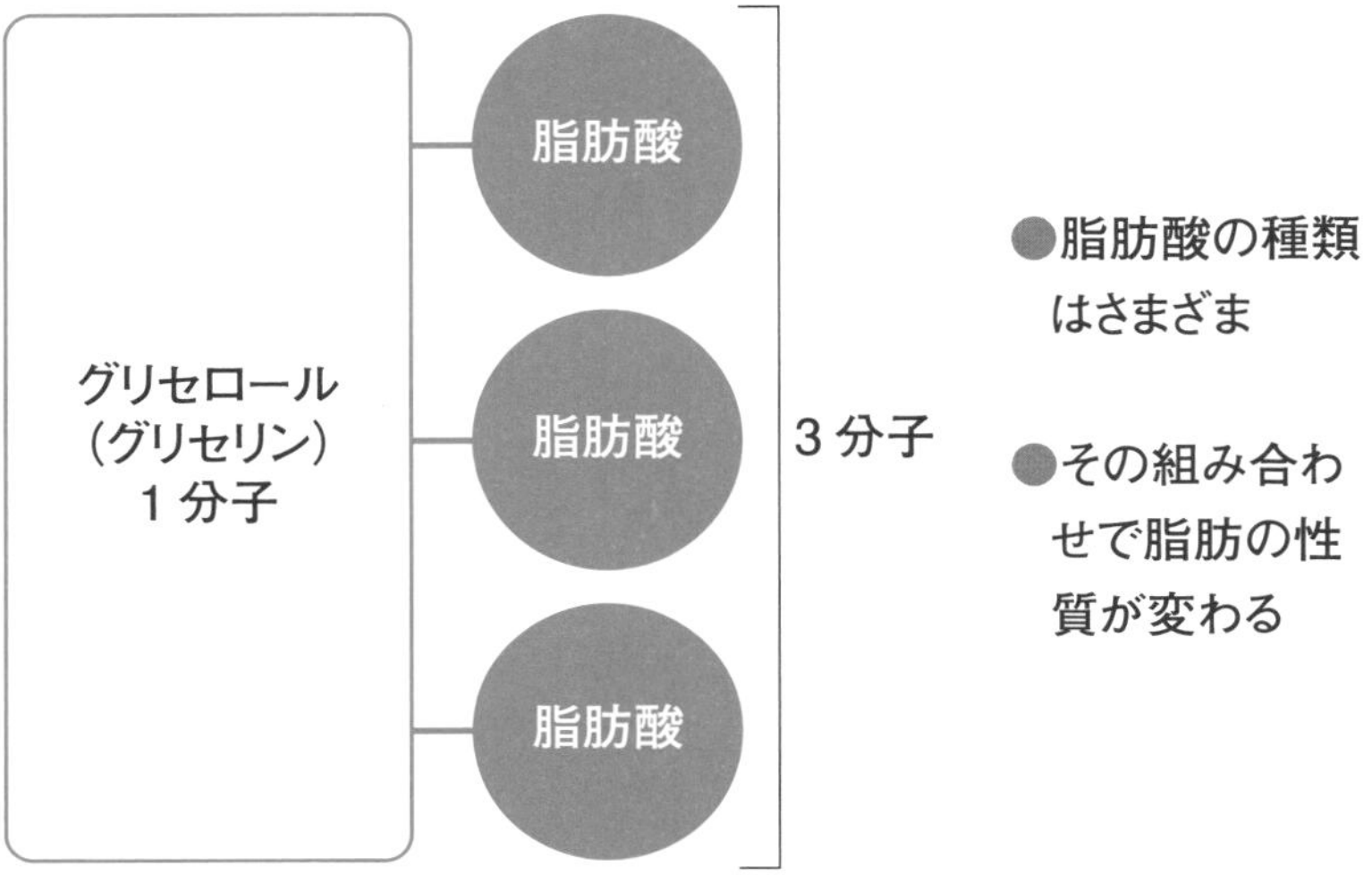

アミノ酸にはアルカリ性のもの、中性のもの、酸性のものがありますが、**脂肪と呼ばれるものは、すべて「中性」**と決まっています。それはなぜでしょうか。

脂肪酸はその名のとおり「酸」です。これがアルカリと結合することによって、脂肪は中性となるのです。このアルカリ部分になるものを「グリセロール*（グリセリン）」と呼びます。細かく言うと、**「グリセロール1分子＋脂肪酸3分子」となったものが、「脂肪」となります。**中性なので、「中性脂肪」とも呼ばれています。

グリセロールはアルコールの一種で

＊ **グリセロール**
アルコールの一種（三価アルコール）で、グリセリンとも呼ばれる。油脂の構成成分。甘味料や保存料、保湿剤、潤滑剤などとしても使われる。

すが、これはどんな脂肪でも同じものです。

一方、脂肪酸にはさまざまな種類があって、この組み合わせによって脂肪の性質が変わってきます。例えば、肉の脂肪は固形ですが、サラダオイルは液体です。これは脂肪酸の種類が違うからなのです。

では、脂肪酸にはどのようなものがあるのでしょうか。

脂肪酸の種類とその構造

脂肪酸は大きく分けて、**「飽和脂肪酸」**と**「不飽和脂肪酸」**の2つに分類することができます。**脂肪を形づくる3分子の脂肪酸がすべて飽和脂肪酸ならば、この脂肪は「飽和脂肪」となり、一つでも不飽和脂肪酸があれば、それは「不飽和脂肪」となります。**

●飽和脂肪酸の構造

「飽和」とはいったい何のことでしょうか。まずは代表的な飽和脂肪酸である、「ステアリン酸」の構造を見てみましょう。

Cは炭素、Hは水素です。一番端に「OH」というものがありますが、これはすぐそばにあ

●脂肪酸は炭素(C)がつながってカルボキシル基を1つ持つ

ステアリン酸の構造式

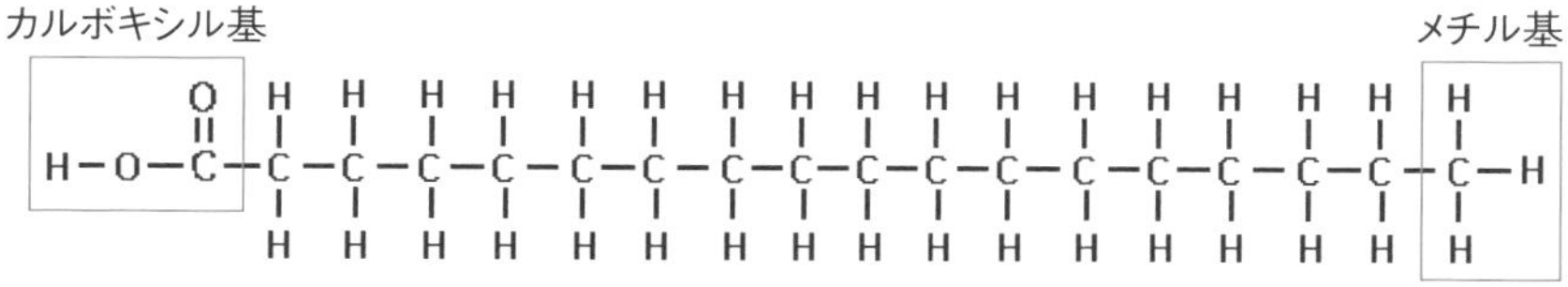

ステアリン酸 —— ジ飽和脂肪酸

オレイン酸の構造式

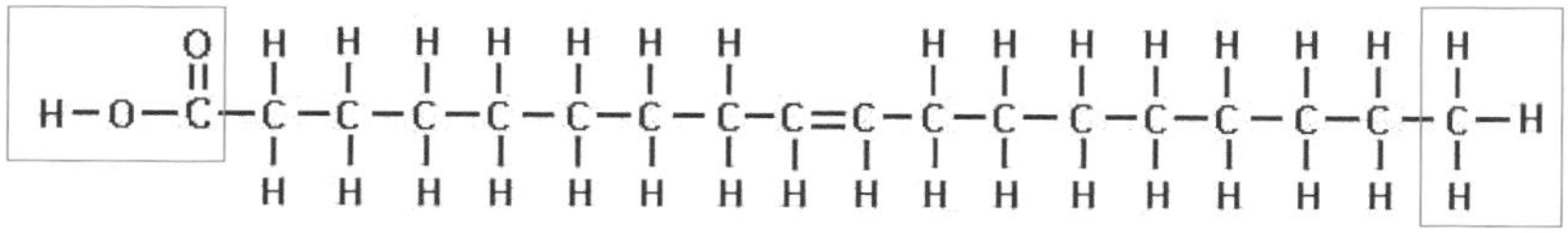

オレイン酸 —— モノ不飽和脂肪酸

るCとOにくっついていて、「－COOH」となっています。この**「－COOH」をカルボキシル基**と言います。

このように真ん中に炭素(C)が鎖状にいくつもつながっていて、カルボキシル基を一つ持ったものを、「脂肪酸」と呼ぶことになっています。なお、カルボキシル基と逆の端には炭素(C)が3つの水素(H)と結びついていますが、それを**「メチル基(CH3－)」**と呼びます。

さて、炭素原子は他の原子と結びつくことのできる手を4本持っています。ステアリン酸の場合、2本の手と炭素

(C)が結びつき、残りの2本の手は水素(H)と結びついています。つまり**Cの手がすべて結びついていて、「飽和」しています。すべてのCがこのようになっているものを、「飽和脂肪酸」と呼びます。**

●不飽和脂肪酸の構造

次に、不飽和脂肪酸である「オレイン酸」の構造を見てみましょう。

真ん中のところにある2つの炭素(C)に注目してください。水素(H)とは1本の手でしかつながっていません。つまり、**空いている手があり、飽和していません。このような構造があるものを、「不飽和脂肪酸」と呼ぶのです。**そしてこのような状態で結合しているところを、「不飽和結合」と呼びます。また、炭素原子が2本の棒でつながっているため、「二重結合」とも呼びます。

オレイン酸は不飽和結合が1カ所だけなので、「モノ不飽和脂肪酸」と呼ばれます。リノール酸は不飽和結合が2カ所あるため、「ジ不飽和脂肪酸」、リノレン酸は不飽和結合が3カ所あるため、「トリ不飽和脂肪酸」と呼びます。

後のほうで出てくる「アラキドン酸」は不飽和結合が4カ所なので「テトラ不飽和脂肪酸」、「EPA（エイコサペンタエン酸）」は5カ所なので「ペンタ不飽和脂肪酸」、「DHA（ドコサヘキサエン酸）」は6カ所なので「ヘキサ不飽和脂肪酸」となります。

そして、このような鎖状の分子は、不飽和結合のところが曲がりやすくなります。つまり、**二重結合のところが多ければ多いほど、グニャグニャになって液状になります。**サラダオイルが液体なのは、不飽和脂肪酸が多いからです。一方、飽和脂肪酸が多い肉の脂身は、固くなって固形となるのです。

不飽和脂肪酸はオメガ3・6・9に分類される

オメガ3や、オメガ6という言葉を聞いたことがある人も多いかと思います。これはどういう意味かというと、脂肪酸のメチル基側から数えて3番目の炭素に二重結合があるものを、オメガ3と言います。6番目の炭素に二重結合があるものはオメガ6です。**オメガ3の代表がEPAやDHA、α-リノレン酸で、オメガ6の代表がリノール酸。オメガ9の代表がオレイン酸です。**

●脂肪酸の種類

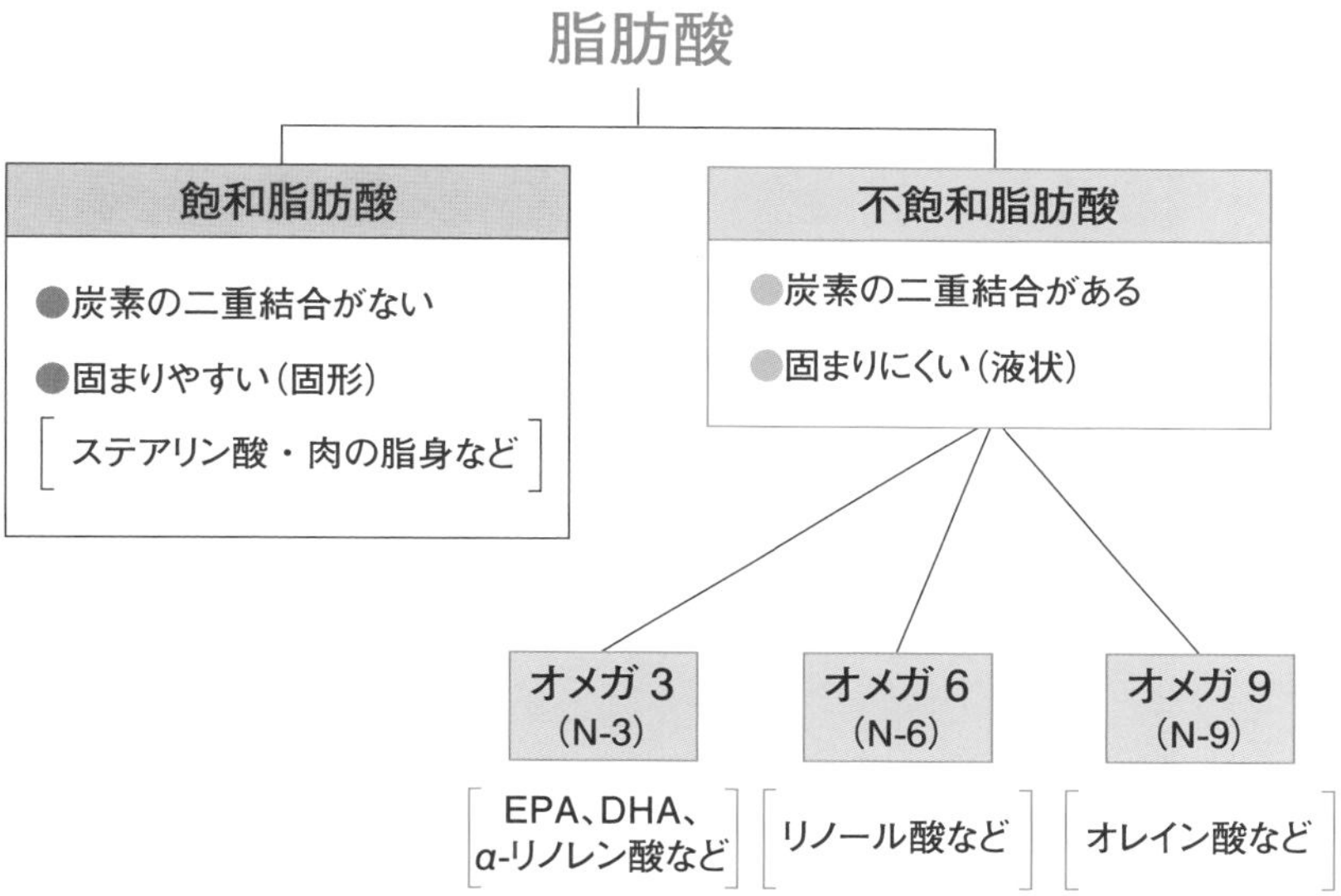

オメガ3やオメガ6のことを、N－3とかN－6と呼ぶこともあります。オメガ3とN－3は同じで、オメガ6とN－6も同じ、オメガ9とN－9も同じです。この違いは何でしょうか。

例えばDHAの場合、炭素が22個あって、メチル基側から3番目の炭素と4番目の炭素が二重結合を成しています。これをカルボキシル基側から数えると、19番目と20番目の炭素ということになります。

オメガ3と呼ぶ場合、この「3」は「メチル基側から3番目＝カルボキシル基側から20番目」の炭素を指しています。

N－3の場合、これは「Nマイナス3」という意味で、22個ある炭素から3つ引いた「カルボキシル基側から19番目の炭素」を指しています。つまり**オメガ3もN‐3も同じものなのですが、対象としている炭素の位置が違うのです。**

オレイン酸の構造（⬇320ページ）を見返してみましょう。炭素（C）の数は18個です。そしてメチル基側から数えて9個目の炭素が最初の二重結合となっています。よってオレイン酸はオメガ9となります。

オメガ9はN‐9と同じですので、炭素の数18から9を引くと、答えは9。つまりカルボキシル基側から9番目の炭素が二重結合となっているはずです。イラストを見て確認してみましょう。

脂肪と脂質の違い

ここまで普通に「脂肪」と呼んできましたが、脂肪ではなく「脂質」という言葉もよく聞かれます。この2つはどのように違うのでしょうか。

「脂肪酸＋グリセロール」は脂肪となりますが、さらにリン酸や糖質、タンパク質などが結合することがあります。例えばリン酸が結合すると、それは細胞膜を構成する「リン脂質」となりますし、タンパク質と結合した「リポタンパク」はコレステロールになります。このようなものも全部ひっくるめて、「脂質」と呼ぶのです。

ちなみに「体脂肪」には脂肪だけでなく水分なども含まれます。ですから純粋な脂肪が1gあたり9kcalなのに対して、体脂肪は1gあたり7・2kcalとなります。

脂肪の役割

脂肪はもちろん体内でエネルギー源となるわけですが、その他にもいろいろと重要な役割があります。箇条書きで解説していきましょう。

●細胞膜など、体内の重要な構成物質の材料となる

細胞の表面にある膜を細胞膜と呼びます。これは必要な物質を細胞の中に入れ、不必要な物質は入れないようにする重要な役割を果たしています。細胞膜を構成する重要な物質の代表が、リン脂質やコレステロールです。これらは脂肪が材料となってつくられます。

●エネルギー源となる

脂肪は体の重要なエネルギー源となります。

また、脂肪酸そのものだけでなく、後述する「ケトン体」もアセチルCoAになってエネルギー化されます。これは脂肪が代謝されてできる物質です。特に、**四肢の筋肉量が多いと、ケトン体をエネルギーとして使う割合が大きいとされています。**

●ホルモンの材料になる

副腎皮質ホルモンや男性ホルモン、女性ホルモンなどは、コレステロールからつくられます。実際に脂肪の摂取量が少なくなって**コレステロールの数値が低くなると、男性ホルモンや女性ホルモンのレベルが下がる**ことが知られています。（※1、※2、※3）

また、脂肪の摂取が少ない**ベジタリアンはテストステロン*のレベルが低い**ことも報告されています。（※4、※5、※6、※7、※8）

ホルモンレベルの適正化を考えると、だいたい総摂取カロリーの3割ほどは、脂肪から摂取するようにしたいところです。

●エイコサノイドの材料になる

エイコサノイドの章（⬇339ページ）で詳述しますが、脂肪からつくられるエイコサノイドは体の微調整を行い、さまざまな代謝をコントロールします。

＊ **テストステロン**
男性ホルモンの一種。男性らしい体つきや男性機能の維持、筋肉量の増加を促進するなどの働きがある。量は少ないが、女性の体内でもつくられている。

●脂溶性ビタミンの吸収を助ける

コレステロールは胆嚢《たんのう》に胆汁として蓄えられますが、それがリパーゼ（脂肪を分解する酵素）と協力してビタミンAやEなど、脂溶性ビタミンの吸収を助けます。

他にも脂肪には脳細胞の神経線維を守る鞘の構成物質になったり、血管の内壁を保護したりする作用があります。また体温を調節し、代謝をコントロールする褐色脂肪細胞＊というものもありますし、内臓の位置を正常に保持する作用もあります。

脂肪というと邪魔なものに感じてしまいがちですが、私たちの体にとって重要な役割を担っているのです。

食べた脂肪の運命

食べた脂肪は体内ではどうなるのか。その運命をたどっていきましょう。

まず**食事で摂取された脂肪は、膵臓から分泌される「リパーゼ」という酵素によって、腸で分解されます。**

＊**褐色脂肪細胞**
茶色の脂肪細胞。白色脂肪細胞（体脂肪）が溜め込んだ脂肪を分解して燃焼させ、熱を産生する働きがある。

●食物の脂肪は体内で分解、活用される

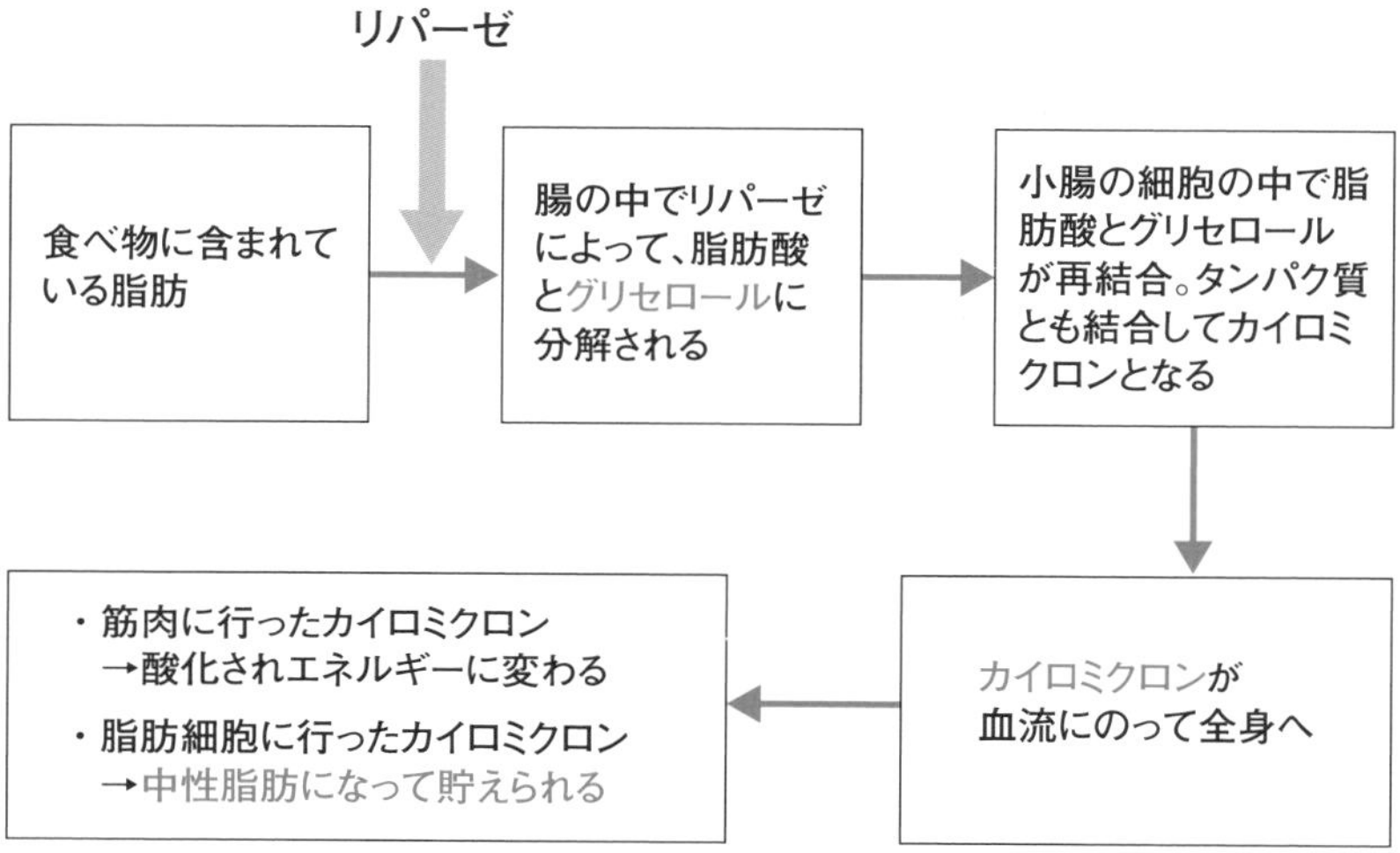
リパーゼ
食べ物に含まれている脂肪
腸の中でリパーゼによって、脂肪酸とグリセロールに分解される
小腸の細胞の中で脂肪酸とグリセロールが再結合。タンパク質とも結合してカイロミクロンとなる
カイロミクロンが血流にのって全身へ
・筋肉に行ったカイロミクロン
→酸化されエネルギーに変わる
・脂肪細胞に行ったカイロミクロン
→中性脂肪になって貯えられる

私が高校生の頃は、「食事で摂取する脂肪は脂肪酸とグリセリン（グリセロール）に分解される」と教科書に書いてありました。中性脂肪（トリグリセリド）の「トリ」という言葉のとおり、通常は脂肪酸3分子が1分子のグリセロールに結合していますので、それが完全に分解されると教えられていたわけです。

しかし、最近になって体内では脂肪が消化されても完全には分解されず、「2分子の脂肪酸とモノグリセリド（1分子の脂肪酸＋グリセロール）」までの分解にとどまるということがわかり、教科書でもそのような記述に変わってきています。

＊**カイロミクロン**
血中に存在するリポタンパク質粒子。食べ物から摂取した脂質は腸から吸収されるが、それを体内のさまざまな部位へ運搬するという役割を担っている。

腸の中は基本的に水溶性なので、消化酵素が働きにくくなっています。そこで胆嚢から「胆汁酸」が分泌され、これが脂肪を乳化し、リパーゼの働きを助けて消化しやすくしてくれます。

こうして**分解された脂肪酸とグリセロールは小腸の細胞から吸収されます。**そして、細胞*の中で脂肪酸とグリセロールはまた結合し、さらにタンパク質も結合することによって、**「カイロミクロン」という大きな複合体をつくっていきます。**

カイロミクロンはリンパ管を通って左鎖骨にある静脈から出て心臓に行き、それから全身をめぐっていきます。**カイロミクロンが筋肉に行けば、酸化されてエネルギーに変わり、脂肪*細胞に行けば、再び中性脂肪として貯蔵されるのです。**

たいていの栄養素は毛細血管から肝臓を通っていくのですが、脂肪だけはこのような変わった経路を通ります。

では、消化された脂肪はどのようにして「体脂肪」になるのでしょうか。また体脂肪はどのようにして燃焼し、エネルギーとなっていくのでしょうか。次に詳しく解説します。

＊**脂肪細胞**
細胞質内に脂肪滴（脂肪のかたまり）を持つ細胞のこと。白色脂肪細胞と褐色脂肪細胞があり、前者は脂肪を溜め込み、後者は脂肪を分解して燃焼する役割がある。

Chapter 2

脂肪の合成と分解

脂肪は体内で合成されたり、分解されたりします。その過程では、さまざまな酵素やホルモンなどが連携し合うようにして働いています。

体脂肪になるメカニズム

脂肪を多く食べれば、それはもちろん体脂肪として蓄積されてしまいます。しかし炭水化物を多く摂取して、体内にブドウ糖が多めに存在すると、やはり体脂肪になってしまいます。このあたりの経路を追いかけてみましょう。

「脂肪とは何か」（⬇329ページ）でカイロミクロンが脂肪細胞に行けば、再び中性脂肪になって貯蔵されると説明しました。これをもう少し詳しく説明します。

カイロミクロンの中には、脂肪酸とグリセロールが結合した中性脂肪が存在します。**毛細血管の壁には「LPL（リポタンパクリパーゼ）」という酵素があって、これがカイロミクロン**

＊**遊離脂肪酸**

脂肪の分解によって生じた脂肪酸。血液中に溶け込み、全身の組織に運ばれて利用される。

に働くと、中性脂肪は脂肪酸とグリセロールに分解されます。

すると脂肪酸は*遊離脂肪酸となり、脂肪細胞に取り込まれます。そして、*アシルＣｏＡという物質になります。

このとき体内にブドウ糖が多めに存在すると、糖質からエネルギーを産生する解糖系という回路が活性化します。そして、解糖系の途中で**「グリセロール３リン酸」**という物質が大量に生成されます。

解糖系でつくられたグリセロール３リン酸とアシルＣｏＡが脂肪細胞の中で結びつき、リン酸が加水分解によって失われると中性脂肪ができます。これが体脂肪となるわけです。

なお、糖質を多めに摂取しているとインスリンが分泌されますが、**インスリンはＬＰＬ（リポタンパクリパーゼ）の働きを活性化**します。

つまり、糖質はインスリンを出すという面、そしてグリセロール３リン酸の材料になるという面からも、体脂肪の合成に関わってくるのです。

また、ブドウ糖が多めに存在するとき、肝臓ですぐに脂肪に変換されます。肝臓でできた脂肪はコレステロールの一種であるＶＬＤＬ（超低密度リポタンパク質）をつくります。ＶＬＤ

＊アシルCoA（アシルコエー）

CoA（補酵素A）にアセチル基が結合した化合物で、脂肪酸の合成や分解、コレステロールの合成、クエン酸サイクルなどに関与している。

●摂り過ぎた脂肪が体脂肪になるまで

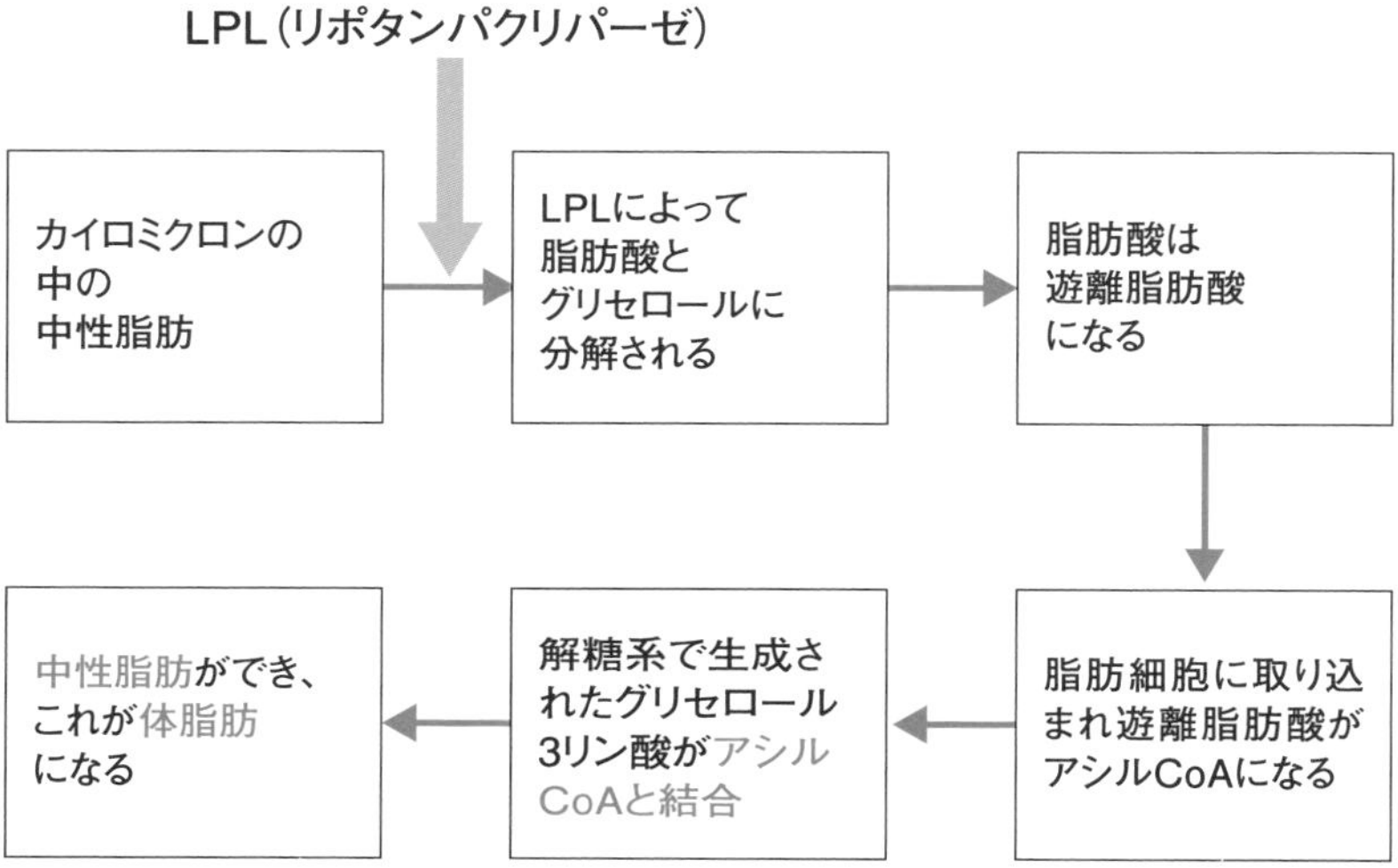
LPL（リポタンパクリパーゼ）
カイロミクロンの中の中性脂肪
LPLによって脂肪酸とグリセロールに分解される
脂肪酸は遊離脂肪酸になる
脂肪細胞に取り込まれ遊離脂肪酸がアシルCoAになる
解糖系で生成されたグリセロール3リン酸がアシルCoAと結合
中性脂肪ができ、これが体脂肪になる

Lが血中に放出されると、脂肪細胞に移行します。

するとそれはLPLによって脂肪酸に分解され、やはりグリセロール3リン酸と結合して体脂肪が合成されるという流れをたどります。**LPLは中性脂肪を分解することによって、体脂肪の合成を助ける、**と覚えてください。

LPLの働きによって、体は糖質を容易に体脂肪にすることが可能となります。おそらくこれは飢餓にさらされたときのために、エネルギーを蓄積しておこうとする体のメカニズムなのでしょう。

面白いことに、私たちの体は脂肪を

糖質にすることはできません。せっかく蓄積した脂肪ですから、そう簡単にエネルギー化されて燃えてしまっては困るということでしょうか。

体脂肪が分解されて燃焼されるメカニズム

体脂肪が分解されるときは、どうなるのでしょうか。

まず、脂肪細胞内にある**HSL（ホルモン感受性リパーゼ）**という酵素が体脂肪（中性脂肪）に働きます。HSLの作用は、脂肪細胞内にある中性脂肪を脂肪酸とグリセロールに分解することです。これにより、脂肪酸が脂肪細胞外に放出されます。そして放出されて血液中に流れ出た脂肪酸が、エネルギーとして燃焼しつくされると、体脂肪は減少するということになります。**HSLは体脂肪を分解して血中に放出することにより、脂肪酸がエネルギーとして燃えるのを助ける、**と覚えてください。

では、HSLを働かせるにはどうすればよいのでしょうか。

この酵素は「アドレナリン」や「ノルアドレナリン」などのホルモンによって働くようになります。運動中はこれらのホルモンが分泌されるため、脂肪の分解が活発になるのです。

●脂肪の分解・燃焼の流れ

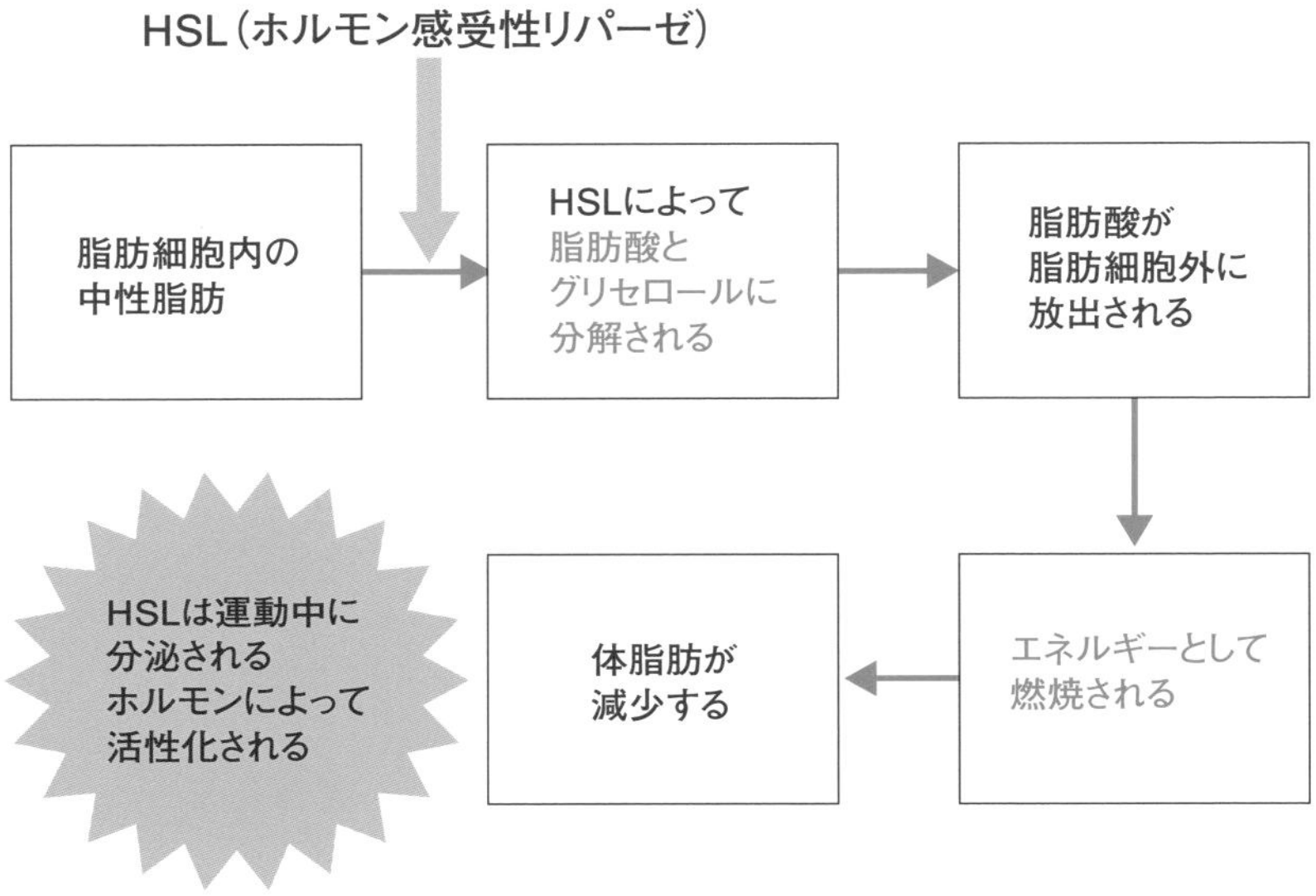
HSL（ホルモン感受性リパーゼ）
脂肪細胞内の中性脂肪
HSLによって脂肪酸とグリセロールに分解される
脂肪酸が脂肪細胞外に放出される
エネルギーとして燃焼される
体脂肪が減少する
HSLは運動中に分泌されるホルモンによって活性化される

成長ホルモンや甲状腺ホルモンなどにもＨＳＬを活性化させる働きがありますが、**インスリンは逆にＨＳＬの働きを抑えてしまいます。**ですから炭水化物の摂り過ぎは、この点からもダイエットの邪魔になってしまうのです。

インスリンはＨＳＬの活性を低下させてしまいますが、逆に摂取カロリーが少なくて血糖値が下がると、**グルカゴン**が分泌されます。

グルカゴンには肝臓のグリコーゲンを分解する作用や糖新生(➡24ページ)を促進する作用、ＨＳＬの活性を高める作用があります。つまり**グルカゴンは、グリコーゲンを分解したり糖新生**

＊**ミトコンドリア**
細胞の中にある細胞小器官の一種。生命活動に不可欠のエネルギーの産出に関与するATP(アデノシン三リン酸)をつくり出している。

を促進したりして血糖値を高めると同時に、脂肪酸を放出することによってエネルギーをつくり出す（体脂肪を燃やす）ように働きます。

さて、細胞外に放出された脂肪酸は*ミトコンドリアにおいて**「β酸化」**というエネルギー産生経路によって、エネルギーを生み出し、燃焼されます。ここで燃焼されないと、せっかく脂肪酸にまで分解されたのに、また脂肪細胞に逆戻りして体脂肪として蓄積されなおしてしまいます。

では、脂肪酸はどのようにしてミトコンドリアに運び込まれるのでしょうか。

脂肪酸は、そのままではミトコンドリアに入り込むことはできません。「アシルカルニチン」に変換されて、はじめて入ることができます。まず脂肪酸は、「ＣｏＡ」と結合して「アシルＣｏＡ」となります。そしてアシルＣｏＡが*カルニチンと結びついて、アシルカルニチンになります。ここで使われる酵素をＣＰＴ－１と呼びます。

ミトコンドリアに入り込んだアシルカルニチンは、またアシルＣｏＡとカルニチンとに分解されます。ここで使われる酵素をＣＰＴ－２と呼びます。そして、アシルＣｏＡがアセチルCoAとなり、β酸化が始まるという複雑な流れになっています。

＊カルニチン
体のほぼすべての細胞に存在するアミノ酸由来の物質で、体内でつくられる。エネルギー産生において重要な役割を果たしている。

なお、食事が制限されている場合、特に炭水化物が制限されている場合は、**「ケトン体」**というものが発生します。炭水化物が足りないと、TCAサイクル(⬇379ページ)というエネルギー産生経路における中間体*が不足してTCAサイクルが回りにくくなりますが、このときに脂肪酸がβ酸化してアセチルCoAをつくり出していると、それが余ってしまうのです。

余ったアセチルCoAからは、「ケトン体」ができます。このケトン体からも、エネルギーを生み出すことができるのです。ケトン体については後で詳しく説明します。

ケトン体は主に心臓で使われていますが、炭水化物が少ない状態だと脳でも使われます。また、体幹部よりも四肢の筋肉でよく使われ、特に運動選手はケトン体をエネルギー化しやすいとされています。

体脂肪の分解を阻害するペリリピン

HSLが脂肪細胞に働いて脂肪が分解されると書きました(⬇333ページ)。しかし、HSLが働きにくくなることがあります。

普通の細胞は「核」が中心にあるのですが、脂肪細胞は「脂肪滴」が大部分を占めており、核は隅のほうに追いやられています。

脂肪滴の中心にはトリグリセリド(中性脂肪)があり、その周囲にリン脂質があり、さらに

* **中間体**
TCAサイクル(クエン酸回路)を回してATPを生み出す8種類の酸。

表面をタンパク質が取り囲んでいるという構造になっています。

その表面を取り囲むタンパク質に、「ペリリピン」というものがあります。**これに囲まれた脂肪滴はHSLの作用を受けにくいため、体脂肪が分解されにくくなっているのです。**

ペリリピンがつくれないマウスを使って、その脂肪組織を調べた研究があります。（※9）その結果、転写因子であるSREBP-1*が活性化されておらず、脂肪合成遺伝子の発現も低下していました。この細胞にペリリピンを遺伝子導入し、成熟した脂肪細胞へと分化させたところ、脂肪滴の数が増えて脂肪蓄積量が増加しました。

つまり、**「脂肪滴の発生」↓「ペリリピンがSREBP-1を活性化」↓「脂肪分解低下&体脂肪増加」**ということになります。ということは、SREBP-1を不活化すればよいわけです。それには、EPAとラクトフェリンが有効なようです。（※10、※11）

ペリリピンは平常時だとHSLの作用を阻害しますが、**カテコールアミンによってリン酸化されると、逆にHSLの作用を増強してくれます。**つまり、運動によってアドレナリンやノルアドレナリン、ドーパミン（これらがカテコールアミン）が増えれば、脂肪分解も促進されます。

＊SREBP-1
肝臓において脂肪酸やトリグリセリド（中性脂肪）の合成に関与する転写因子（遺伝子の転写をコントロールするタンパク質群）。

HSLと同様に重要なATGL

実は、HSLの他にも重要な脂肪分解酵素があることが最近になってわかりました。2004年に同定されたATGL(Adipose Triglyceride Lipase)はHSLに比べ、トリグリセリド(中性脂肪)に対して強く作用することがわかってきたのです。

ATGLを活性化するための一番よい方法。これも「運動」です。運動することによってPPARγのmRNAや細胞質と核におけるタンパク質の発現が促され、ATGLが転写されます。さらに、脂肪滴(脂肪を貯蔵する網腔器官)にATGLをとどめる働きをするCGI－58 (Comparative Gene Identification-58) は、運動によって増加します。

これらCGI－58やペリリピンの増加は、運動したそのときだけでなく、運動後も長時間にわたって増加することがわかっています。つまり、運動は消費カロリーを増やすだけでなく、脂肪分解酵素の働きも高めてくれるのです。インスリンはATGLの発現を低下させますが、その作用も運動によって減弱されます。なお、ポリフェノールの一種のレスベラトロールや、ハーブの葉に含まれるフィトケミカルのウルソル酸にはATGLを活性化する作用があるようです。(※12、※13)

Chapter 3

エイコサノイドと脂肪の関係

エイコサノイドは体の微調整や代謝の手助けをしてくれる生理活性物質*です。脂肪とはどのような関係があるのか、見てみましょう。

エイコサノイドは脂肪酸からつくられる

私たちの体は、周りの環境からの影響にできるだけ左右されないようにできており、体温や血圧、血糖値などは、常にある一定の幅に保持されています。これを**「ホメオスタシス」**と呼びます。

ホメオスタシスは、ホルモンや神経により維持され、それらが全身に働くダイナミックなアクションを起こしているのです。例えば、空腹になって血糖値が下がると、膵臓からグルカゴンが出てグリコーゲンをブドウ糖に変え、血糖値を上げようとします。

こうしたダイナミックなアクションの他に、もっと細かいアクションによって体の状態を正常に保とうとする経路も存在します。それが**「エイコサノイド」という局部的に働くホルモ**

＊生理活性物質
生体の生命活動や生理活動に関与して影響を与える化学物質。各器官が正常に働くように調整する作用がある。

ン様物質の作用です。血圧を微妙に調整したり、睡眠を誘発したり、子宮や気管支などの平滑筋を収縮させたりなどが主な作用になります。

エイコサノイドには、プロスタグランジンやトロンボキサン、ロイコトリエンなどの種類があります。

3系統に分けられるエイコサノイド

エイコサノイドは、脂肪酸からつくられます。脂肪酸の種類によって、次のように大きく3つの系統に分けることができます。

- **1系統エイコサノイド**……γ-リノレン酸(GLA)からつくられる
- **2系統エイコサノイド**……アラキドン酸(AA)からつくられる
- **3系統エイコサノイド**……エイコサペンタエン酸(EPA)からつくられる

●脂肪酸の代謝

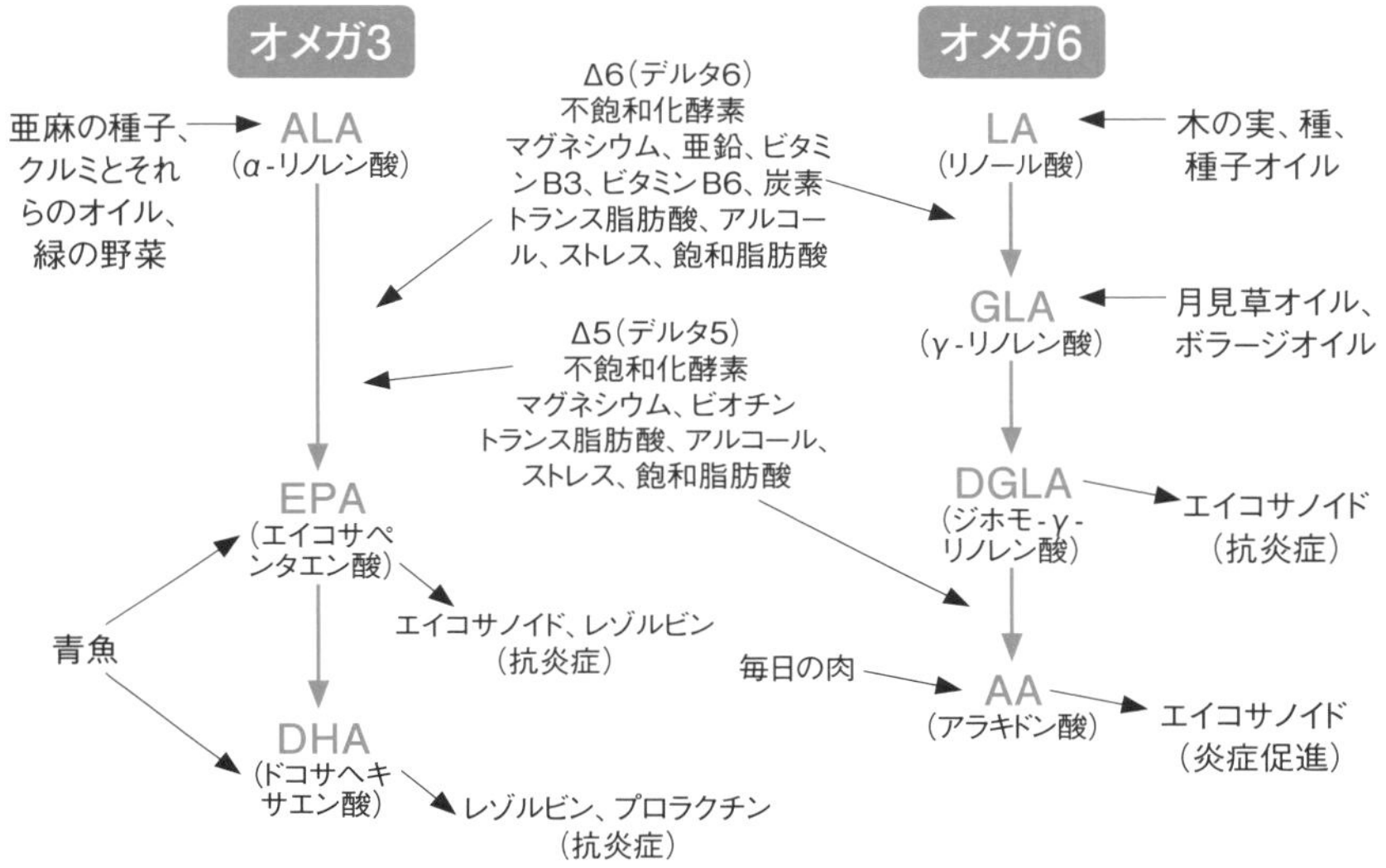

エイコサノイドをつくるために必要な脂肪酸を必須脂肪酸と呼びます。

さまざまな脂肪酸がありますが、体内ではつくることができないものの、体に不可欠なのが必須脂肪酸です。体内ではつくれないので、食べ物から摂取する必要があります。「リノール酸」と「α－リノレン酸」がこれに該当します。

GLA（γ－リノレン酸）やアラキドン酸はリノール酸からつくることができますし、EPA（エイコサペンタエン酸）はα－リノレン酸からつくることができます。それを示したのが、上の図です。2つの必須脂肪酸からさまざまな脂肪酸が合成されています。

ただし、リノール酸からGLAをつくったり、α－リノレン酸からEPAをつくったりする代謝の流れは、それほどスムーズではありません。

例えば、**アルコールや喫煙、ストレス、トランス脂肪酸などは、リノール酸からGLAをつくるのを邪魔してしまいます。**またビタミンB6や亜鉛、マグネシウムなどの栄養素が足りないと、GLAはつくられません。十分な1系統エイコサノイドを生成するためには、これらの栄養素をしっかり摂取し、アルコールやタバコは避けたほうがよいということになります。GLAは月見草オイル、クロフサスグリ油などに含まれますが、普通の食べ物からはなかなか摂取することができないので、リノール酸からの変換を期待したいところです。

一方、**EPAは青魚類に多く含まれますから、特にα－リノレン酸を摂取しなくても、ときどき魚を食べるようにしておくだけで十分です。アラキドン酸は、肉や卵、魚などに豊富に含まれるため、ベジタリアンでもない限り、不足する心配はありません。**

必要に応じてつくられるエイコサノイド

さて、エイコサノイドがホルモンと違うところは、これが「必要に応じて、そこの細胞で局所的につくられる」ということです。そして、役目を果たした後は速やかに分解されてしまいます。

では、エイコサノイドはどのようにしてつくられるのでしょうか。

私たちの細胞には表面に「細胞膜」があって、物質を入れたり出したりするときの門のような役割をしています。そして細胞膜を構成する物質には、前述の「リン脂質」やコレステロールがあります。

このリン脂質に「ホスホリパーゼ」という酵素が働くと、脂肪酸がそこから切り出されて出てきます。この脂肪酸が、エイコサノイドになるのです。

こうした酵素の働きを邪魔するのが、炎症を抑えたりぜん息の発作を抑えたりする「ステロイド剤」です。つまりステロイド剤は、エイコサノイドをつくらせないことによって、その作用を発揮するわけです。逆に言うと、炎症やぜん息の発作などはエイコサノイドの作用によるものでもあります。

エイコサノイドには「善玉」と「悪玉」がある

炎症やぜん息の発作は、一般的に体にとって有害となります。よってこれらを引き起こすものを、便宜上**「悪玉エイコサノイド」**と呼ぶことにしましょう。悪玉エイコサノイドは免疫を低下させたり、血液をドロドロにする作用もあります。

逆に体にとって有用なエイコサノイドもあります。免疫力を増強したり、炎症を抑えたり、血液をサラサラにする作用のあるものを**「善玉エイコサノイド」**と呼ぶことにしましょう。

ステロイド剤は悪玉エイコサノイドがつくられないように働きますが、同時に善玉エイコサノイドもつくられなくしてしまうのです。それがステロイド剤の副作用ともなります。

具体的には、**「アラキドン酸」からつくられる2系統エイコサノイドが、「悪玉エイコサノイド」**になります。

「エイコサペンタエン酸（ＥＰＡ）」からつくられる3系統エイコサノイドは、「善玉エイコサノイド」です。

「γ－リノレン酸」からは、善玉である1系統エイコサノイドと、悪玉である2系統エイコサノイドの両方がつくられます。

エイコサノイドを生成するのは**ホスホリパーゼ（脂肪分解酵素）**ですが、ステロイド剤はその作用を抑えるため、すべてのエイコサノイドがつくれなくなります。しかし、そうすると善玉エイコサノイドもつくれなくなるため、問題が出てきます。

そこで悪玉エイコサノイドだけつくれないようにすることを目的として、NSAIDs《エヌセイズ》（Non-Steroidal Anti-Inflammatory Drugs：非ステロイド性抗炎症薬）という薬剤が開発されました。これは、アラキドン酸から2系統エイコサノイドがつくられるときに必要とされるシクロオキシゲナーゼ（COX）という酵素を阻害する作用があります。アスピリンやロキソニン、ボルタレン、イブプロフェンなどの薬が代表的なNSAIDsです。

悪玉にも必要な作用がある

アラキドン酸は、卵や肉類に多く含まれます。健康のためには、これらを食べ過ぎないようにしたほうがいいのかもしれません。しかし、**アラキドン酸には筋肉を増やしたり脳の機能を維持したりする作用がある**のです。

体内で合成される以上、悪玉にもそれなりの役割があると考えなければいけません。

血液をドロドロにする作用といえば、あまりよいことではないように思えます。しかし、この作用がないと出血したときに血が止まりにくくなってしまいます。ケガをしたときだけでなく、例えば脳出血のときなどは、これが命取りとなることもあります。

また、**胃粘膜の保護作用**もあります。悪玉エイコサノイドがないと、胃酸が胃壁をどんどん溶かしてしまうのです。**アスピリンなど、エイコサノイドの産生を止めるクスリを摂取すると、胃が悪くなるのはそのせいなのです。**

このような事実を考え合わせると、アラキドン酸を控え過ぎるのも問題です。むしろ「悪玉に対抗できるだけの善玉を発生させる」と考えてみましょう。すなわち**善玉をつくるEPAを十分に摂取してカウンターにする**わけです。EPAはサンマやイワシ、アジなどの青魚、サーモンに豊富に含まれていますので、積極的に食べるようにしたいものです。

α-リノレン酸から変換されるEPAはごくわずか

α-リノレン酸からEPAができますが、この代謝には多くの酵素が必要となり、また変換のスピードも速いものではありません。リノール酸からγ-リノレン酸ができるときには、Δ6(デルタ6)不飽和化酵素が必要となります。そして、α-リノレン酸からEPAができるときにも、同じΔ6不飽和化酵素が必要となります(⬇341ページ図)。

アマニ油やエゴマ油はα－リノレン酸を含むため、体によいと言われています。しかし、リノール酸を大量に摂取している生活だと、**Δ6不飽和化酵素の奪い合い**になってしまい、それぞれの変換がうまくいかない可能性があることは知っておいたほうがいいでしょう。つまり、**EPAはEPAとして摂取し、α‐リノレン酸に期待しないほうがよい**ということです。

ちなみに、国際脂肪酸・脂質研究学会（ＩＳＳＦＡＬ）は、「α－リノレン酸からＤＨＡへの変換はごくわずか」だとしています。

また、日本での論文では変換率は10～15％だとしていますが、食事で飽和脂肪が多いときはＥＰＡへの変換率が6％、ＤＨＡへの変換率が３・８％であり、不飽和脂肪が多いと変換率は40～50％低下するという報告もあります。

２０００年以降の研究では、α－リノレン酸からＤＨＡへの変換率は０・１％程度とするものも多いですが、脳が要求するのは１日に２・４～３・８㎎なので、脳へのＤＨＡ供給はα－リノレン酸からの変換でもなんとか賄《まかな》えるとする報告もあります。

マウスでの研究では、ＥＰＡやＤＨＡは乳がんの抑制効果があるが、α－リノレン酸の場合は同じ効果（腫瘍サイズが60～70％縮小）を得るためには、ずっと多くの量が必要だったとされています。

では、α-リノレン酸は効果がないのでしょうか。実はそうでもありません。**EPAやDHAは心臓血管系疾患の予防に有用だとされます**が、ベジタリアンは魚を食べません。そのため血中DHAレベルも低くなります。しかし、**クルミやアマニなどからα-リノレン酸を摂取しているベジタリアンは動脈硬化が少なく、心臓血管系疾患にもなりにくいのです。**

実際にα-リノレン酸は心臓血管系疾患のリスクを減らす可能性があります。また、EPAやDHAはうつ症状を減らす効果が少ないのに対し、α-リノレン酸には抗うつ作用があるかもしれないという調査研究もあります。

こうしてみるとEPAやDHAにない、なんらかの作用がα-リノレン酸にはあるのかもしれません。

シソ油とエゴマ油、アマニ油を比較すると、α-リノレン酸の含有量は大差ありません。ただし、シソ油とエゴマ油にはルテオリンというフラボノイド(植物によって合成されるポリフェノール化合物の一種)が含まれ、抗炎症作用や神経保護作用が期待できます。

＊**炎症性サイトカイン**
炎症反応を促進する働きを持つサイトカイン(免疫系細胞から分泌されるタンパク質)。

特に、加齢に関係する炎症物質である「NLRP3インフラマソーム」を減少させ、また炎症性サイトカインであるIL－18やIL－1βタンパクの発現を阻害し、マクロファージ*の極性化を促進するようです。

＊ マクロファージ
白血球の一種。生体に侵入した細菌や死んだ細胞などを見つけると、寄っていって捕食するなど、免疫システムの中で重要な役割を果たしている。

Chapter 4

さまざまな脂肪酸

さまざまな脂肪酸がありますが、ＥＰＡとＤＨＡ、アラキドン酸、オレイン酸、ＭＣＴ、ＣＬＡはアスリートが注目すべき脂肪酸です。

ＥＰＡとＤＨＡは筋肉の維持にも役立つ

１９７０年代、デンマークの病院のダイアバーグやバングらにより、イヌイットの疫学調査[*]が行われ、オメガ３脂肪酸を摂取していると心臓血管系疾患が少なくなることが知られました。

その後エイコサノイドに関する研究が進み、**ＥＰＡ（エイコサペンタエン酸）からはロイコトリエンＢ５やプロスタグランジンＥ３、トロンボキサンＢ３などの物質が生成され、これらにアラキドン酸の働きを抑えたり、血小板の凝集を抑えて血液を固まりにくくしたり、免疫を増強したり、炎症性サイトカインの生成を抑制したりする作用があることがわかってきました。**

＊イヌイットの疫学調査
アザラシの肉や青魚を多く食べるグリーンランドのイヌイットは、肉を多く食べる欧州の人よりも心疾患の死亡率が低かった。

最近になって、**ＥＰＡはレゾルビン、ＤＨＡ（ドコサヘキサエン酸）はプロテクチンといった内因性の抗炎症物質を生成することが判明**しており、抗炎症作用の他にも病的な血管新生の抑制や好中球の浸潤抑制（組織内に侵入することを抑制）、神経細胞の保護作用やアルツハイマー患者の脳内におけるＰＤ１＊産生量減少などの作用が知られています。

筋肉維持に対する効果

オメガ３であるＥＰＡやＤＨＡには、健康において多くのメリットがあるのですが、実は筋肉に対しても有益な効果があるのです。

私たちの体内にはタンパク質を分解する仕組みが存在します。その中でも特に「選択的」なタンパク分解系のことを**「ユビキチン・プロテアソーム系」**と呼びます（⬇１４２ページ）。

ユビキチン・プロテアソーム系では、主に不良品となったタンパク質が分解されますが、品質的にまったく問題がなくても、「不使用」の状態が長く続くと、生命維持に必要ないとみなされ、タンパク質は分解されます。筋肉もそれと同じで、トレーニングをサボっていると、どんどん筋肉が落ちていくのは、このためです。

＊ＰＤ1
異常細胞を破壊するＴ細胞（キラーＴ細胞）の受容体。がん細胞の一部がＰＤ１と結合するとＴ細胞の働きにブレーキがかかるため、重要視されている受容体。

この系においては、「ユビキチン」という小さなタンパク質が、標的となるタンパク質に結合して「ユビキチン化」されます。そして、実際にタンパク質を分解するのは、プロテアソームという酵素で、これが働くときには、「**ＮＦ－κＢ**《エヌエフ・カッパー・ビー》」という核内転写因子が活性化されます。なお、「核内転写因子」というのは、ＤＮＡの遺伝情報をＲＮＡに転写する過程において働くタンパク質のことです。

通常の場合、ＮＦ－κＢはＩκＢタンパク質と結合しており、働きが抑えられています。しかし、なんらかの刺激（酸化ストレスやＰＩＦ、ＩＬ－６やＴＮＦ－αなど）によってＩκＢがユビキチン化されると、プロテアソームがＩκＢを分解してしまい、ＮＦ－κＢが活性化されてしまうのです。

ここでやっと本題に入りますが、**ＥＰＡにはＮＦ－κＢの働きを強力に抑えてくれる作用があるのです。**飢餓状態のマウスを使って行われた研究によれば、リノール酸やＤＨＡ、オリーブオイルなどでは抑えられなかったタンパク分解が、ＥＰＡの摂取によって見事に抑えられたという結果が出ています。（※14）

この研究によれば、ＥＰＡの添加によってタンパク分解が88％抑制されています。なお、ＥＰＡ単体や「ＥＰＡ＋カゼイン」ではタンパク合成は起こらず、「ＥＰＡ＋ロイシン＋アルギ

＊ **アディポネクチン**
脂肪細胞から分泌されるタンパク質。糖質や脂肪の代謝に関与する他、傷ついた血管を修復する働きがある。

ニン＋メチオニン」によってタンパク合成は倍増したとのことです。

また、ＥＰＡとＤＨＡはアディポネクチン*やＧＬＵＴ４*の発現を増加させることで、ＳＲＥＢＰ－１（⬇３３７ページ）を減少させて体脂肪の蓄積を防いだり、脂肪酸合成酵素の活性を低下させたりといった作用があることも判明しています。（※15）

なお、試験管内の実験では、ＤＨＡにはＥＰＡにも勝るタンパク分解抑制効果があるかもしれないという結果も出ています。（※16）

さらに、**ＥＰＡはタンパク分解を防ぐだけでなく、タンパク合成を高める作用も期待できます。**

ｍＴＯＲシグナル伝達系によるタンパク合成については、タンパク質の項（⬇１３７ページ）で紹介しましたが、ｍＴＯＲの過度の活性化は、がん細胞の成長を促進したり、老化を早めたりする可能性もあるのです。

そこでポイントとなるのが、ｍＴＯＲＣ１に関係なく、筋タンパクを合成させることができるかどうかです。つまり、タンパク合成酵素であるｐ７０Ｓ６ｋや４Ｅ－ＢＰ１を「単独で」

＊GLUT4（グルットフォー）
細胞にブドウ糖を取り込む際に、インスリンに呼応して重要な役割を果たす物質。脂肪細胞や筋肉に多く存在している。

活性化させることができればよいわけです。

それを可能にしてくれるかもしれないのが、EPAです。EPAを摂取することにより、p70S6kが活性化され、このときにmTORC1に変化は起こりませんでした。(※17)

EPAの摂取により、タンパク合成は25%増加し、タンパク分解は22%低下しています。DHAはp70S6kを活性化しましたが、タンパク合成の増加やタンパク分解の低下には効果がありませんでした。

日本で行われた研究では、EPAが4E－BP1のリン酸化をIGF－1存在下において促進しています。(※18)ただし、IGF－1はmTORを活性化します。

これらは生体で行われた研究ではないため、そのままヒトでも効果があると単純には考えられません。しかし、**EPAのレベルを高めておくことが、健康的にバルクアップするために役立つ可能性**は大いにありそうです。(※19)

内臓脂肪や肥満に対する効果

EPAには、**PPARαを活性化する作用**もあります。PPARαは転写因子PPARの一種で、脂肪酸の酸化を亢進させたり、脂肪を合成する酵素や脂肪酸合成酵素の活性を低下させたり、IκBタンパク質を増やしてNF－κBを抑える働きなどを持っているとされています。

PPARαが活性化するのは、脂肪のエネルギー化が進むことだと考えてください。

実際、京都大学の研究で、高脂肪食に加えてEPAとDHAを10週間、マウスに与えたところ、高脂肪食を与えただけの群と比較して、EPAとDHAを摂取した群は内臓脂肪が15～25％減少していたのです。（※20）

この研究では、脱共役タンパク*であるUCP－1が増加することによって白色脂肪組織が褐色脂肪組織に似たベージュ細胞に変化する現象が示されています。また、β3アドレナリン受容体の発現も増えています。この作用は、カプサイシンの受容体として知られるTRPV1という感覚受容チャネルを介して起こるもののようです。

また、GPR120という体内時計を司る時計遺伝子を介したインスリン分泌作用により、食事による体内時計をリセットする効果を強める作用も、EPAやDHAにあるようです。（※21）

なお、M2マクロファージから分泌されるPLA2G2Dはリン脂質からオメガ3脂肪酸を選択的に遊離していることが最近になってわかりました。そして、オメガ3脂肪酸を多く含む魚油含有食をPLA2G2D欠損マウスに与えると、白色脂肪細胞のベージュ化の低下

＊脱共役タンパク
褐色脂肪細胞のミトコンドリアの内膜に存在するタンパク質。

および肥満進行の表現型が消失したのです。

このことから、ＰＬＡ２Ｇ２Ｄは白色脂肪組織中にオメガ３脂肪酸を供給し、脂肪細胞のベージュ化を促進することで、肥満の進行を遅らせる役割を持つものと考えられます。

生殖や脳機能に対する効果

オメガ３脂肪酸は、睾丸のサイズを大きくして精子の質を高め、テストステロンを増やすのに対し、オメガ６脂肪酸とトランス脂肪酸はテストステロンを減らしたり、精子の質や量を悪くしたりといった報告もあります。（※22、※23、※24、※25、※26）

また、ＤＨＡが脳を護《まも》る作用も報告されています。ヒトが毎日１ℓの炭酸飲料を飲むに等しい量の果糖をマウスに与えたところ、脳における遺伝子ネットワークのキードライバーであるＦｍｏｄとＢｇｎに悪影響がもたらされました。しかし、同時にＤＨＡを摂取することにより、それが改善されたのです。

脳の視床下部においては果糖摂取によりＦｍｏｄとＢｇｎがダウンレギュレート（下方制御）されましたが、「果糖＋ＤＨＡ」だと両者ともにアップレギュレート（上方制御）されました。また海馬においては逆で、果糖摂取によりＦｍｏｄとＢｇｎがアップレギュレートされましたが、「果糖＋ＤＨＡ」だと両者ともにダウンレギュレートされたようです。

なお、60歳以上を対象にした大規模な調査では、オメガ3とオメガ6の摂取量が多いと認知機能の低下が起こりにくいようだとする結果が出ています。

オメガ3のほうには、脳の海馬において新たな神経細胞が分化したり、シナプス強度を促進したり、神経保護や抗アポトーシス機構を介して神経細胞の酸化ストレスを軽減したりといった作用がありますが、オメガ6との関連はよくわかっていません。

不飽和脂肪酸が多くなることによって細胞膜の流動性が高まることは一因と言えるでしょう。

EPAとDHAの効果的な摂取のしかた

さまざまなメリットのあるＥＰＡやＤＨＡですが、実際に摂取するときは、どのようにすればよいのでしょうか。

ラットでの研究ですが、面白い報告があります。実は**毎日少しずつ摂取するよりも、週に1回だけまとめて摂取するほうが、バイオアベイラビリティ（生物学的利用能）が高かった**とするものです。（※27）

オメガ3も他の脂肪と同様、β酸化によってエネルギーに変わります。しかし毎日のように魚油を摂取していた場合、その酸化率が高まってしまい、摂取したうちの84％がエネルギーになってしまうようです。逆に週1回の摂取だと酸化率が低く、75％程度に抑えられていました。その結果、体内にとどまる割合として、毎日摂取した場合は15％程度ですが、週1回だと23％がとどまるという結果になったようです。

また、**ラットの実験で大豆レシチンをＥＰＡやＤＨＡと同時に摂取させたところ、ＥＰＡとＤＨＡ単独摂取に比べて消化吸収が各段に高まったという結果が出ています。**それだけでなく、赤血球内の濃度も高まっています。つまり血中濃度が高まるだけでなく、細胞内のＥＰＡとＤＨＡ濃度も高めることができたということです。

実際に必要な摂取量はどれくらいでしょうか。日本において、ＪＥＬＩＳ（Japan EPA Lipid Intervention Study）と呼ばれる大規模な臨床試験が行われました。１９９６年から２００４年にかけ、１万８６４５名を対象にＥＰＡ群とコントロール群に分けて行われたものです。

ここではＥＰＡの薬剤を１日に１８００㎎、投与しています。その結果、冠動脈イベントの発症率は19％減少し、個別の評価項目では狭心症のリスクが24％低下しています。

サプリメントや薬剤ではなく、魚を食べて摂取する場合はどうでしょう。例えばイワシの場合、100gあたり1400㎎のEPAと1200㎎のDHAが含まれます。サンマの場合は100gあたり800㎎のEPAと1300㎎のDHA、サバの場合は100gあたり1200㎎のEPAと1700㎎のDHAとなります（すべて筆者による概算）。

EPAだけでなくDHAにも効果があることを考えると、毎日摂取するサプリメントとして有効な量としては、1日に「EPA＋DHA」として2000〜2500㎎程度と考えられます。この場合、イワシだったら毎日100gずつ食べることになりますが、先ほどの結果を踏まえて考えると、もしかしたら週1回、700gを食べたほうが効果は高まるのかもしれません。

魚油サプリメントの場合も、もしかしたら毎日2000〜2500㎎飲むのではなく、週に1回、まとめて15000㎎くらい飲んだほうがよいという可能性もありそうです。人間での研究結果を待ちたいところです。

飲むタイミングは、朝のほうが消化吸収はよくなると言われています。一般的には夕食のほうが脂肪摂取量は多くなるため、脂肪の消化酵素も多く分泌されます。しかし、時間栄養学*的な観点からいうと、就寝中に胆汁が溜まるため、朝食のほうが脂肪の消化吸収には有利なのです。朝食で脂肪を摂ることが苦にならない場合は、朝食時にオメガ3のサプリメントを摂るのが効果的だと思われます。

アラキドン酸はトレーニング効果を高める

アラキドン酸（ＡＡ）は悪玉エイコサノイドを産生するため、過度の摂取は健康に悪いと考えられます。しかし、ＡＡにはトレーニングの効果を高めるという側面もあるのです。トレーニングは、ＰＧＦ2αやＰＧＥ2など2系統エイコサノイドを分泌させ（※28、※29）、特に、ストレッチによるこれらの分泌はタンパク合成を促進して細胞の成長を促します。（※30）

そして、これらの悪玉エイコサノイドはトレーニング後の筋タンパク合成作用を増し、ＩＧＦ－１の発現を強化します。さらに衛星細胞の融合（筋肉周辺にある幼若細胞が筋細胞に

＊時間栄養学
私たちの体に備わっている体内時計を念頭においた栄養学で、「何を」「いつ」「どれだけ」食べればよいかを考える栄養学のこと。

なる）を促し、さらに男性ホルモンレセプターの合成を促進するのです。（※31、※32、※33）

さて、1000㎎のアラキドン酸を50日間摂取することにより、摂取していない群に比べ、筋出力や無酸素運動パワーの伸びが上回ったという報告があります。（※34）

また、31名の男性トレーニー（鍛えている人）に50日間にわたって1000㎎のアラキドン酸を摂取させたところ、総テストステロンの増加が起こっています。（※35）

アメリカのタンパ大学での実験によれば、1500㎎のアラキドン酸を8週間摂取することにより、摂取していない群に比べ、筋出力や無酸素運動パワーにおいて、遙かに上回る結果を出すことができたのです。除脂肪体重も1・5kg増えていました。（※36）

そして、最近行われた30名のトレーニーを対象とした研究では、8週間にわたって1500㎎のアラキドン酸を摂取したところ、除脂肪体重が2・9％増加、8・7％の上体の筋力増加、ピークパワーの12・7％増加という結果が出ています。（※37）

トレーニングは筋肉に物理的ストレスを与えて炎症を引き起こし、それが発達の引き金となりますが、AAはその炎症を促進することで発達を増強するのかもしれません。

ボディビルダーやアスリート、格闘家たちは、経験的に肉類を多く食べることが勝利につながると考えていますが、これは理由があってのこと。またアラキドン酸は体内でアナンダミド*に変わり、これがメンタル面でもよい影響をもたらしてくれます。

アラキドン酸の効果的な摂取のしかた

日本でも某大手サプリメントメーカーが、アラキドン酸のサプリメントを出しています。これはＥＰＡとＤＨＡも含まれていますが、１日の量としてのアラキドン酸摂取量は１２０mgにすぎません。

しかし、**卵を1個食べれば86mgのアラキドン酸が摂取できます。また豚レバーを100g食べれば300mgのアラキドン酸が摂取可能**です。

なお前述のとおり、アラキドン酸の悪玉エイコサノイド生成に対するカウンターとして、ＥＰＡはぜひ摂取するようにしてください。

オレイン酸の健康効果

オレイン酸を多く含む食品といえば、なんといってもオリーブオイルです。オレイン酸含

＊アナンダミド
アラキドン酸に由来するエイコサノイドの一種。脳に作用して睡眠や鎮痛、快楽などに関与する他、炎症の調整、受精卵（胚）の着床などとも関係している。

有量は70％以上で、他の油に比べてはるかに多いのです。

そして、オリーブオイルをふんだんに使う地中海式の食事が健康によいということは、さまざまな研究結果から半ば常識となっています。

地中海式食事が証明するオレイン酸の効果

例えば、米国の男性消防士780名を対象にしたコホート研究によれば、地中海式ダイエット*を行ったことによりコレステロール値や血圧、血糖値などのリスクが35％低下し、また体重増加のリスクも43％低下しています。（※38）

脳にもよい影響があるようです。平均80・1歳の老人674名を対象にした横断研究では、魚の摂取量が多いほど総灰白質《そうかいはくしつ》容積が大きく、肉の摂取量が少ないほど総灰白質容積が小さいとともに総白質容積も小さいという結果が出ました。（※39）

地中海式ダイエットに、さらにオリーブオイルとナッツを追加することで、記憶力が改善されたという報告もあります。（※40）

＊地中海式ダイエット
肉、卵、乳製品は控えめにして、野菜、果物、全粒穀物、豆、ナッツ類を毎日食べて、オリーブオイルのオレイン酸を日常的に使う食事で行うダイエット。

さらに地中海式ダイエットは、テロメア*の長さを維持してくれる可能性もあります。女性看護師4676名を対象にした非常に長期の追跡調査によると、地中海式ダイエットに近い食生活を送っているほどテロメアが長い状態が保持されていることがわかりました。（※41）

また、コロンビア大学の研究チームによれば、地中海式ダイエットを行った900人の被験者を追跡調査したところ、腎臓疾患のリスクが平均17・0％下がったとのことです。

特に厳格に地中海式の食事内容を守った群は、50％までリスクが低下し、腎臓の負担は42・0％も少なくなったとのことです。（※42）

こうした**オリーブオイルの健康への効果は、オレイン酸によるところが大です。オレイン酸にはGLP-1というペプチドホルモンを分泌させる作用があり、これはインスリンの働きを高めるとともに、「小胞体《しょうほうたい》ストレス」を緩和する可能性があります。**

タンパク質の項でタンパク質の構造（⬇132ページ）について書きましたが、正常な高次構造をつくれなかったタンパク質は、「小胞体」というところに蓄積してしまいます。これによるさまざまな障害を「小胞体ストレス」と呼びます。

肉に多いパルミチン酸には、小胞体ストレスを高める作用がありますが、この作用をオレイン酸が緩和してくれるのかもしれません。（※44）

＊テロメア
染色体の末端にある構造物で、染色体を保護している。細胞が分裂するたびに短くなるため、細胞の寿命に関与しているといわれている。

劣化しにくいオリーブオイル

鶏のから揚げやフライドポテトなどの「揚げ物」は悪い油を使うと過酸化脂質が増加し、健康に悪影響をもたらします。この揚げ物に使う油も、オリーブオイルにしたほうがよいようです。

オリーブオイルとトウモロコシ油、大豆油、ヒマワリ油の4種類の油でジャガイモを揚げ、それを10回繰り返した研究によれば、もっとも劣化が早かったのがヒマワリ油で、もっとも劣化が少なかったのがオリーブオイルだったそうです。(※43)

残念ながらオリーブオイルにはニセモノが多いようで、ラベルにはエキストラバージンと書いてあっても、IOC(国際オリーブ協会)の基準を満たしていない割合が非常に高いようです。少なくとも、大きなボトルに入っているものは酸化の危険があるため、小さい遮光瓶に入っている短期間で使い切れるものを選ぶようにしたほうがよいでしょう。価格を気にしないのであれば、小豆島で生産されているオリーブオイルをおすすめしたいです。

MCTは低糖質ダイエットをサポート

MCTとは、Medium-Chain Triglycerides の略で、中鎖脂肪酸のことです。中鎖というの

●脂肪酸の炭素数の違い

短鎖脂肪酸（炭素が3個のプロピオン酸の場合）

```
    O  H  H
    ‖  |  |
H-O-C--C--C-H
       |  |
       H  H
```

C：炭素
O：酸素

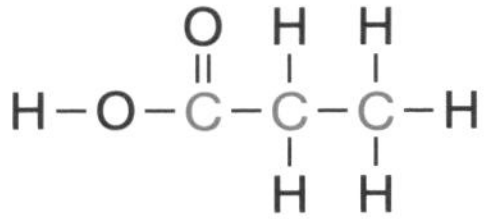

中鎖脂肪酸（炭素が8個のカプリル酸の場合）

```
    O  H  H  H  H  H  H
    ‖  |  |  |  |  |  |
H-O-C--C--C--C--C--C--C--C-H
       |  |  |  |  |  |
       H  H  H  H  H  H
```

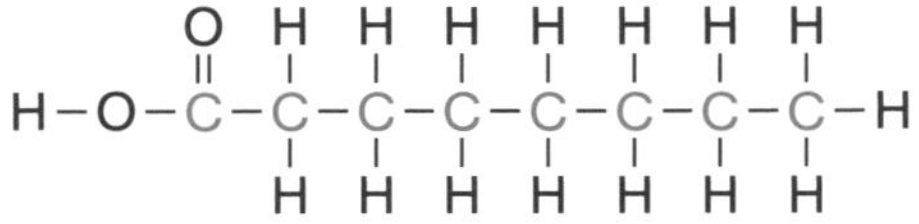

長鎖脂肪酸（炭素が16個のパルミチン酸の場合）

```
    O  H  H  H  H  H  H  H  H  H  H  H  H  H  H
    ‖  |  |  |  |  |  |  |  |  |  |  |  |  |  |
H-O-C--C--C--C--C--C--C--C--C--C--C--C--C--C--C--C-H
       |  |  |  |  |  |  |  |  |  |  |  |  |  |
       H  H  H  H  H  H  H  H  H  H  H  H  H  H
```

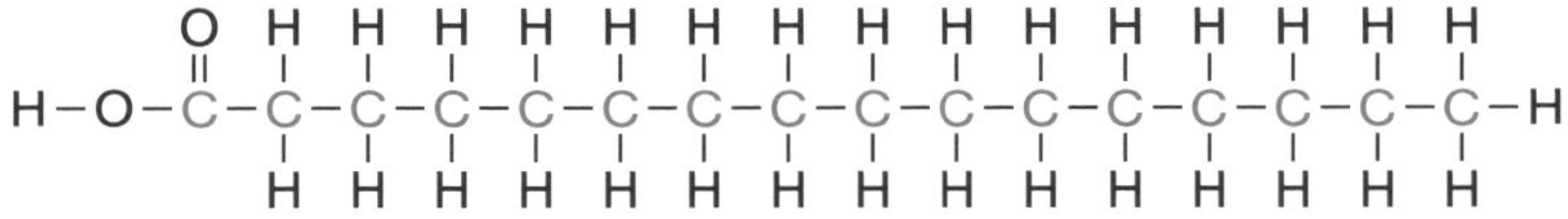

は炭素の数が中くらいということで、脂肪酸に含まれる炭素の数が8個のカプリル酸（オクタン酸）や10個のカプリン酸のことを、MCTと呼びます。

MCTよりも炭素数の少ない脂肪酸は短鎖脂肪酸、炭素数の多い脂肪酸は長鎖脂肪酸と呼びます。短鎖脂肪酸としては炭素数2つの酢酸や炭素数3つのプロピオン酸、炭素数4つの酪酸が代表的となります。

MCTのように炭素数が多くないと消化吸収が速く、またミトコンドリアに運ばれるときにカルニチンを必要としないため、エネルギー化も速くなります。

366

なお、炭素数が12個のラウリン酸はココナッツオイルに多く含まれ、このラウリン酸も中鎖脂肪酸に分類することがあります。「カルニチンを必要とするか否か」で言えば、ラウリン酸はカルニチンを必要としません。（※45）つまりこの意味ではココナッツオイルは中鎖脂肪酸に分類されるのです。

ココナッツオイルの約半分がラウリン酸で、10％程度がカプリル酸とカプリン酸、残りは長鎖脂肪酸です。

ココナッツオイルは味もよく、簡単に入手できますが、効果としては純粋なＭＣＴのほうが高くなります。**ＭＣＴは長鎖脂肪酸（パルミチン酸）に比べて４倍速く酸化され、ケトン体生成量は10倍にもなります。**（※46）

ココナッツオイルは摂取３時間後に血中ケトン体レベルが最大になるのに対し、ＭＣＴは摂取１・５時間後には最大レベルになります。（※47）つまり、ココナッツオイルはＭＣＴに比べ、それだけ吸収が遅いということになります。

ケトン体については後述しますが、低糖質ダイエットをしているときには、いかにケトン体レベルを迅速に高めるかがポイントとなります。そのため、普通の食事から低糖質ダイエットに移行する際に、ＭＣＴオイルは大きな助けとなります。

日本で行われた研究では、一度に大量のＭＣＴオイルを摂取すると脂肪酸合成酵素が活性化するという結果が出ており(※48)、他の長鎖脂肪酸とＭＣＴをミックスすることが推奨されています。

しかし、これは糖質を摂取していない状態での実験ではありません。普通の栄養状態でＭＣＴが追加されればオーバーカロリーとなり、脂肪の合成が活発になるのは当然でしょう。

体重減少や体脂肪率低下の効果

ＭＣＴは、消化吸収が速いことから**ＤＩＴ（食事誘発性体熱産生）反応も活発**であり、食後6時間までのＤＩＴ総和値はＭＣＴのほうが長鎖脂肪酸よりも有意に多いことがわかっています。(※49、※50)

なお、ＭＣＴオイルを使うことによって、オリーブオイル群よりも体重を減らすことができた(平均1・7kg)という報告もあります。計算上は1日に45kcalの消費カロリー増加となりました。食事内容は低糖質ダイエットではなく、普通のダイエット食で、油の内容を変えただけというものです。(※51)

これも日本で行われた研究ですが、1日10ｇのＭＣＴを12週間にわたって摂取したところ、

ＢＭＩ23以上の男女の体重と体脂肪率が顕著に低下したという結果が出ています。(※48)

脳機能改善の効果も見られる

MCTは、脳機能の改善にも有用に働きます。

軽度の認知障害がある23名を対象に、総カロリーの50％を炭水化物にした群と5〜10％を炭水化物にした群とで比較した研究があります。その結果、低炭水化物群のほうが記憶力テストでよい成績を出し、ケトン体レベルが記憶力によい影響を及ぼしたと報告されています。

そして、血液中のケトン体が多くなっている状態のケトーシスだと、記憶力の低下が抑制され、特にケトン体のレベルと記憶力テストの関連性の強さが示されました。実際に、ＭＣＴは長鎖脂肪酸に比べて10倍も多くのケトン体を生み出すことが古くから知られています。

軽度から中等度の認知障害またはアルツハイマー病の可能性のある高齢成人20名を対象にした研究では、40㎖のＭＣＴオイル(95％以上のカプリル酸)を摂取することによってアルツハイマー病評価尺度(ＡＤＡＳ－ｃｏｇ)が有意に改善されました。

ただし、改善されたのはＡＰＯＥ４＊バリアントを含まない参加者のみで、ＡＰＯＥ４バリアントを有する参加者は逆に悪化したようです。

＊APOE4
アポリポタンパクＥの対立遺伝子の一つ。APOE4を持つ人は認知症の発症率が高いとされる。

１４０人のアルツハイマー病患者を対象に、90日にわたって１日20ｇのＭＣＴオイル（カプリル酸95％以上）を摂取させた研究でも、ＭＣＴオイル群は45日後にプラセボ群に比べてＡＤＡＳ－ｃｏｇの改善が有意に大きく、90日後にはほぼ有意な改善が見られています。

脳機能を高め、認知症を予防するためには、ローカーボ・ダイエットとともに、ＭＣＴオイルを使うとよさそうです。

食欲を低下させる効果

ＭＣＴオイルには、食欲を低下させる作用もあるようです。

健康な男性６名を対象とした研究で、２週間にわたって総脂肪、炭水化物、タンパク質の摂取量を一定に保ちながら、食事中のＭＣＴと長鎖脂肪酸の比率を０・５対１から２対１に増加させることで、１日あたり平均約２５０㎉の食事摂取量が減少しています。

また、２型糖尿病の中国人男女を対象とした12週間の介入試験では、18ｇのＭＣＴを食事に加えると、18ｇのコーン油を加えた場合と比較して、１日のエネルギー摂取量が有意に減少したことが報告されています。

健康面での影響はどうでしょうか。肥満成人を対象に、低カロリー食をさせながら18～24

gのMCTオイルを90日間摂取させたところ、総コレステロールとLDLコレステロールの減少、HDLコレステロールの増加が起こっており、これはオリーブオイルと同等でした。

肥満男性を対象にした他の研究でも、1日20gのMCTオイル摂取によって血中脂質プロフィールに影響がなかったことが示されています。

入院患者を対象にした研究では、カロリーの40%を4日間MCTにすることによって、2型糖尿病患者の中性脂肪値を減少させています。

2型糖尿病患者を対象に総カロリーの28%をMCTにして摂取させた研究では、他の植物油脂と比較しても中性脂肪値やコレステロール値に影響はなかったとされています。

これらの結果から考えて、健康面での悪影響は問題ないと言えそうです。

MCTの効果的な摂取のしかた

MCTオイルは消化が速い分、お腹がゆるくなってしまうことがありますので、できるだけ小分けにして(1回5g程度)摂取するようにしましょう。5gでもダメな場合は、少量のレシチン(ティースプーン半分程度でOK)に溶かして乳化させるとよいかもしれません。

国内では「マクトンオイル」で検索すると見つけやすいと思います。なお、必ず100%MCTとなっているかどうかを確認してください。仙台勝山館というところの商品もよいと思

●リノール酸と共役リノール酸（CLA）の構造の違い

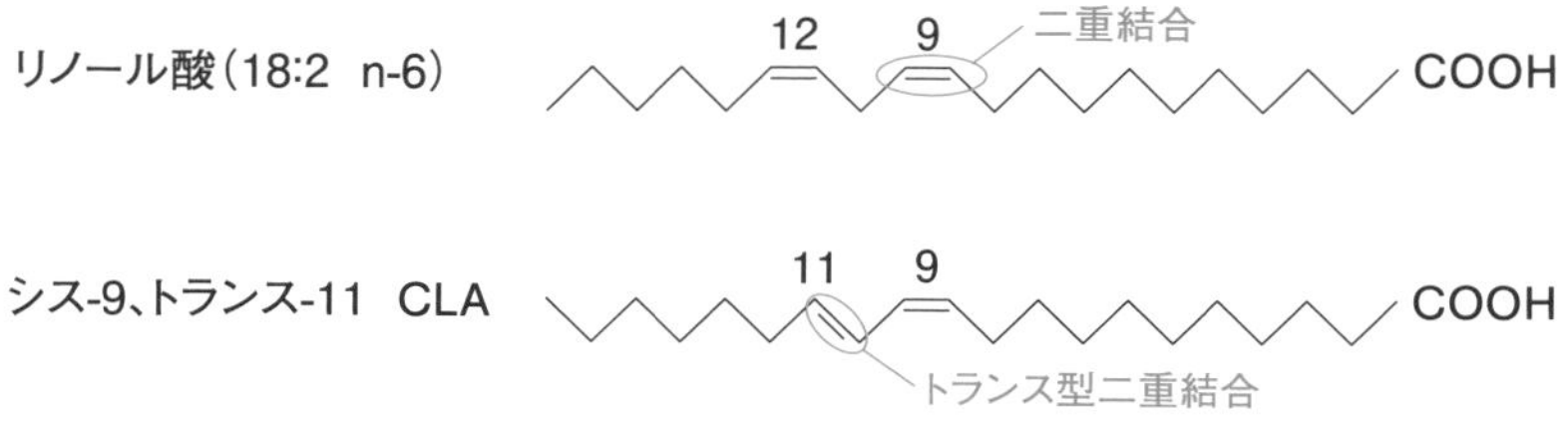

います。

CLAはトランス脂肪酸なのに有益

CLA（共役リノール酸）とは、リノール酸の一種です。共役は「きょうやく」あるいは「きょうえき」と読みます。上図のとおり、普通のリノール酸はシス型の二重結合が隣どうしにあります。しかし、**共役リノール酸はシス型二重結合の隣にトランス型二重結合があります。**そのため、リノール酸に比べ、より「接合（共役）」しています。このような構造のリノール酸を共役リノール酸（CLA）と呼びます。

CLAは「健康効果が注目されるトランス脂肪酸」

トランス型の二重結合があることから、CLAはトランス脂肪酸の仲間です。「トランス脂肪酸は体に悪い」というのは有名なので、そのような脂肪酸を摂取してもよいのかと疑問に思うかもし

●シス型とトランス型

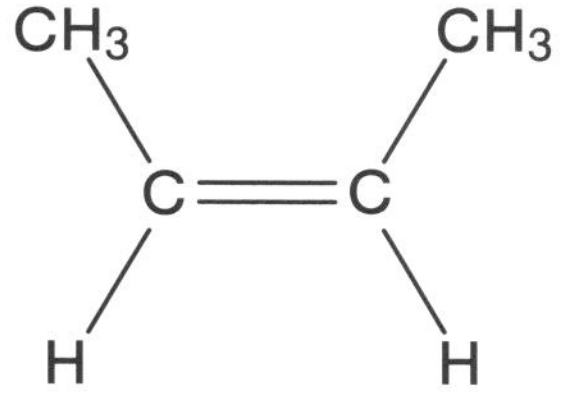

シス型

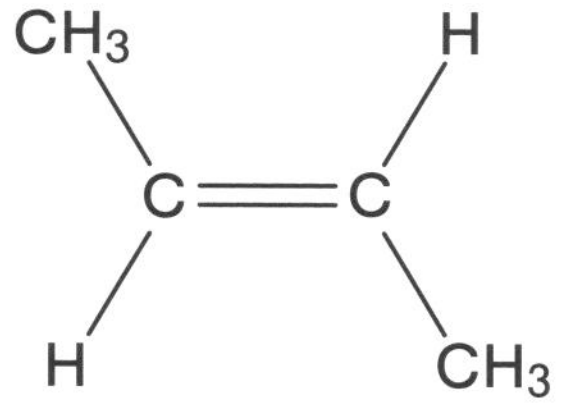

トランス型

れません。しかし、CLAはむしろ健康効果のほうが注目されているトランス脂肪酸なのです。

　そもそもトランス脂肪酸とは、どういうものなのでしょうか。まず、オレイン酸の構造(⬇320ページ)では、2つの炭素(C)の間が二重結合になっており、水素(H)と結びついています。普通の脂肪酸はこの水素が同じ側についており、それを**シス型**と言います。シスは「こちら側の」という意味です。

　その一方で、水素が炭素を挟んで向かい側にある構造を、**トランス型**と言います。トランスとは「向こう側の」という意味です。

　では、なぜトランス型は体に悪いのでしょうか。実は**自然界にあるほとんどの脂肪酸はシス型で、トランス型脂肪酸は人工的につくり出されたものなの**です。

　不飽和脂肪酸は酸化しやすく、融点も低く、安定していません。そこに水素を添加すると、飽和脂肪酸に近い形となり、安定した油となるのです。しかし水素を添加する際には自然なシス型だけでなく、トランス型も一緒にできてしまうのです。

しかし、自然界にもトランス脂肪酸は存在します。その代表的なものがバクセン酸で、牛などの反芻動物に多く存在します。これは牛の胃の中にいるバクテリアによってつくられます。牛肉や牛乳、ヨーグルトなどにもバクセン酸は含まれます。なおバクセン酸は体内でCLAに変わります。つまり、CLAは自然につくられたもの、天然のトランス脂肪酸なのです。

そして、**天然のトランス脂肪酸は人工のものと体内における動態が違う**ようです。ラットにバクセン酸を与えたところ、炎症が減り、コレステロール値が改善し、中性脂肪も低下したという報告があります。（※52、※53、※54、※55）

人工的につくられたトランス脂肪酸はエライジン酸が多く、これは体内で正常に代謝できないため、さまざまな問題を引き起こすのです。

体脂肪を減らす効果があるCLA

CLAには、どのような作用があるのか、箇条書きで紹介します。

CLA（共役リノール酸）の作用

①リポタンパク質リパーゼ（LPL）の働きを抑える。（※55）
②ホルモン感受性リパーゼ（HSL）の働きを高める。（※55）
③カルニチンパルミトイルトランスフェラーゼ（CPT）の働きを高める。（※55）
④PPAR－γを活性化することにより、インスリン感受性を高める。（※55）
⑤テストステロンを増やす。（※56、※57）
⑥抗酸化作用を持ち、免疫を高める。（※58）

ここまで読んでくれた読者でしたら、①～③についてはおわかりでしょう。CLAはLPL活性を抑えて体脂肪の合成を減らし、HSL活性を高めて体脂肪の分解を促進し、CPT活性を高めて脂肪の燃焼をスムーズにするように働きます。

PPAR－γについてはPPAR－αと同じ転写因子ですが、これは主に脂肪組織に存在して抗糖尿病作用や抗動脈硬化作用、抗炎症作用などを発揮します。

以前に、「トマトを食べると痩せる！」という京都大学の研究（※59）が世間をにぎわせました。トマトには13－ｏｘｏ－ＯＤＡという成分が存在します。その成分にはＰＰＡＲ－αを活性化する作用があります。

この研究は13－ｏｘｏ－ＯＤＡがＰＰＡＲ－αを活性化することにより、高脂肪食によって肥満化したマウスの血中および肝臓内中性脂肪を減らしたというものです。そしてＣＬＡはこの物質の前駆体でもあります。

ここで重要なのは、ＰＰＡＲ－αの活性化はペルオキシソームにおける酸化（β酸化）を活性化するということになっていますが、実はβ酸化だけではＡＴＰはつくられないのです。そのときにつくられた生成物がミトコンドリアに送られて、はじめてＡＴＰがつくられます。

この研究でも、実はマウスの体重は減っていません。つまり脂肪は酸化分解されたものの、エネルギーとして燃えるところまではいかなかったのです。

トマトであれ、ＣＬＡであれ、**実際に運動してＡＴＰを消費しないと、うまく体脂肪は燃えてくれない**ということなのです。

最近では、共役リノール酸の一つの形態である「cis-9, trans-11 CLA」を摂取したアルツハイマー病マウスモデルにおいて脳内炎症を抑制するサイトカインが誘導され、脳内炎症が抑制されることが示されています。

CLAの効果的な摂取のしかた

ＣＬＡは普通のトランス脂肪酸と同じで体に悪いという意見もあります。しかし、生涯を通じてＣＬＡの多い自然の食物を摂取することは肥満の解消につながり、むしろ健康によいのではないかという結論のレビュー(２０１５年)もあります。(※60)

一般的な摂取量ならばＣＬＡは抗肥満効果に加えて抗動脈硬化作用や抗がん作用が期待できるというレビューも書かれており、現時点ではＣＬＡによる健康への悪影響を心配する必要はないでしょう。

サプリメントで摂取する場合、１日の量は３ｇ程度が基準ですが、運動中の脂肪酸動員を増やすこと、脱共役作用によって代謝が高まることなどから、１日のうちの早めの時間帯で摂取するようにしたほうがいいでしょう。夕方にトレーニングするのでしたら、朝食時に１ｇ、昼食時に２ｇといった感じです。

Chapter 5

ケトン体とは何か

糖質制限ダイエットでしばしば話題になるケトン体。糖質に代わるエネルギー源として注目されていますが、その働きについて解説します。

糖質が不足すると肝臓がケトン体をつくる

糖質が足りなくなると、代わりにケトン体がエネルギー源となります。これはどのような仕組みで起こるのかを説明しましょう。

自動車がガソリンや電気を燃料にして動くように、私たちの体はエネルギーを燃料にして動いています。エネルギー源は、三大栄養素である炭水化物、脂肪、タンパク質の中でも炭水化物(糖質)が優先的に使われ、エネルギーに変換されます。

エネルギーに変換するときに重要な役割を果たすのがATP(アデノシン三リン酸)です。

ＡＴＰの３つのリン酸のうち一つが外れるとエネルギーが放出されるのです。

ATPがつくられる3つの経路

ＡＴＰは体内でつくられますが、その経路は３つに分けられます。

①**ATP－CP系**……筋肉にあるクレアチンとリン酸が結合したクレアチンリン酸からＡＴＰがつくられる経路。

②**解糖系**……ブドウ糖がピルビン酸になる過程でＡＴＰがつくられる経路。

③**酸化的リン酸化**……ピルビン酸が二酸化炭素と水になる過程でＡＴＰがつくられる経路。

解糖系と酸化的リン酸化をつなぐTCAサイクル

TCAサイクル（クエン酸回路）という名前を聞いたことはありますか？

これは解糖系と酸化的リン酸化をつなぐ回路です。ピルビン酸を基にしてアセチルＣｏＡとオキサロ酢酸*をつくり、この２つを結合させることによってクエン酸をつくり出します。

＊**オキサロ酢酸**
クエン酸回路を構成する物質の一つで、ピルビン酸からつくられる。糖質が不足すると生成されなくなるが、「糖新生」の過程で生成される。

●TCAサイクル（クエン酸回路）

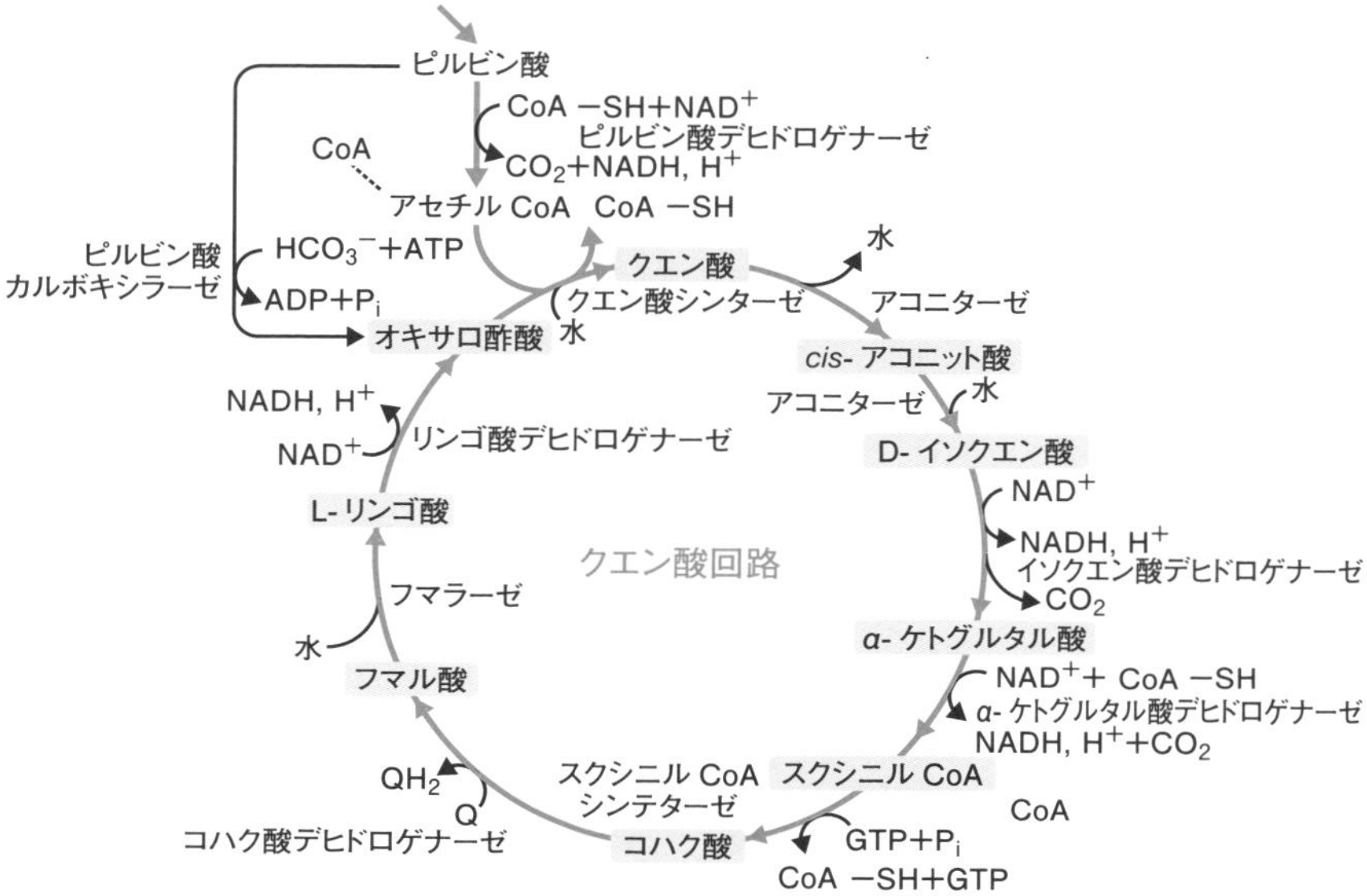

クエン酸はα－ケトグルタル酸やコハク酸、フマル酸を経てオキサロ酢酸となり、アセチルCoAと再度結合してクエン酸になり……というように循環していきます。**TCAサイクルが回ることによってNADHやFADH2＊がつくられ、これらを材料としてATPが生成される酸化的リン酸化につながっていきます。**

ここをちょっと詳しくなぞってみましょう。

ビタミンB1にリン酸2個が結合すると、TPP（チアミンピロリン酸）ができます。これがピルビン酸と反応すると、炭酸ガスが外れて（脱炭酸反応）、

＊NADH、FADH2
補酵素の一つとなり、代謝において水素や電子の運び屋のような役割をする。

アセチル基が残ります。

この残ったアセチル基が、ＴＰＰからリポ酸に渡されます。そこにＣｏＡがやってきてアセチル基を受け取り、アセチルＣｏＡがつくられます。

それとは別に、ミトコンドリアの中にはピルビン酸カルボキシラーゼという酵素がありま す。これは二酸化炭素とＡＴＰを使って、ピルビン酸からオキサロ酢酸をつくり出す酵素です。この酵素はビオチンを補酵素とします。

つまり、**ピルビン酸からは、アセチルＣｏＡとオキサロ酢酸ができる**わけです。右ページの図を確認してみてください。

糖質を制限した場合のTCAサイクルとケトン体

さて、アセチルＣｏＡをつくり出す他の反応もあります。これは脂肪酸を材料とします。**脂肪酸から炭素が２つずつ外れていくと、これがアセチルＣｏＡとなる**のです。

例えばステアリン酸の場合、炭素が18個なので、９個のアセチルＣｏＡができるわけです。**この反応を「β酸化」と呼びます。**

このとき、糖質を制限しているとどうなるのでしょうか。糖質が足りないと、解糖系が働かないため、ピルビン酸ができなくなります。すると、ピルビン酸を材料とするアセチルＣｏＡとオキサロ酢酸ができなくなります。

また、糖質が足りないときは糖新生（⬇24ページ）が起こります。このときは、乳酸やアラニンなどのアミノ酸、脂肪から取り出したグリセロールなどをもとにしてピルビン酸をつくり出します。そしてピルビン酸からオキサロ酢酸がつくられ、それがホスホエノールピルビン酸となり、後は解糖系を逆戻りしてグルコースがつくられます。

通常、ピルビン酸がアセチルＣｏＡとオキサロ酢酸の両方になるのですが、**糖質を制限しているときは、糖新生のためにオキサロ酢酸が使われてしまいます。**

しかし、このとき、**脂質をしっかり摂取しているとβ酸化によりアセチルＣｏＡが大量にできます。**つまりアセチルＣｏＡが大量にあるのに、オキサロ酢酸が足りていない状況なのです。オキサロ酢酸がないと、ＴＣＡサイクルが回りません。

そこで、肝臓において余剰のアセチルＣｏＡがケトン体に変えられます。

ケトン体によってTCAサイクルが復活

それでは、ケトン体について詳しく説明しましょう。

肝臓で変換されたケトン体は水溶性であるため、脂肪酸と違って体内の臓器や組織(脳も含む)に効率よく運ばれていきます。そして**体のさまざまな場所に運ばれたケトン体はアセチルCoAに戻ります。**

このとき、ケトン体(アセト酢酸)は、スクシニルCoAトランスフェラーゼという酵素によってアセトアセチルCoAと、コハク酸になります。アセトアセチルCoAは、アセチルCoAになってTCAサイクルに入ります。つまり、アセチルCoAからケトン体がつくられ、できたケトン体がまたアセチルCoAに戻ってエネルギーになるという流れなのです。アセチルCoAはそのまま血中に流すことができないため、ケトン体に一度姿を変えるのです。

そして、コハク酸はリンゴ酸を経てオキサロ酢酸をつくり出します。こうしてオキサロ酢酸ができるため、TCAサイクルは順調に機能するようになり、酸化的リン酸化を経てATPを生み出すことができるのです。

●ケトン体とTCAサイクルの関係

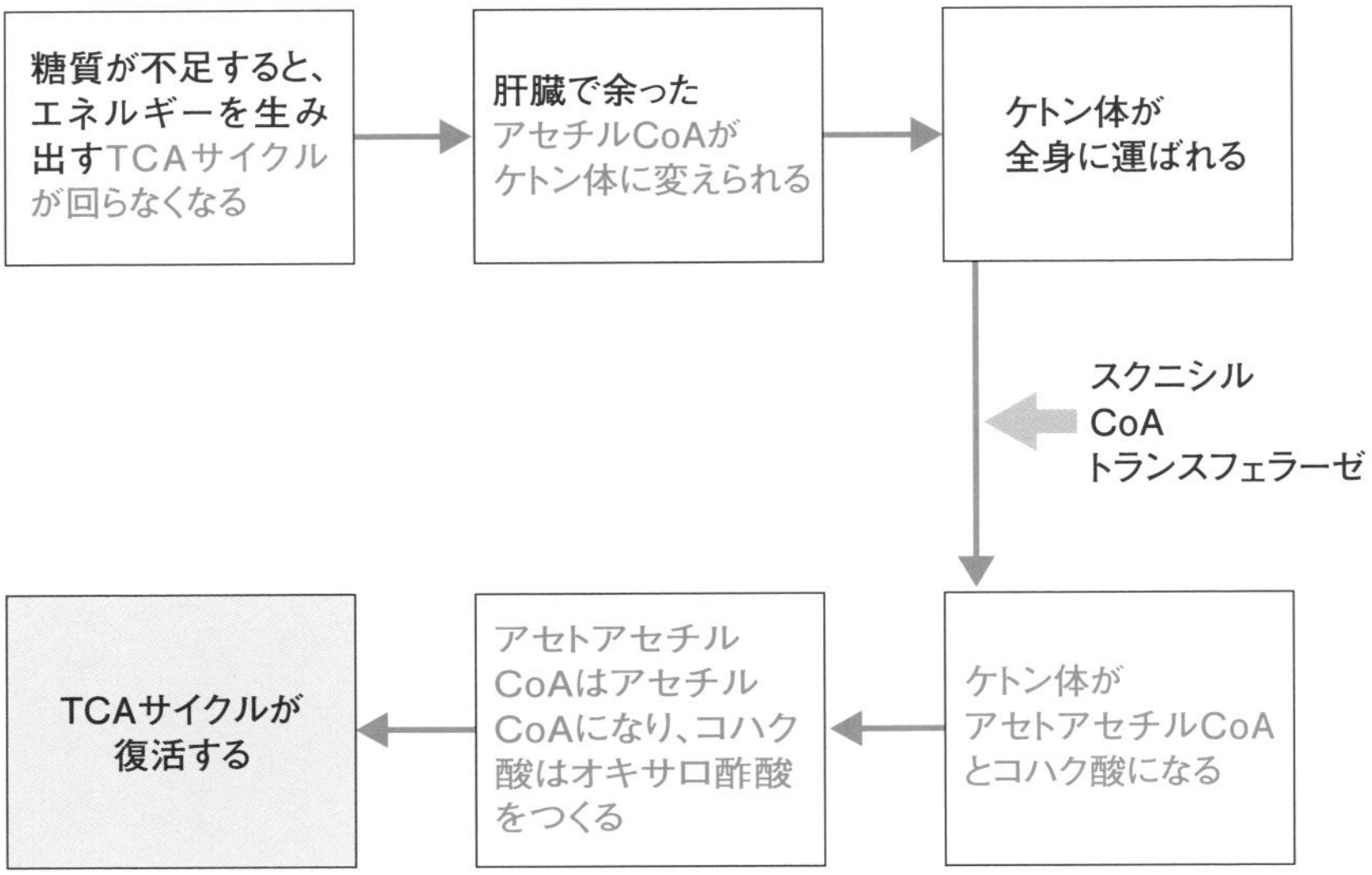
糖質が不足すると、エネルギーを生み出すTCAサイクルが回らなくなる
肝臓で余ったアセチルCoAがケトン体に変えられる
ケトン体が全身に運ばれる
スクニシルCoAトランスフェラーゼ
ケトン体がアセトアセチルCoAとコハク酸になる
アセトアセチルCoAはアセチルCoAになり、コハク酸はオキサロ酢酸をつくる
TCAサイクルが復活する

また、肝臓の酵素で知られるAST（アスパラギン酸アミノトランスフェラーゼ）の名前が示すように、オキサロ酢酸はアスパラギン酸からASTによってもつくられます。グルタミン酸もαケトグルタル酸を経てオキサロ酢酸をつくり出します。

他にもさまざまなアミノ酸がαケトグルタル酸やスクシニルCoA、フマル酸などTCAサイクルの中間体となり、オキサロ酢酸生成を手伝います。

なお、肝臓にはスクシニルCoAトランスフェラーゼがないため、**肝臓はケトン体をエネルギーとして使えません。**肝臓はあくまでもエネルギーを供給する場所で、自分でエネルギーを使ってしまわないようにしているのです。

逆に、スクシニルCoAトランスフェラーゼが活発なのが「筋肉」です。**筋肉の多い人は、それだけケトン体をエネルギーにしやすくなっているのです。**

3種類のケトン体

ケトン体は3種類あります。それらをまとめてケトン体と呼んでいます。

- **●アセト酢酸**
- **●βヒドロキシ酪酸（BHB）**
- **●アセトン**

ケトン体をエネルギーとして使っているときは口から甘い香り（ケトン臭）がしますが、これはアセトンのにおいです。ただし、アセトンはエネルギーにはなりません。

ケトン体の働き

ケトン体は、脳はもちろん、体のさまざまな組織や臓器で使われます。

ところが、ひと昔前は脳がエネルギーとして使えるのはブドウ糖だけだと言われていました。そのため、「糖質をしっかり摂取しないと頭が働かない」とか、「朝ごはんを食べないと勉強ができなくなる」などと長い間、言われてきたのです。

しかし、1970年代に発行された生化学の教科書には、「**脳はケトン体をエネルギーとして使うことができる。**飢餓の3日後には脳が使うエネルギーの3分の1はケトン体となり、飢餓が数週間続くと3分の2がケトン体となる」といった内容が既に書かれています。（『ストライヤー生化学』より）

脳ではなく体全体のエネルギー供給に占めるケトン体の割合としては、ひと晩の絶食で2～6％、3日間の絶食で30～40％になるようです。

糖がダメなら脂肪をエネルギーにしたいところですが、脂肪酸はそのままだと毒性（界面活性作用が細胞膜を溶かすなど）があるため、血液を介して大量に輸送することができません。またほとんどの脂肪酸は血液脳関門*を通ることができません。そのため、安全かつ血液脳関

＊血液脳関門
血液中の成分のうち、脳細胞が必要とする酸素や栄養などだけを通す機能。脳を守るために、脳の血管に備えられている仕組みである。

門を通ることができるケトン体に変えることが必要なのです。

ただし、ＥＰＡやＤＨＡは血液脳関門を通ることが知られています。（※63）

ちなみに脳は、乳酸もエネルギーにすることができます。もともと乳酸は低血糖時にエネルギー源となることが知られていて、脳の神経細胞でグルコースと同じように使われ、それは通常で全体の約10％程度、理論上は60％まで代替可能だとされてきました。（※61）

そして、最近の報告により、脳の星状細胞において高濃度で存在する乳酸が、ニューロンに向かって流れていることが実際に確認されています。（※62）

なお、**赤血球はミトコンドリアがないため、糖質しかエネルギーとして使うことができません。**

また前述のとおり、肝臓ではケトン体をエネルギーとして使うことができません。

体によい影響を与えるケトン体の働き

後述するケトアシドーシス（➡391ページ）が問題となるため、長らくケトン体は悪者だと考えられていましたが、ケトン体、特にβヒドロキシ酪酸（ＢＨＢ）は健康によい影響がいろいろあることがわかってきたのです。

DNAは先天的なもので、それ自体に変化は起こりませんが、DNAのプロモータ領域に「メチル化」が起こると、遺伝子が転写できなくなってしまいます。逆にDNAと結合しているタンパク質である「ヒストン」がアセチル化されると、遺伝子の転写が起こりやすくなります。このように**DNAに後天的な刺激が加わり、遺伝情報が変化することを「エピジェネティクス」と呼びます。**

エピジェネティクスでは「ヒストンアセチル化」や「DNAメチル化」が起こります。BHBにはヒストン脱アセチル化酵素を阻害する作用があり、Foxo3a遺伝子のヒストンアセチル化を促進し、MnSODやカタラーゼなどの生体内抗酸化酵素の発現を増やすことで酸化ストレスを緩和するという報告があります。(※64)

酸化ストレスの抑制は神経細胞の保護にもなり、ミトコンドリアが変性するのを守ることにもなります。BHBはローカーボ(糖質制限)食によって体内でつくられますが、最初からBHBを摂取してしまおうという考え方もあり、**経口で効果のあるBHBメチルエステルを摂取したところ、ミトコンドリアが保護され、アルツハイマー病の改善効果があったという報告があります。**

また、ヒストンや非ヒストンタンパクのリジンアセチル化が脳神経細胞の成長によい影響を与え、認知能力を促進するとされています。それを利用して加齢に伴う認知機能低下やうつ、ＰＴＳＤの症状改善につなげることができるようです。

ＢＨＢには血管の炎症や動脈硬化を促進するＮＬＲＰ３インフラマソームをブロックする作用もあります。（※65）

炎症や感染が起こると、「インフラマソーム」というタンパク質複合体ができます。通常は感染から防御したり腸の機能を維持したりするために働くのですが、これには悪い面もあって、動脈硬化や痛風、インスリン抵抗性、アルツハイマー病などの原因ともなってしまうのです。

インフラマソームの中でも中心的役割を果たすのが「ＮＬＲＰ３インフラマソーム」で、アルツハイマー病の場合も脳内でＮＬＲＰ３インフラマソームの活性化が起こっています。ＢＨＢはこれを抑制してくれるということです。

さらに、転写因子として働くタンパク質の複合体であるＮＦ－κＢの活性を阻害してＬＰＳ（リポポリサッカライド／糖脂質）による炎症を抑制したり（※66）、ナイアシンの受容体であるＧＰＲ１０９Ａのリガンドとして働き、抗炎症作用を起こしたり（※67）する作用が知られています。

ＧＰＲ１０９Ａはナイアシンと結合する受容体であり、また腸でつくられる短鎖脂肪酸の酪酸の受容体でもあります。そして、ＢＨＢの受容体でもあります。

ＧＰＲ１０９Ａには炎症を抑制する作用があり、結腸炎や結腸がんの抑制や動脈硬化の予防などに働いてくれます。

また、運動によってＢＤＮＦという神経成長因子が増えることが知られていますが、これもＢＨＢの作用を介して起こるものです。（※68）

アセト酢酸が筋再生を促すことも知られていますし（※69）、ケトン体自体が寿命延長に関係してくるメカニズムについても、最近になってわかってきました。（※70）

さらに細胞内において活性酸素や発がん物質などの有害物質から守る働きをするＮｒｆ２という転写因子があります。Ｎｒｆ２は通常、Ｋｅａｐ１というタンパク質に結合してユビキチン化しているのですが、酸化ストレスにさらされるとＫｅａｐ１の構造が変化し、Ｎｒｆ２が離れて核に移行し、抗酸化応答エレメントに結合して抗酸化酵素やグルタチオンの発現を誘導します。

ＴＣＡサイクルの代謝産物であるフマル酸に、Ｎｒｆ２の核移行促進作用があることが知られていますが、ＢＨＢの増加によってフマル酸量が増えることがわかっています。そのため**ローカーボ食によってＮｒｆ２が活性化し、抗酸化作用や解毒作用が亢進するということも考えられます。**

このように健康面においてむしろよい影響があると思われるケトン体ですが、問題とされるケトアシドーシスとはいったい何か、次に解説します。

ケトーシスとケトアシドーシス

血中のケトン体が増え、**ケトン体を主にエネルギー源として使っている状態になることを「ケトーシス」と呼びます。**ケトン体は酸性ですのでpHが低下しがちですが、体内には十分にそれを緩衝する機能があるため、通常はpHを適正に保つことができます。

糖尿病でインスリンが適正に働いていない場合も、糖質を使うことができないため、ケトン体が主なエネルギー源になります。インスリンには糖新生を抑制する作用があるのですが、糖尿病でインスリンが働かないと、糖新生が活発になってしまい、血糖値が高くなります。その上でケトン体も急増します。

血糖値が高くなり、尿に含まれる糖が多くなると、浸透圧を調整するために尿の水分量が増え、脱水が起こります。こういう状態になると体液を適正な状態に保つことができず、体液が酸性に傾いてしまいます。このように**体液のpHをコントロールできなくなるまでにケトン体が増えた状態を「ケトアシドーシス」**と呼びます。

アシドーシスは血液が酸性になっているという意味です。これは食あたりや感染症などで脱水になったときにも起こります。

また、インスリンが働かない一方で、グルカゴンやコルチゾル、アドレナリンは増加しますので、ＨＳＬが活性化し、脂肪の分解が増えて血中に大量の遊離脂肪酸が放出され、これが毒性を持つとともに、血中ケトン体をさらに増やしていきます。

通常、血中ケトン体は0・1mmol／L程度です。これが糖尿病性ケトアシドーシスのときは、3・8mmol／L以上になると言われます。(※71)

糖質を制限した場合に起こるケトーシスのときは通常の10倍程度で、1mmol／L程度ですので、これは十分にpHを緩衝できるレベルです。ただし糖質制限食を続け、かつインスリンが正常に働いている健常人の場合は3～4mmol／Lでも特に問題は起こっていないという意見もあります。

実際に絶食を行った場合、ケトン体の血中濃度は6～8mmol／Lで安定したという報告もあり(※72)、このとき特にアシドーシスは起こしていません。一般的な糖質制限食であれば、健常人がケトアシドーシスを引き起こすことはないと考えてよいでしょう。

なお、ケトン体が体内に増えているかどうかを知るためには「ケトスティック」という試験紙が便利です。これは尿を試験紙につけて、色が変わるのを見ることでケトン体の尿中濃度を調べることができます。

ただし、体内でケトン体をエネルギーとするのに慣れてくると、ケトン体がエネルギーとして使われるため、尿に出てこなくなることがあります。その場合、ケトスティックに反応が出なくなってしまいます。

このようなときは尿ではなく、血中のケトン体を測定するしかありません。現時点では「プレシジョンネオ」などの血糖値測定機器が市販されており、血中ＢＨＢを測定可能となっています。

Chapter 6

糖質制限ダイエットの科学

爆発的に広まった糖質制限ダイエットですが、科学的に正しいやり方で行ってこそ効果が上がります。注意すべき点を理解しましょう。

糖質制限ダイエットの歴史

それでは糖質制限ダイエットについて具体的に解説していきましょう。

日本では糖質制限ダイエットが、最近になって爆発的に広まり始めましたが、実は非常に古い歴史があります。

1877年に刊行されたトルストイの著書の『アンナ・カレーニナ』の中に、「ウローンスキィが競馬レースに出るため、体重を160ポンド(約73kg)まで落とそうとしてデンプンとデザートを避けた」という記述があります。

そして、アメリカの医師であるロバート・アトキンスが「アトキンス・ダイエット」として糖質制限を爆発的に広めます。２００３年、アトキンスは氷の上で足を滑らせて頭を打ち、そのせいで亡くなるのですが、亡くなったときの体重が２５８ポンド（約１１７kg）だったということで、当時は糖質制限の効果を危惧する人もいました。

しかし、実際に病院に運ばれたときは１９５ポンド（約88kg）です。治療によって浮腫《むく》んだせいで、体重がそこまで増えてしまったといわれています。

日本は米食中心の食生活だったせいか、糖質制限が広まるには時間がかかりました。しかし、ボディビルダーの間ではボディビル選手の須藤孝三氏が松阪肉を毎日２kg食べたという話もあり、１９８０年代半ばまではダイエット中に糖質を制限するのは常識的だったようです。松阪肉は脂が多いため、期せずして「正しい」糖質制限となったのでしょう。ササミや卵白などを中心とした「間違った」糖質制限では減量がうまくいくはずもなく、１９８０年代後半からは糖質を摂取するダイエット法が主流となります。なぜ脂が多くないとダメなのかは後述します。

古くからの和食は糖質が多く、日本人の平均寿命の長さから、糖質の必要性を訴える人も数多くいます。よく引き合いに出されるのが、お米を食べていた人力車の車夫が西欧式の食事に変えたところ、急にスタミナがなくなったとする「ベルツの実験」です。トレーニング関係者なら一度は聞いたことがあるのではないでしょうか。これは明治時代に日本に来たドイツ人医師のベルツ氏の説なのですが、現在では栄養学的に否定されています。

このように**糖質にまつわる話はさまざまあるのですが、何が正しいのか、正しくないのかをしっかり見極める必要があります。**

正しい情報を得るためのエビデンスの読み方

糖質制限を行ったら体調がよくなったとか、逆流性食道炎が治ったとか、リバウンドもなしにダイエットに成功したとかいう体験談は数多くあります。

しかし、これらは単なる「個人の感想」であり、アヤシイ健康器具の宣伝と大差ありません。

個人ではなく、医者や生化学者などの専門家の意見であれば、少しは信頼できます。専門家がいくつかの「症例」をまとめて報告すると、さらに信頼度が高くなります。そして、糖質制限を行った群と、行わない群とで比較すると、またまた信頼度が高くなります。

研究の信頼度レベル

信頼度が高い順に研究のレベルを並べると、次のようになります。

1a ランダム化比較試験のメタ・アナリシス
1b 少なくとも一つのランダム化比較試験
2a ランダム割付を伴わない同時コントロールを伴うコホート研究
2b ランダム割付を伴わない過去のコントロールを伴うコホート研究
3 症例対照研究
4 処置前後の比較など、前後比較や対照群を伴わない研究
5 症例報告
6 専門家個人の意見、専門家委員会報告

集団を追跡調査して観察する研究をコホート研究と言います。

例えば、喫煙する人を集め、禁煙した集団と、喫煙を続ける集団とに分けて数年間観察するわけです。この集団を振り分けるときに、健康そうな人と不健康そうな人とで分けたのでは

意味がありませんので、くじ引きなどで集団を分けます。これがランダム化です。

ただし、＊交絡《こうらく》バイアスといって禁煙する群は「どうせなら運動したり、食事に気を付けたりして健康に気を付けよう」などと考えてしまう可能性があります。このように生活習慣が結果に影響してしまう問題は、なかなか取り除けません。

長期にわたる調査では、食事内容はアンケートによって知らされます。実際に食べたものがアンケートに記入されているとは限らず、また長期にわたって正しく食事内容を記載していたとも考えにくいでしょう。後述の※74や※75の論文がその代表例です。

そのため**精度の高い研究であっても、一つだけでは信頼されず、数多くの研究をまとめて分析する「メタ・アナリシス」が必要となります。**

ただし研究者によっては自分の思うような結果を出すために、都合のよい論文だけを選択してメタ・アナリシスを行うことがあります。

糖質制限で言えば、「能登論文」(※73)がその批判を受けています。このメタ・アナリシスでは9件の論文が選択され、「糖質制限は死亡リスクが上昇する」と結論づけています。しかしこの分析では観察研究が多く、信頼度の低い論文が少なくとも2件(※74、※75)あり、結論に

＊交絡バイアス

原因や因果関係を明らかにする際、そのどちらでもない第三の要因によって、検討している因果関係が影響を受けてしまうこと。

バイアス*がかけられているという批判があります。

糖質制限ダイエットの賛成論と反対論

では、信頼できそうな論文をいくつかみてみましょう。13の研究を基にしたメタ・アナリシスでは低糖質ダイエット群（1日の糖質摂取量50ｇ以下）は体重の減少が低脂肪群よりも大きく、中性脂肪や血圧が低下していたとされています。（※76）

肥満女性311名を対象に12カ月にわたって1400〜1800kcalにカロリーを設定してダイエットした結果、低糖質（カロリー比17％が糖質）群は4・7kgの体重減少、ゾーンダイエット（カロリー比が糖質40％、タンパク質30％、脂質30％）群は1・6kgの体重減少、低脂肪（脂質10％）群の体重減少は2・2kg、カロリー制限と運動群は2・6kgの減少という結果が出ています。（※77）

322名を対象に2年間にわたって行った研究では、低脂肪群は2・9kgの体重減少、地中海式ダイエット群は4・4kgの体重減少、低糖質群は4・7kgの体重減少。HDLに対する総コレステロール減少は低脂肪群が12％、低糖質群が20％という結果です。（※78）

＊ **バイアス**
データの偏り、先入観、思い込みなどを指す。バイアスがかかると、合理的な結論を導き出せなくなる恐れがある。

こうしてみると、糖質制限ダイエットには確かに効果があり、また健康面でも問題はなさそうです。

糖質制限ダイエットで増加するアディポネクチンの役割

前述のとおり、βヒドロキシ酪酸（ＢＨＢ）を中心としたケトン体の健康への効果も無視できません。ここで**「アディポネクチン」**について紹介しましょう。

「アディポ」とは脂肪、「ネクチン」とは「くっつく」という意味です。脂肪細胞から分泌される生理的に活性がある物質（生理活性物質）のことを、まとめて「アディポサイトカイン」と呼びます。これには作用として善玉的に働くものと悪玉的に働くものとがあり、**アディポネクチンは善玉アディポサイトカインの一種**となります。

アディポネクチンには、血管の壁を修復して動脈硬化を予防したり、インスリン抵抗性を改善して糖尿病を予防したり、肥満を防いでくれたりする作用があります。

また、体内にはＡＴＰ（アデノシン三リン酸）の量を測るエネルギーセンサーがあり、名前を**AMPK***と言います。体内のＡＴＰが減少するとＡＭＰＫが活性化してＡＴＰの合成が活発になり、逆に食事を大量に食べたりしてＡＴＰが増えるとＡＭＰＫ活性が低下してＡＴＰ

＊AMPK
「AMP活性化プロテインキナーゼ」の略称。エネルギーの制御を行う酵素の一つで、細胞のエネルギーが不足すると活性化してATPの合成を活発にする。

がつくられなくなります。

運動などで体内のＡＴＰが減少すると、ＡＭＰＫが活性化し、ＡＴＰを合成しようとして体脂肪が燃やされます。そしてここが重要。なんと**「実際に運動をしてＡＴＰが減少しなくても、ＡＭＰＫさえ活性化すれば、体脂肪はＡＴＰの材料として使われるため、燃焼される」**のです。

「運動しなければ実際にＡＴＰは減らないわけだから、ＡＭＰＫが活性化してＡＴＰが合成されても、結局ＡＴＰは余ってしまい、また体脂肪に逆戻りしてしまうのでは？」という疑問も出てきます。

しかし、**ＡＴＰを合成するときには、「ムダ」が発生します。そのムダは熱として発散されます。**また、脂肪を合成して体脂肪を増やすときにも、ＡＴＰは使われます。ですからＡＭＰＫの活性化により、ＡＴＰの消費は確かに増大するのです。

そして**「ＡＭＰＫはアディポネクチンによって、活性化される」**のです。アディポネクチンを実際に投与した研究では、まるで運動したかのようにＡＭＰＫが活性化され、血糖値が下がり、糖や脂肪が消費されていることが確認されました。

そのアディポネクチンの量は、食事内容によっても増減します。実は、**低糖質（糖質制限）ダイエットでは増加するものの、低脂肪ダイエットでは増加しなかった**という報告があります。（※79）

81名の肥満女性を対象に低糖質群と低脂肪群で比較したところ、低糖質群は低脂肪群に比べて倍以上のアディポネクチン増加、体重や内臓脂肪の減少も倍程度になっています。

また、69名を低糖質群と低脂肪群に分けて1年後に調べたところ、低糖質群は中性脂肪が減少し、アディポネクチンが増えていました。善玉のHDLコレステロールも上昇し、悪玉のLDLコレステロールも少し増えています。（※80）

つまり、**アディポネクチンの面から考えても、糖質制限ダイエットは有利になるはずです。**

なお、肝臓におけるグリコーゲンの量が体脂肪の分解を調節しています。

迷走神経肝臓枝を切断すると交感神経を介して起こる体脂肪の分解が行われなくなり、また、肝グリコーゲンが多い状態でも肝－脳－脂肪組織－神経回路の活性化が行われず、体脂肪の分解が起こらなくなります。つまり、**糖質制限ダイエットにより肝臓のグリコーゲンを減らすことは、脂肪分解のシグナルを引き起こしやすいということになります。逆に摂取カロリーが少なくても糖質摂取が多く、肝臓のグリコーゲンが多い状態だと、脂肪分解が起こりにく**

いということになります。

どこまで糖質を減らしたら糖質制限ダイエットとなるのか？

低脂肪のほうが、低糖質よりも体重減少に効果があったとする報告もあります。

19名の肥満成人を対象に2週間にわたって1日あたり800kcalの脂肪あるいは糖質をカットする食事を続けてもらいました。その結果、糖質カットのほうは1日あたり平均53gの体脂肪減少だったのに対し、脂肪カットのほうが1日あたり平均89gの体脂肪減少でした。(※81)

ただし被験者の1日の糖質摂取量は平均343gで、そこから800kcalの糖質カットとなると、研究期間中の1日の糖質摂取量は143gということになります。そして糖質のカロリー比は全体の29％でした。これは低糖質ダイエットとは言えないかもしれません。

399ページで紹介したメタ・アナリシス(※76)では、低糖質ダイエット群の糖質摂取量は1日に50g以下となっています。

ここで問題となるのが、**「低糖質」の定義**です。日本人の場合、一般的な食事内容における糖質のカロリー比は全体の60％程度です。これを半分の30％にしたら、確かに低糖質(糖質制限)と言ってよさそうです。

日本で行われた研究では、１日に１３０ｇ以下の糖質に制限したところ、カロリー制限群に比べてＨｂＡ１ｃと中性脂肪値が顕著に改善したとされています。ただし、この研究では最低でも70ｇの糖質は摂取するように指導されていました。(※82)

厳しい糖質制限「ケトジェニックダイエット」の注意点

糖質制限で調子がよくなったという人は多いものの、逆に体調が悪くなったという人も多いことは否めません。これは何が問題なのでしょうか。

海外における低糖質食の研究を見ると、大半がカロリー比にして糖質は全体の10~20%以下となっています。**この場合、「ケトーシス」になり、糖質ではなくケトン体が主なエネルギー源となります。ここまで糖質を減らす場合、これは「ケトジェニックダイエット」とも呼ばれます。**

ゆるい糖質制限と、ケトジェニックとでは、何が違うのでしょうか。ゆるい糖質制限の場合はケトン体が主なエネルギー源となっていません。その場合、**エネルギーを得るために糖新《とうしん》**

生《せい》**(↓24ページ)****が活発になります。**

炭水化物の項でも触れましたが、糖新生は効率のよい経路ではありません。アミノ酸のアラニンを例に取ると、ブドウ糖1分子を生み出すために6分子のATPが必要となります。さらに－NH_2を尿素にするために2分子のATPが必要とされるので、トータルで8分子のATPを消費することになります。

しかし、解糖系(ブドウ糖をエネルギーにする経路)ではブドウ糖1分子から、たった2分子のATP(4分子できるが2分子消費してしまう)しかできないのです。

肝臓ではアラニン、腎臓ではグルタミンが主な糖新生の原料となりますが、これを取り出すために筋肉が分解されてしまいます。つまり**中途半端な糖質制限は、筋肉の分解が起こりやすいのです。**

しかし、**ケトジェニックでしたら、ケトン体が主なエネルギー源となるため、糖新生が起こりにくくなり、筋肉の分解も抑えられます。**

逆に筋肉が減ってもよいから、何が何でも「体重」を減らしたいというような場合は、むしろゆるい糖質制限が向いています。糖新生を起こさせ、ATPをムダに消費することで、体重が落ちやすくなるわけです。この場合、後述のとおり脂肪の摂取も制限します。

なお糖新生といっても、十分に糖質を補給できるわけではありません。低血糖になる可能性が高くなります。糖質摂取がゼロに近い場合、糖新生によって糖質ができる量は1日に80g程度です。(※83)

ケトーシスになっていない場合、脳だけでも1日に120gの糖質が必要となりますので、**中途半端に糖質を制限すると血糖値が低下し、エネルギー不足や空腹感に悩まされる**こととなるでしょう。

また、**糖質制限によって「耐糖能」が低下します。**耐糖能とはブドウ糖を処理する能力のことで、糖質を摂取したあとインスリンが正常に分泌されて血糖値が低下するかどうかを示したものです。

インスリンと拮抗するグルカゴンやカテコールアミンの影響も考えられますが、糖質を摂取していないとインスリンの分泌能力が衰え、インスリン感受性も低下するというわけです。

糖質制限ダイエットを終了して糖質を大量に食べるようになると、血液中の糖分を処理しきれず、それが体脂肪になってしまうため、リバウンドが起こります。また糖質制限で減少する体重の多くは肝臓や筋肉に含まれるグリコーゲンと水ですので、それらが回復するだけで、数キログラムの体重増加になるということもあります。

リバウンドの大きな原因は、インスリンの分泌能力低下と、感受性の低下です。ですから、糖質の摂取量を増やすときには、同時にこれらを回復させてやることが重要です。

リバウンドしないためのポイント

- ●αリポ酸を朝食後と夕食後に100～300㎎ずつ摂取。できればR体のものを。
- ●アルギニンを空腹時あるいはトレーニング時に4～6g、1日量として摂取。
- ●クロムのサプリメントを朝食後と夕食後に200～300μgずつ。
- ●亜鉛が不足しないように注意。1日に30㎎は摂取を。

その他にも、シナモンパウダーを小さじ1杯くらいオートミールに振りかけて食べたり、コロソリン酸が含まれるバナバ茶を飲んだりするのも効果的です。

脂肪を摂取しない糖質制限ダイエットの問題点

糖質制限において、一番多い間違いが、「脂肪を摂取しない」ことです。日本人の食生活では多くの脂肪を摂ることがあまりないので、脂肪の摂取に抵抗があるのは無理もありません。

しかし、ケトン体がつくられるためにはβ酸化でつくられるアセチルＣｏＡが必要です。つまり、**脂肪が足りていないとケトーシスになりにくい**のです。

脂肪が足りず、糖質も制限している場合は、ケトーシスにならずに糖新生ばかりが活発になります。これでは筋肉が落ちてしまい、リバウンドは必至です。低血糖による体調悪化も心配です。

また、ケトン体は、アミノ酸からもつくられます。特にロイシン、そしてリジンはケト原生アミノ酸としてケトン体の材料となります。

脂肪の摂取が少ない場合、筋肉が分解されてケト原生アミノ酸が取り出され、ケトン体を生成しようとする働きも活発になってしまうのです。

●糖質制限中の脂肪摂取とケトーシス

糖質制限中に目指す状態 ＝

ケトーシス

血液中のケトン体が増え、ケトン体を主にエネルギー源として使っている状態になること

脂肪が足りないと…… →

- ケトン体をつくるアセチルCoAが足りず、ケトーシスになりにくい
- 糖新生ばかりが活発になり、筋肉が落ちる
- ケトン体をつくるアミノ酸を取り出そうとして筋肉が分解される

ケトジェニックにする場合、**カロリー比として60％は脂肪から摂取するようにします。**そしてタンパク質が30％、残りの10％が糖質です。これならケトーシスとなり、ケトン体をエネルギーとして使え、低血糖に悩まされることもありません。

小胞体ストレスを避ける脂肪の摂取のしかた

脂肪の摂取については注意が必要です。前に少しだけ触れましたが、**「小胞体ストレス」を避ける必要があるのです。**

これまでは飽和脂肪酸は、心臓血管系疾患のリスクが高くなるといった害

が言われてきましたが、最近は害はないという報告が相次ぎ(※84)、牛肉なども安心して食べられるようになりました。しかし、全く問題がないわけではありません。

タンパク質の合成の項(⬇132ページ)で解説しましたが、タンパク質ができるときにはアミノ酸がつながっていき、高次構造をつくっていきます。しかし、うまく高次構造がつくれなくなることもあり、そうした失敗作のタンパク質は細胞の「小胞体」という器官に蓄積してしまいます。

すると、当然さまざまな障害が生じます。これを「小胞体ストレス」と呼びます。難病として知られる筋萎縮性側索硬化症やアルツハイマー病、パーキンソン病なども、小胞体ストレスが発症に関与しているとされています。

ここで問題となるのが飽和脂肪酸で、特に**パルミチン酸は小胞体ストレスと心筋細胞におけるアポトーシス*を引き起こし、脂肪毒性を引き起こすことが報告されています。**(※85)

これを避けるために有効なのが、オレイン酸やEPAです。パルミチン酸の細胞毒性はオレイン酸やEPAの摂取により、阻害することができると報告されています。(※85、※86)

ケトジェニックで大量の脂肪を摂取する場合は、青魚やオリーブオイルをしっかり採り入

＊ **アポトーシス**
細胞組織を良好な状態に保つため細胞に組み込まれたプログラムによる細胞死のこと。

れるようにしたいものです。

ただし、**オレイン酸やEPAなどの不飽和脂肪酸は「酸化」が問題**となります。**飽和脂肪酸は比較的酸化しにくいのですが、不飽和脂肪酸は酸化しやすく、それが健康に悪影響を与える可能性もあります。**

食品のラベルを見ると、「酸化防止剤（ビタミンC）」とか、「酸化防止剤（トコフェロール）」などと書かれていることがよくあります。

ビタミンCは水溶性なので、脂肪の酸化を防ぐには向きません。トコフェロールとはビタミンEのことですが、こちらは脂溶性なので脂肪の酸化を防ぐために用いられます。

脂肪の酸化を防ぐためには、何よりも「ビタミンE」を摂取することがポイントとなります。

フィッシュオイルのサプリメントも、ラベルをよく見るとビタミンEが添加されているはずです。

ビタミンEには過酸化脂質という健康に悪影響を与える物質を除去する働きもあり、糖質制限を健康的に行うためには欠かせない栄養素です。

また、**脂質のエネルギー化が増えるため、カルニチンもできればサプリメントとして摂取**

したいところです。1日に1〜2gといったところでしょう。ＡＬＣ（アセチルカルニチン）は吸収がよく、脳の機能を高める働きもあるためおすすめです。

迅速なケトーシスを阻むグルカゴンとは？

糖新生（⬇24ページ）が亢進しているとケトーシスになりにくくなります。そのため**迅速なケトーシスを達成するためには、糖新生を抑えることが大事です。**

糖新生を行って血糖値を上げるホルモンとしてはアドレナリンやコルチゾル、甲状腺ホルモン、成長ホルモンなどがありますが、特に重要なのが「グルカゴン」です。

インスリンは膵臓のβ細胞から分泌されますが、グルカゴンはα細胞から分泌されます。なお、膵臓にはδ細胞もあり、そこからはソマトスタチンというホルモンが分泌され、インスリンとグルカゴンの働きを抑制します。

近年になって発見された「インクレチン」と呼ばれる消化管ホルモンがあります。これにはＧＩＰ(glucose-dependent insulinotropic polypeptide)とＧＬＰ－１(glucagon-like peptide-1)の2つがあり、ＤＰＰ－４(dipeptidyl peptidase-4)という酵素によって不活化されます。

ＧＩＰは上部消化管（十二指腸と空腸）にあるＫ細胞から分泌され、インスリンとグルカゴン両方を分泌します。

一方、ＧＬＰ－１は下部消化管（回腸と大腸）にあるＬ細胞から分泌され、インスリンは分泌しますがグルカゴンは分泌せず、δ細胞も刺激するためグルカゴン抑制作用があると考えられています。糖尿病の薬としてＧＬＰ－１やＤＰＰ－４阻害剤がありますが、ＤＰＰ－４阻害剤はＧＩＰも活性化させるためか、ＧＬＰ－１剤単独のほうが効果は高いようです。つまりＧＬＰ－１を分泌させることでグルカゴンの働きを抑えられると思われます。

では、ＧＬＰ－１を分泌させるためにはどうすればよいのでしょうか。

朝食前に50ｇのホエイプロテインを飲んだところ、インスリンの反応が高まりＧＬＰ－１の分泌が増えたという報告があります。

＊イヌリンを摂取したところ腸内細菌による短鎖脂肪酸がＧＰＲ43を活性化し、Ｌ細胞に作用してＧＬＰ－１を増やしたという報告もあります。

ブドウ糖刺激によってβ細胞からはインスリンだけでなく亜鉛イオンも放出されますが、

＊イヌリン
ゴボウやキクイモなどに含まれる多糖類の一種だが、ほとんど消化吸収されないため食物繊維とも言える。糖質の吸収を抑える働きがある。

これがα細胞からのグルカゴン分泌を抑制するという報告があります。

食品ではコンニャクやモズクに胆汁酸吸着作用があり、古い胆汁酸を排出させて新しい胆汁酸の合成が促されるのですが、新しく合成された胆汁酸はＴＧＲ５という受容体を活性化してＧＬＰ－１の分泌を促進することが報告されています。これらを食品に採り入れるのもよいと思われます。

効果的な糖質制限ダイエット法

実際に糖質制限ダイエットを行うときの方法について、具体的に解説していきます。

糖質の摂取方法

糖質制限ダイエットを行う場合、糖質はどのように摂取するべきなのでしょうか。

ゆるい糖質制限で、カロリー比として全体の30％を糖質から摂取するとしましょう。トータルで１日２０００kcalだとすると、６００kcal、つまり１５０ｇの糖質を摂取できることになります。

おにぎり１個で50ｇ程度の糖質ですから、ごはんを毎食半分、そして野菜少々という感じでも達成できます。

朝食と昼食では糖質をゼロに近づけ、夕食だけ糖質を解禁するという食事法のほうが、実は効果があるかもしれません。

午前10時に食事をした場合と午後6時に食事をした場合を比較したところ、午後6時に食事をしたほうが脂肪酸の酸化が亢進し、糖質の酸化が抑制されたという報告があります。（※87）

さらに、夜にまとめて炭水化物を食べるようにしたところ、小分けに炭水化物を摂取した場合に比べて体重の減量幅が大きかったという研究もあります。（※88）

また、善玉コレステロールが高く、悪玉コレステロールが低くなり、炎症を示す指標（CRPやTNF－α、IL－6など）も低くなっていました。この研究では夕食で炭水化物を摂取することでレプチン＊が増えていることも報告されています。実際の生活では夜に食べることが多くなるでしょうし、レプチンによる食欲抑制効果を考えても、そのほうがよいかもしれません。

なお、ケトジェニックの場合、糖質はできるだけゼロに近づけます。具体的にはカロリー比

＊**レプチン**
脂肪細胞から分泌されるホルモン。脳の視床下部を介して食欲をコントロールする作用がある。

として10％以下を目指すことになります。主食を完全に抜き、野菜や調味料などから自然に摂れる分で、だいたいそれくらいになるはずです。

タンパク質の摂取方法

タンパク質の摂取方法としては、カロリー比ではなく「絶対量で計算」するようにします。

タンパク質の項で解説したとおり、トレーニングしている人なら体重1kgあたり2・2〜2・3gとなります。

ただし、ゆるい糖質制限の場合は糖新生が活発になり、プロテインスペアリングが起こりませんので、少々増やしたほうがよいでしょう。ケトジェニックの場合は2・2〜2・3gのままで大丈夫です。

トレーニングしていない人の場合、体重1kgあたり1・2g程度を目安とします。

脂肪の摂取方法

脂肪を1日の摂取カロリーの全体の30％から摂取する場合も、通常より多めの脂肪を摂取することになります。この場合、できるだけオリーブオイルや青魚（EPA＋DHA）からの摂取量を増やすようにしましょう。

ナッツ類も脂肪の補給源としておすすめです。おやつとしてアーモンドを1日に43g、4週間にわたって食べた研究では、空腹感が自然と抑えられ、トータルの摂取カロリーが増えることはなく、体重の増加もなかったという結果になっています。（※89）

そして、アーモンドの摂取によりビタミンE（α－トコフェロール）や不飽和脂肪酸の摂取が顕著に増えたこともあり、アーモンドは健康的なスナックである、というのが研究者の出した結論です。

他にもアメリカのハーバード大学で行われた研究で、アーモンドやオリーブオイルを摂取したグループはローファットの食事をしていたグループに比べ、体重とウエスト周囲径が顕著に減少し、ダイエット終了後12カ月が経過してもリバウンドが起こらなかったという結果が出ています。（※90）

なお、カシューナッツは「アナカルジン酸」を含み、それが脱共役作用を持ったためエネルギー消費を増やしてくれるという報告もあります。（※91）

ケトジェニックにする場合は、これらに加えてMCT（中鎖脂肪酸）を摂取するようにします。

MCT（中鎖脂肪酸）の項（⬇365ページ）で解説したとおり、長鎖脂肪酸に比べてケトン体を10倍もつくり出しやすく、また体重減少効果も高いことが示されています。

がんやアルツハイマー病の治療には1日にＭＣＴを30～60ｇも摂取することが推奨されています。

がん患者にケトジェニックを行わせ1日の摂取カロリーの70％をＭＣＴから摂取したところ、体重が増加し、筋肉量も維持されていたという研究があります。普通の食事をしたグループは体重も筋肉量も顕著に低下していました。（※92）

２０１６年に日本で発表された「ステージⅣ進行再発大腸癌、乳癌に対し蛋白質とＥＰＡを強化した糖質制限食によるＱＯＬ改善に関する臨床研究」によれば、総カロリーを変えずにケトジェニックとし、ＥＰＡとＭＣＴを摂取したところ、奏功率*が67％、病勢コントロール率*が78％という結果を出しています。

なおケトン体が肝臓でつくられることから、肝臓にがんの原発巣がある場合はケトジェニックができません。またⅠ型糖尿病の場合もケトアシドーシスになってしまうため不可能です。

ＭＣＴを一度に大量に摂取すると下痢することもありますので、まずは5ｇから試し、慣れてきたら徐々に増やしていくようにするといいでしょう。

＊奏功率、病勢コントロール率

奏功率は、がん患者に治療を実施後、がん細胞が縮小または消滅した患者の割合。奏功率にSD（安定）を加えた割合が病勢コントロール率。

迅速なケトーシスへ持っていく方法

通常の食事、あるいは普通のダイエット食からケトジェニックにするとき、一番問題となるのが「低血糖」です。普段は糖質をエネルギー源にしているわけですから、急に糖質を制限したらエネルギー切れはまぬがれません。

低血糖になれば糖新生も起こりやすく、筋肉がどんどん分解されてしまいます。ですからケトジェニックを始める場合は、**いかに早くケトーシスに持っていくかが重要**となります。

つまり、**徐々に炭水化物を減らしていくのはNG。ケトジェニックにする場合は一気にゼロカーボ（糖質ゼロ）としなければいけません。**

通常の場合、16時間の飢餓によってケトーシスになるとされています。しかし、断食などで飢餓状態をつくるわけにはいきません。やはり低血糖や、それに付随する糖新生が起こってしまうからです。

ケトーシスにスムーズに移行させるためには、インスリンの分泌を促し、さらにインスリン感受性を高めることがポイントとなります。それにより血糖値が急降下し、ケトン体を代替エネルギーとして速やかに使うようになります。

具体的には次に挙げるサプリメントが推奨されます。ローカーボ（低糖質）に切り替える1〜2日の間だけでも、試してみてください。また、ケト原生アミノ酸のロイシンもBCAAとして摂取するようにします。

推奨されるサプリメント

- **αリポ酸**……食後に300mgずつ。1日に900mg。
- **アルギニン**……食後に3gずつ。1日に9g。
- **ケルセチン**……食後に500mgずつ。1日に1500mg。
- **EPA**……青魚を食べる場合は必要なし。それ以外の食事の場合は食後にEPAとして600mg程度。1日にEPA＋DHAとして2000mg以上。
- **バナバ茶**……毎食時に飲む。量は適当でOK。
- **シナモン**……オートミールなどに小さじ1杯を振りかける。1日2杯程度。
- **BCAA**……1日に20g程度。食間に5gを4回。

なお、体重1kgあたり2・5～5mgのカフェイン（かなり大量）を85gの炭水化物が含まれる食事と同時に摂取したところ、ケトン体と遊離脂肪酸のレベルが4時間後になっても非常に高い状態をキープできたという報告があります。（※93）

炭水化物の含まれる食事でもそのようになったのですから、一般的なローカーボ・ダイエット（おいしく楽しく糖質制限する）において、コーヒーにMCTオイルを入れ、さらにカフェインの錠剤を追加することによって、ケトーシスが容易に誘導可能となりそうです。

アスリートの糖質制限でわかっていること

最後に糖質制限とアスリートのパフォーマンスの関係について解説します。

糖質を制限すると解糖系ではなく酸化的リン酸化によるATPが供給されるため、瞬発力系のパフォーマンスには悪影響がありそうです。

一方で持久力系のパフォーマンスは高まりそうです。

平均28・3歳のベテランのサイクリスト（自転車に乗る人）たちに普通の食事（炭水化物50％、タンパク質20％、脂質30％）を4週間摂取させた後、次の4週間は脂質を主にした食事（炭水化物15％、タンパク質15％、脂質70％）を摂取させた研究があります。（※94）どちらの食事も1日あたり、平均で3865kcalと同じカロリーでした。その結果は次のようなものです。

ベテランサイクリストたちに行った食事の研究結果

●脂質を主にした食事により、体脂肪が顕著に減少した。また呼吸商が明らかに低下した。
●脂質を主にした食事により、最大酸素摂取量とLT（乳酸閾値《しきいち》）が増加した。またクレアチンキナーゼと乳酸脱水素酵素の活性が顕著に低下した。
●脂質を主にした食事により、善玉コレステロールが増えた。
●最大パワーは普通の食事のほうが高かった。

呼吸商というのは「二酸化炭素排出量÷酸素消費量」です。これが低下したということは、糖質より脂質のほうが主にエネルギーとして使われるようになったということになります。

また、クレアチンキナーゼと乳酸脱水素酵素の活性が低下したということは、筋肉のダメージが少なくなったということです。

最大酸素摂取量は脂質を主にした食事が59・40㎖/kg/minだったのに対し、普通の食事では56・02㎖/kg/minでした。

この研究では4週間の高脂肪ダイエットでしたが、最低何日間続ければ、脂肪を主にエネルギーとして使うように代謝を変えることができるのでしょうか。

やはりサイクリストを対象にした研究ですが、5日間の高脂肪ダイエットによってその効果が得られたという報告があります。（※95）

低糖質・高脂肪食が持久力を改善することは明らかなようで、5つの研究をまとめたレビューにおいても、低糖質食は筋肉における糖新生を減らして乳酸を減らすことや、糖質を摂取してインスリンが出た状態でも筋グリコーゲンは正常なままで、脂肪からのエネルギー産生を行うことが示されています。（※96）

残念ながら最大パワーは減ると※93の研究では示されています。では、低糖質食で持久力を高めつつ、試合前だけカーボローディング*を行えばよいのではないでしょうか。
しかし実際にそれを行っても、解糖系の酵素活性が低下しているため、糖質をうまくエネルギーとして使えず、パフォーマンス向上につながらないようです。（※97）

考えてみれば、普通のカーボローディングでは低糖質期の後に高糖質期を持ってきますので、結局はそれと同じです。そしてもともとカーボローディングはマラソンランナーなどのために考え出されたものです。

逆に言えば、瞬発力系アスリートが試合前のカーボローディングで低糖質期を設けるのは、あまりよくないのかもしれません。「※95」の研究にあるとおり、5日間の低糖質食でもエネルギー代謝は脂肪を使うほうに傾いてしまうのです。

いかにグリコーゲンを増やすか、カーボローディングの方法を模索してきたアスリートたちにとって、グリコーゲンを減らしてしまう低糖質食は噴飯ものといったところでしょうか。低糖質食によって「グリコーゲンを節約する」作用が期待されたこともありましたが、実際にはなかなかうまくいかないようです。（※98）

ここで逆に考えてみましょう。**低糖質食によって体内でケトン体をつくるのではなく、普**

＊カーボローディング
多くのグリコーゲンを体に貯蔵し、試合時のエネルギーとして利用するための方法。試合の１週間前から運動量を減らし、糖質の摂取量を増やしていく。

通に糖質を摂取した状態で「ケトン体」を外部から摂取するのです。そうすれば糖質をエネルギーとして使え、同時にケトン体の持久力アップ作用も期待できそうです。

実際にケトン体サプリメントとしていろいろな製品が発売されています。なおこれらのサプリメントは摂取後90分ほどで血中濃度がマックスになります。

ただし、ケトン体は酸性です。そのまま飲むと胃がやられてしまいます。そこでケトン体サプリメントの量を減らし、その分MCTオイルを追加します。これとケトン体サプリメントを組み合わせて摂取することにより、理論上は十分な量のケトン体をエネルギーとして「糖質とは別に」使うことができるはずです。

残念ながら、現時点でヒトによるこれらケトン体サプリメントを使った研究は、あまり行われていません。今後の評価を待ちたいところです。ラットでの研究ですが、普通の食事に追加してケトン体サプリメントを使うことによって、持久力と認知機能が増加(迷路テストを速くクリア)したという報告があります。また、心筋のエネルギー生産能も高まったようです。(※99)

また、**トレーニング後の回復期にケトン体サプリメントを使うのも有用かもしれません。**

運動後に飲む「タンパク質＋糖質」のドリンクにケトンエステルを追加したところ、mＴＯＲＣ１が活性化され、タンパク合成が高まったという報告があります。

ケトジェニックではミネラルが失われやすいため、ナトリウムやカリウム、マグネシウムの摂取に注意を払う必要があります。（※100）特に肉と卵、乳製品を推奨している食事法だと乳製品によるカルシウム過剰、マグネシウム不足が問題となりやすいため、マグネシウムの積極的な摂取が必要となります。

また、ケトン体サプリメントは、酸を和らげるためにマグネシウムやカルシウムが追加されていることが多く、これはミネラルを補給してくれます。ただし大量のミネラルにより、お腹がゆるくなることもあります。

糖質制限とバルクアップ

試合期ではなく、オフの期間中はアスリートも低糖質食の恩恵を受けることができます。前述のとおり、ＢＨＢに代表されるケトン体の健康への効果は無視することができません。これはケトン体サプリメントを外部から摂取することでも得ることが可能です。

問題となるのは、糖質制限中はインスリンの分泌が少なくなるため、タンパク合成が起こりにくくなることです。インスリンはPI3k→Aktを活性化し、mTORを抑制するTSC1／TSC2をリン酸化して不活化するため、mTORを活性化し、p70S6kや4E-BP1などのリン酸化を起こし、筋タンパクを合成します。

ここで活躍するのがEPA（エイコサペンタエン酸）です。**EPAはmTORに関係なく、単独でp70S6kや4E-BP1の酵素を活性化し、筋タンパク合成を高めます。**（※17）EPAの摂取により、タンパク合成は25％増加し、タンパク分解は22％低下しています。

アミノ酸のロイシンもp70S6kを活性化します。ロイシン単独だと280％の増加ですが、これにEAA＊が加わると、さらに60〜75％増加します。（※101）

つまり、糖質制限中でもEAAとEPAを摂取しておくことによって、十分に筋肥大は可能となります。

高脂肪食とインスリン抵抗性

糖質制限反対派の人は、「高脂肪食はインスリン抵抗性を引き起こす」という2011年の

＊EAA
必須アミノ酸（Essential Amino Acid）の略。体内ではつくれない9種類のアミノ酸のこと。

論文(※102)を持ち出してくることがあります。これはどうなのでしょうか。
まずはこの論文のポイントを箇条書きで解説しましょう。

2011年の論文のポイント

- GnT－4aという糖転移酵素がある。これは遺伝子MgaT4aによってエンコードされる。
- GLUT2というブドウ糖輸送体がある。これは遺伝子SLC2a2によってエンコードされる。
- GnT－4aは糖鎖《とうさ》を形成し、GLUT2の働きを助ける。
- 転写因子のFoxa2とHnf1aは、遺伝子MgaT4aとSLC2a2の発現を促進する。
- 2型糖尿病の場合、Foxa2とHnf1aが核ではなく細胞質に行っており、働きが悪い。そのため、GnT－4aとGLUT2の働きが悪く、ブドウ糖の取り込みがうまくいかない。

●マウスから膵島細胞を単離してパルミチン酸に曝したところ、Ｆｏｘａ2とＨｎｆ1ａの核から細胞質への移動が起こったが、そこにＮＡＣを与えたところ、正常化した。
●マウスのβ細胞にＭｇａＴ4ａを発現させたところ、高脂肪食でもＧＬＵＴ2は正常に存在した。このマウスは高脂肪食でもインスリン抵抗性が改善し、脂肪肝も減少した。
●マウスのβ細胞にＳＬＣ2ａ2を発現させた場合も、ＧＬＵＴ2は正常に存在した。そのマウスもやはり高脂肪食でもインスリン抵抗性が改善した。

この論文が目的としているのは「肥満などに伴う恒常的な血中遊離脂肪酸のレベル上昇がインスリン抵抗性をもたらすプロセスの解明」です。実験手法はマウスの膵島を取り出して脂肪酸に暴露したというもので、ヒトにおける実際の食事とそれに伴う反応とは、少々勝手が違います。

確かに遊離脂肪酸は悪者です。**マラソンで突然死をする人が多いのは、長時間の有酸素運**

動をするとエネルギーとしての遊離脂肪酸が血中に増えてきて、これが心筋を興奮させ、不整脈を誘発するからだと言われています。

遊離脂肪酸には界面活性作用があって細胞を溶かしてしまったり、炎症反応を誘発したり、小胞体ストレスを引き起こしたりといった問題もあります。そのため過剰な遊離脂肪酸は中性脂肪(体脂肪)となって蓄えられるわけです。

ところで高脂肪食にすると、血中の遊離脂肪酸もそれに伴ってレベルが上昇するのでしょうか。脂肪を消化吸収すれば当然そうなりそうなのですが、実はインスリンが正常に分泌されているヒトでしたら、食後でも血中の遊離脂肪酸は正常値範囲内に収まるのです。

基本的に食後に上昇するのは「中性脂肪」であり、遊離脂肪酸はあまり上昇しません。むしろインスリンの働きにより遊離脂肪酸から中性脂肪がつくられて脂肪組織に送られるため、普通の人は食後の遊離脂肪酸は低下する傾向にあります。

ただし、インスリンの働きが悪い2型糖尿病の人はそうなりません。肥満でインスリンの働きが悪くなっていても、食後の遊離脂肪酸は上昇してしまうことがあります。

体脂肪の分解酵素であるホルモン感受性リパーゼ(HSL)については前述していますが、

ＨＳＬは体脂肪を脂肪酸とグリセロールに分解して血中に放出します。つまりＨＳＬが活性化すると遊離脂肪酸は増加します。

しかし、インスリンはＨＳＬの働きを邪魔します。ということは、**食後にインスリンが正常に分泌され、正常に働いている状態ならば、遊離脂肪酸は正常値のままにとどまる**のです。

とはいえ糖尿病などでインスリンの働きが悪いと、ＨＳＬが活性化して遊離脂肪酸が増加するのです。このとき運動をして遊離脂肪酸をエネルギーとして燃やすことができればよいのですが、運動をせずにカロリーを消費しないでいると、血中の遊離脂肪酸は高いままということになります。

つまり肥満でもなく、運動を日常的に行っているのなら、遊離脂肪酸が恒常的に高まることもなく、インスリン抵抗性を引き起こすようなことはありません。しかし、バルクアップなどで長期にわたってハイカロリーを摂取していたり、ケガなどでトレーニングを怠《おこた》っていたりすると、問題になる可能性もあります。

そのような場合は論文にもあったとおり、ＮＡＣのような抗酸化物質を摂取することで、一つの対策となります。

紅花油や菜種油、大豆油はインスリン抵抗性を高めたが、魚油を摂取した場合は肥満も耐糖能の悪化も生じなかったとするマウスでの報告があります。なお、シソ油やパーム油では体重は増加するものの、耐糖能は悪化していません。

糖質制限とLow-T3

そしてもう一つ、糖質制限反対派が持ち出してくる根拠として、**「Low-T3」**があります。T3は甲状腺ホルモンの一種で、本来は「トリヨードサイロニン」と呼ばれます。体内にはT4と呼ばれる甲状腺ホルモンもあり、こちらは「チロキシン」と言います。T4からヨードが一つ外れると、T3になります。

体内に存在する甲状腺ホルモンとしてはT4のほうが圧倒的に多いのですが、活性はあまり高くありません。T4がT3に変換されると活性が高まり、甲状腺ホルモンとしての働きを発揮します。

Low-T3ということは、T4からT3への変換が悪くなるということです。しかし、それは本当に糖質制限が原因で起こっているのでしょうか。

押さえておきたいことは、**低カロリーであればカロリー比がどうであれ、T4からT3への変換は悪くなるということです。つまり代謝が落ちるということ。**摂取カロリーの少ない状態が続くと、カロリーを有効に使うため、ＡＴＰ合成時におけるムダをなくそうとします。これはＴ４からＴ３への変換を悪くすることによって達成されます。

この場合、体温は低下します。酵素は体温が高めの状態のときに働きやすいため、体温が低下すると代謝も低下します。これがダイエットを続けると体重が落ちにくくなる理由です。

12名の肥満女性を対象に、超低カロリーダイエット（ＶＬＣＤ）を行わせた研究があります。高糖質のＶＬＣＤグループ（ＨＣ－ＶＬＣＤ）と低糖質のＶＬＣＤグループ（ＬＣ－ＶＬＣＤ）に分け、28日間行いました。ＶＬＣＤ後の1週間はカロリーを1日１０００kcalに増やしました。

その結果、どちらのグループもＴ４は変わらず、Ｔ３は低下しました。ＨＣ－ＶＬＣＤ群は17・9％の低下、ＬＣ－ＶＬＣＤ群は34・6％の低下です。しかし、１０００kcalに増やしてから1週間後には、元どおりになりました。

面白いことに、安静時代謝はＨＣ群において20・8％低下したのに対し、ＬＣ群においては12・4％の低下にとどまったのです。つまり低糖質のほうがＴ３は減ったものの、安静時代謝は高かったということになります。

また、12名の健康な男性を対象に、6週間にわたって低糖質食（８％が糖質）を行わせた研究があります。その結果、体脂肪量が平均で3・4kg減り、除脂肪体重が1・1kg増えました。T3のレベルは変わらず、T4はむしろ増えていました。

代謝が低下しているのならば、筋肉が増加し、体脂肪が減少したというのは変です。ここでポイントになってくるのが、「GLUT4」です。

これは主に筋肉において糖質を運び込む役割を持っているトランスポーター*ですが、実は**T3はGLUT4の発現を増加させる働きを持っているのです。**

糖質の摂取量が減ると、糖質を運び込むGLUT4を増やす必要がなくなります。そうなると、T3も少なくて済むため、T4からの変換(ATPを消費する)が起こりにくくなるという推論が成り立ちます。

こうして考えると、**糖質制限に付随して起こるT3低下はそれほど気にすることはないと思われます。**摂取カロリーが正常であれば、T3低下はあまり起こりませんし、ダイエット時においても簡単に元どおりになります。

代謝が高いということは、筋肉の分解も亢進していることになります。

＊トランスポーター
細胞膜にある膜輸送タンパク質で、アミノ酸や脂肪からつくられた脂肪酸を細胞内に取り込む。

つまり、T3は体脂肪を分解する作用もありますが、筋肉の分解を増やしてしまう作用もあるのです。そのため糖質制限中に起こるT3の低下は、むしろ筋肉を守ってくれることにつながるのです。

基本的に糖質制限でT3が低下したという人は、多くの場合、単にタンパク質や脂肪摂取量が少ないために、カロリーが少なくなったことが原因だと思われます。摂取カロリーが正常な場合は、あまりT3が低下したという話は聞きません。

糖質制限においてタンパク摂取量が多くなることで、DITが高まり、むしろ安静に過ごしているときに消費されるエネルギーが増加するということもありそうです。

Column

ケトジェニックと腸内環境

ケトジェニックで糖質を制限すると、自動的に食物繊維の摂取量も減ってしまいます。腸内細菌は食物繊維をエサにしているため、糖質制限で腸内環境が悪くなってしまうことがあります。

それを避けるためには、糖質をあまり含まない繊維質を多く含む食べ物をしっかり食べることが必要となります。

特に腸内細菌のエサとなりやすいのが、水に溶けるタイプの水溶性食物繊維。ちなみに水に溶けないタイプは、不溶性食物繊維と呼びます。

水溶性食物繊維を多く含むのが、昆布やワカメなどの海藻類、キノコ類、コンニャクなどです。これらを食卓にとり入れることが、ケトジェニックを成功させる秘訣となります。食事のカサを増すこともできるため、満腹感も得やすくなります。

こうしたものを食べるのが苦手だという人は、イヌリンやオオバコなどのサプリメントを利用するのもよいでしょう。

Part 1　炭水化物（P14～105）

※1：Effects of Dapagliflozin on Body Weight, Total Fat Mass, and Regional Adipose Tissue Distribution in Patients with Type 2 Diabetes Mellitus with Inadequate Glycemic Control on Metformin
Bolinder J, et al: J Clin Endocrinol Metab 2012; 97: 1020-1031

※2：Sodium-glucose co-transporter 2 (SGLT2) inhibitors: a growing class of antidiabetic agents.
Drugs Context. 2014 Dec 19;3:212264. doi: 10.7573/dic.212264. eCollection 2014.

※3：Fuel metabolism in starvation.
Annu Rev Nutr. 2006;26:1-22.

※4：Comparative effects of fructose and glucose on lipogenic gene expression and intermediary metabolism in HepG2 liver cells.
PLoS One. 2011;6(11):e26583. doi: 10.1371/journal.pone.0026583. Epub 2011 Nov 11.

※5：Fructose induces transketolase flux to promote pancreatic cancer growth.
Cancer Res. 2010 Aug 1;70(15):6368-76. doi: 10.1158/0008-5472.CAN-09-4615. Epub 2010 Jul 20.

※6：Opposing effects of fructokinase C and A isoforms on fructose-induced metabolic syndrome in mice.
Proc Natl Acad Sci U S A. 2012 Mar 13;109(11):4320-5. doi: 10.1073/pnas.1119908109. Epub 2012 Feb 27.

※7：The relationship of sugar to population-level diabetes prevalence: an econometric analysis of repeated cross-sectional data.
PLoS One. 2013;8(2):e57873. doi: 10.1371/journal.pone.0057873. Epub 2013 Feb 27.

※8：Public health: The toxic truth about sugar.
Nature. 2012 Feb 1;482(7383):27-9. doi: 10.1038/482027a.

※9：Cataracts produced in rats by yogurt.
Science. 1970 Jun 12;168(3937):1372-4.

※10：Satiety effects of a whole-grain fibre composite ingredient: reduced food intake and appetite ratings.
Food Funct. 2014 Oct;5(10):2574-81. doi: 10.1039/c4fo00253a. Epub 2014 Aug 20.

※11：Increased rates of muscle protein turnover and amino acid transport after resistance exercise in humans.
Am J Physiol. 1995 Mar;268(3 Pt 1):E514-20.

※12：Effect of glucose supplement timing on protein metabolism after resistance training.
J Appl Physiol (1985). 1997 Jun;82(6):1882-8.

※13：Macronutrient intake and whole body protein metabolism following resistance exercise.
Med Sci Sports Exerc. 2000 Aug;32(8):1412-8.

※14：Influence of glucose and fructose ingestion on the capacity for long-term exercise in well-trained men.
Clin Physiol. 1984 Dec;4(6):483-94.

※15：Carbohydrate ingestion during prolonged exercise: effects on metabolism and performance.
Exerc Sport Sci Rev. 1991;19:1-40.

※16：Effect of carbohydrate feedings on muscle glycogen utilization and exercise performance.
Med Sci Sports Exerc. 1984 Jun;16(3):219-22.

※17：Improvements in exercise performance: effects of carbohydrate feedings and diet.
J Appl Physiol (1985). 1987 Mar;62(3):983-8.

※18：Carbohydrate supplementation improves moderate and high-intensity exercise in the heat.
Pflugers Arch. 2003 May;446(2):211-9. Epub 2003 Mar

※19：Carbohydrate ingestion improves endurance performance during a 1 h simulated cycling time trial.
J Sports Sci. 1997 Apr;15(2):223-30.

※20：Fluids containing a highly branched cyclic dextrin influence the gastric emptying rate.
Int J Sports Med. 2005 May;26(4):314-9.

※21：Effects of ingesting highly branched cyclic dextrin during endurance exercise on rating of perceived exertion and blood components associated with energy metabolism.
Biosci Biotechnol Biochem. 2014;78(12):2117-9. doi: 10.1080/09168451.2014.943654. Epub 2014 Jul 31.

※22：Effect of a sports drink based on highly-branched cyclic dextrin on cytokine responses to exhaustive endurance exercise.
J Sports Med Phys Fitness. 2014 Oct;54(5):622-30.

※23：Acute resistance exercise-induced IGF1 expression and subsequent GLUT4 translocation.
Physiol Rep. 2016 Aug;4(16). pii: e12907. doi: 10.14814/phy2.12907.

※24：Long-term effects of dietary glycemic index on adiposity, energy metabolism, and physical activity in mice.
Am J Physiol Endocrinol Metab. 2008 Nov;295(5):E1126-31. doi: 10.1152/ajpendo.90487.2008. Epub 2008 Sep 9.

※25：Carnosine: a versatile antioxidant and antiglycating agent.
Sci Aging Knowledge Environ. 2005 May 4;2005(18):pe12.

※26：Carnosine reacts with protein carbonyl groups: another possible role for the anti-ageing peptide?
Biogerontology. 2000;1(3):217-23.

※27：Carnosine, the anti-ageing, anti-oxidant dipeptide, may react with protein carbonyl groups.
Mech Ageing Dev. 2001 Sep 15;122(13):1431-45.

※28：Prevention of non-enzymic glycation of proteins by dietary agents: prospects for alleviating diabetic complications.
Br J Nutr. 2009 Jun;101(11):1714-21. doi: 10.1017/S0007114508116270. Epub 2008 Nov 6.

※29：Inhibitory Effects of Several Spices on Inflammation Caused by Advanced Glycation Endproducts
American Journal of Plant Sciences, 2012, 3, 995-1002

※30：Inhibitory effect of metformin and pyridoxamine in the formation of early, intermediate and advanced glycation end-products.
PLoS One. 2013 Sep 4;8(9):e72128. doi: 10.1371/journal.pone.0072128. eCollection 2013.

※31：[Metformin--an inhibitor of early stages of protein glycation].
Folia Med Cracov. 2009;50(3-4):21-33.

※32：Reduction of the accumulation of advanced glycation end products by ACE inhibition in experimental diabetic nephropathy.
Diabetes. 2002 Nov;51(11):3274-82.

※33：Inhibition of Advanced Glycation End Product Formation by Herbal Teas and Its Relation to Anti-Skin Aging
Anti-Aging Medicine 9(6): 135-148, 2012.

※34：Nonenzymatic glycation of bovine serum albumin by fructose (fructation). Comparison with the Maillard reaction initiated by glucose.
J Biol Chem. 1989 Mar 5;264(7):3674-9.

※35：Fructose-mediated non-enzymatic glycation: sweet coupling or bad modification.
Diabetes Metab Res Rev. 2004 Sep-Oct;20(5):369-82.

※36：The gut microbiota suppresses insulin-mediated fat accumulation via the short-chain fatty acid receptor GPR43.
Nat Commun. 2013;4:1829. doi: 10.1038/ncomms2852

※37：Prebiotic effects of chicory inulin in the simulator of the human intestinal microbial ecosystem.
FEMS Microbiol Ecol. 2004 Dec 27;51(1):143-53.

※38：Gastrointestinal tolerance of chicory inulin products.
J Am Diet Assoc. 2010 Jun;110(6):865-8. doi: 10.1016/j.jada.2010.03.025.

※39：Prebiotic Reduces Body Fat and Alters Intestinal Microbiota in Children With Overweight or Obesity.
Gastroenterology. 2017 Jun 5. pii: S0016-5085(17)35698-6.

※40：Effect of consumption of a ready-to-eat breakfast cereal containing inulin on the intestinal milieu and blood lipids in healthy male volunteers.
Eur J Clin Nutr. 1999 Sep;53(9):726-33.

※41：Probiotic microbes sustain youthful serum testosterone levels and testicular size in aging mice.
PLoS One. 2014 Jan 2;9(1):e84877. doi: 10.1371/journal.pone.0084877. eCollection 2014.

※42：Doses Lactobacillus reuteri depend on adhesive ability to modulate the intestinal immune response and metabolism in mice challenged with lipopolysaccharide.
Sci Rep. 2016 Jun 21;6:28332. doi: 10.1038/srep28332.

※43：Lactobacillus reuteri 6475 Increases Bone Density in Intact Females Only under an Inflammatory Setting.
PLoS One. 2016 Apr 8;11(4):e0153180. doi: 10.1371/journal.pone.0153180. eCollection 2016.

※44：Probiotic use decreases intestinal inflammation and increases bone density in healthy male but not female mice.
J Cell Physiol. 2013 Aug;228(8):1793-8. doi: 10.1002/jcp.24340.

※45：Effect of lactulose and Saccharomyces boulardii administration on the colonic urea-nitrogen metabolism and the bifidobacteria concentration in healthy human subjects.
Aliment Pharmacol Ther. 2006 Apr 1;23(7):963-74.

※46：Colonic hydrogen absorption: quantification of its effect on hydrogen accumulation caused by bacterial fermentation of carbohydrates.
Gut. 1993 Jun;34(6):818-22.

※47：Consumption of sugar sweetened beverages, artificially sweetened beverages, and fruit juice and incidence of type 2 diabetes: systematic review, meta-analysis, and estimation of population attributable fraction
BMJ 2015; 351 doi: http://dx.doi.org/10.1136/bmj.h3576 (Published 21 July 2015)

※48：Saccharin and aspartame, compared with sucrose, induce greater weight gain in adult Wistar rats, at similar total caloric intake levels.
Appetite. 2013 Jan;60(1):203-7. doi: 10.1016/j.appet.2012.10.009. Epub 2012 Oct 23.

※49：Sweet taste receptor expressed in pancreatic beta-cells activates the calcium and cyclic AMP signaling systems and stimulates insulin secretion.
PLoS One. 2009;4(4):e5106. doi: 10.1371/journal.pone.0005106. Epub 2009 Apr 8.

※50：Sucrose compared with artificial sweeteners: different effects on ad libitum food intake and body weight after 10 wk of supplementation in overweight subjects.
Am J Clin Nutr. 2002 Oct;76(4):721-9.

※51：Sweetened Beverages, Coffee, and Tea and Depression Risk among Older US Adults
PloS One 2014; 9(4): e94715. Published online 2014 Apr 17.

※52：糖尿病患者における甘味料「ラカントS」の血糖値、インスリン値に及ぼす影響
日本病態栄養学会誌12(1)

※53：Antioxidant, anti-diabetic and renal protective properties of Stevia rebaudiana.
J Diabetes Complications. 2013 Mar-Apr;27(2):103-13. doi: 10.1016/j.jdiacomp.2012.10.001. Epub 2012 Nov 7.

※54：Stevioside from Stevia rebaudiana Bertoni Increases Insulin Sensitivity in 3T3-L1 Adipocytes.
Evid Based Complement Alternat Med. 2013;2013:938081. doi: 10.1155/2013/938081. Epub 2013 Dec 11.

※55：Effect of glycogen loading on skeletal muscle cross-sectional area and T2 relaxation time.
Acta Physiol Scand. 2001 Dec;173(4):385-90.

※56：Effect of the classic 1-week glycogen-loading regimen on fat-loading in rats and humans.
J Nutr Sci Vitaminol (Tokyo). 2010;56(5):299-304.

Part2　タンパク質とアミノ酸（P110〜199）

※1：Amino acid levels following beef protein and amino acid supplement in male subjects.
Asia Pac J Clin Nutr. 1997 Sep;6(3):219-23.

※2：The effects of consuming a high protein diet (4.4 g/kg/d) on body composition in resistance-trained individuals.
J Int Soc Sports Nutr. 2014 May 12;11:19. doi: 10.1186/1550-2783-11-19. eCollection 2014.

※3：Carbohydrate and fat as factors in protein utilization and metabolism.
Physiol Rev. 1951 Oct;31(4):449-88.

※**4**:Quantitative interrelationship between effects of nitrogen and energy intakes on egg protein utilization in young men.
Tokushima J Exp Med. 1983 Jun;30(1-2):17-24.

※**5**:The effects of different levels of energy intake on protein metabolism
and of different levels of protein intake on energy metabolism : A statistical evaluation from
the published literature. In : Protein-energy interactions. UNU. 1992.

※**6**:Physical activity, protein metabolism and protein requirements.
Proc Nutr Soc. 1994 Mar;53(1):223-40.

※**7**:Neuromuscular function, hormonal, and mood responses to a professional rugby union match.
J Strength Cond Res. 2014 Jan;28(1):194-200. doi: 10.1519/JSC.0b013e318291b726.

※**8**:Evaluation of protein requirements for trained strength athletes.
J Appl Physiol (1985). 1992 Nov;73(5):1986-95.

※**9**:Protein and amino acid needs of the strength athlete.
Int J Sport Nutr. 1991 Jun;1(2):127-45.

※**10**:ISSN exercise & sport nutrition review: research & recommendations.
J Int Soc Sports Nutr. 2010 Feb 2;7:7. doi: 10.1186/1550-2783-7-7.

※**11**:Amino acids and high protein diets. In Lamb D, Williams M(editors), Perspectives in exercise science and sports medicine, Vol.4;
Ergogenics, enhancement of performance in exercise and sport(pages 87-122).

※**12**:Protein: A nutrient in focus1
Applied Physiology, Nutrition, and Metabolism, 2015, 40(8): 755-761, 10.1139/apnm-2014-0530

※**13**:A high protein diet (3.4g/kg/d) combined with a heavy resistance training program improves body composition in healthy trained men and women – a follow-up investigation
J Int Soc Sports Nutr. 2015; 12: 39.

※**14**:Nutritional regulation and tissue-specific expression of the serine dehydratase gene in rat.
J Biol Chem. 1991 Oct 25;266(30):20412-7.

※**15**:Sepsis stimulates release of myofilaments in skeletal muscle by a calcium-dependent mechanism.
FASEB J. 1999 Aug;13(11):1435-43.

※**16**:Increased rates of muscle protein turnover and amino acid transport after resistance exercise in humans.
Am J Physiol. 1995 Mar;268(3 Pt 1):E514-20.

※**17**:Acute resistance exercise-induced IGF1 expression and subsequent GLUT4 translocation.
Physiol Rep. 2016 Aug;4(16). pii: e12907. doi: 10.14814/phy2.12907.

※**18**:The digestion rate of protein is an independent regulating factor of postprandial protein retention.
Am J Physiol Endocrinol Metab. 2001 Feb;280(2):E340-8.

※**19**:Dietary protein digestion and absorption rates and the subsequent postprandial muscle protein synthetic response do not differ between young and elderly men.
J Nutr. 2009 Sep;139(9):1707-13. doi: 10.3945/jn.109.109173. Epub 2009 Jul 22.

※**20**:Human insulinotropic response to oral ingestion of native and hydrolysed whey protein.
Amino Acids. 2009 Jul;37(2):333-9. doi: 10.1007/s00726-008-0156-0. Epub 2008 Aug 5.

※**21**:Supplementation with a whey protein hydrolysate enhances recovery of muscle force-generating capacity following eccentric exercise.
J Sci Med Sport. 2010 Jan;13(1):178-81. doi: 10.1016/j.jsams.2008.06.007. Epub 2008 Sep 2.

※**22**:Coingestion of carbohydrate and protein hydrolysate stimulates muscle protein synthesis during exercise in young men, with no further increase during subsequent overnight recovery.
J Nutr. 2008 Nov;138(11):2198-204. doi: 10.3945/jn.108.092924.

※**23**:Effect of whey protein isolate on intracellular glutathione and oxidant-induced cell death in human prostate epithelial cells.
Toxicol In Vitro. 2003 Feb;17(1):27-33.

※24：The influence of dietary whey protein on tissue glutathione and the diseases of aging.
Clin Invest Med. 1989 Dec;12(6):343-9.

※25：The effect of whey isolate and resistance training on strength, body composition, and plasma glutamine.
Int J Sport Nutr Exerc Metab. 2006 Oct;16(5):494-509.

※26：The effects of soy and whey protein supplementation on acute hormonal reponses to resistance exercise in men.
J Am Coll Nutr. 2013;32(1):66-74. doi: 10.1080/07315724.2013.770648.

※27：Effect of cysteine-rich whey protein (immunocal®) supplementation in combination with resistance training on muscle strength and lean body mass in non-frail elderly subjects: a randomized, double-blind controlled study.
J Nutr Health Aging. 2015 May;19(5):531-6. doi: 10.1007/s12603-015-0442-y.

※28：Ingestion of whey hydrolysate, casein, or soy protein isolate: effects on mixed muscle protein synthesis at rest and following resistance exercise in young men.
J Appl Physiol (1985). 2009 Sep;107(3):987-92. doi: 10.1152/japplphysiol.00076.2009. Epub 2009 Jul 9.

※29：Role of glutathione in macrophage activation: effect of cellular glutathione depletion on nitrite production and leishmanicidal activity.
Cell Immunol. 1995 Aug;164(1):73-80.

※30：Changes in antioxidant status and cardiovascular risk factors of overweight young men after six weeks supplementation of whey protein isolate and resistance training.
Appetite. 2012 Dec;59(3):673-8. doi: 10.1016/j.appet.2012.08.005. Epub 2012 Aug 10.

※31:Whey Protein but Not Soy Protein Supplementation Alters Body Weight and Composition in Free-Living Overweight and Obese Adults1
J Nutr. 2011 Aug; 141(8): 1489–1494.

※32：Timing protein intake increases energy expenditure 24 h after resistance training.
Med Sci Sports Exerc. 2010 May;42(5):998-1003. doi: 10.1249/MSS.0b013e3181c12976.

※33：Dietary whey protein influences plasma satiety-related hormones and plasma amino acids in normal-weight adult women.
Eur J Clin Nutr. 2015 Feb;69(2):179-86. doi: 10.1038/ejcn.2014.266. Epub 2015 Jan 7.

※34：Mechanism of action of pre-meal consumption of whey protein on glycemic control in young adults.
J Nutr Biochem. 2014 Jan;25(1):36-43. doi: 10.1016/j.jnutbio.2013.08.012. Epub 2013 Oct 5.

※35：Effect of premeal consumption of whey protein and its hydrolysate on food intake and postmeal glycemia and insulin responses in young adults.
Am J Clin Nutr. 2010 Apr;91(4):966-75. doi: 10.3945/ajcn.2009.28406. Epub 2010 Feb 17.

※36：Meta-analysis of the effects of soy protein containing isoflavones on the lipid profile.
Am J Clin Nutr. 2005 Feb;81(2):397-408.

※37：Soy protein isolate and its hydrolysate reduce body fat of dietary obese rats and genetically obese mice (yellow KK)
Nutrition. 2000 May;16(5):349-54.

※38：Effects of soy protein diet on the expression of adipose genes and plasma adiponectin.
Horm Metab Res. 2002 Nov-Dec;34(11-12):635-9.

※39：Soy versus whey protein bars: Effects on exercise training impact on lean body mass and antioxidant status
Nutr J. 2004; 3: 22.

※40：Soy protein isolate inhibits high-fat diet-induced senescence pathways in osteoblasts to maintain bone acquisition in male rats.
Endocrinology. 2015 Feb;156(2):475-87. doi: 10.1210/en.2014-1427. Epub 2014 Dec 9.

※41：Soy protein isolates prevent loss of bone quantity associated with obesity in rats through regulation of insulin signaling in osteoblasts.
FASEB J. 2013 Sep;27(9):3514-23. doi: 10.1096/fj.12-226464. Epub 2013 Jun 17.

※42：USDA-Iowa State University Isoflavones Database. United States Department of Agriculture

※43:Soy protein, phytate, and iron absorption in humans.
Am J Clin Nutr. 1992 Sep;56(3):573-8.

※44:Inhibitory effect of a soybean-protein--related moiety on iron absorption in humans.
Am J Clin Nutr. 1994 Oct;60(4):567-72.

※45:Trypsin inhibitor activity in commercial soybean products in Japan.
J Nutr Sci Vitaminol (Tokyo). 1997 Oct;43(5):575-80.

※46:Pea proteins oral supplementation promotes muscle thickness gains during resistance training: a double-blind, randomized, Placebo-controlled clinical trial vs. Whey protein
Journal of the International Society of Sports Nutrition 2015, 12:3 doi:10.1186/s12970-014-0064-5

※47:Slow and fast dietary proteins differently modulate postprandial protein accretion.
Proc Natl Acad Sci U S A. 1997 Dec 23;94(26):14930-5.

※48:Casein and whey exert different effects on plasma amino acid profiles, gastrointestinal hormone secretion and appetite.
Br J Nutr. 2003 Feb;89(2):239-48.

※49:Abnormal glutathione and sulfate levels after interleukin 6 treatment and in tumor-induced cachexia.
FASEB J. 1996 Aug;10(10):1219-26.

※50:Effect of supplementation with a cysteine donor on muscular performance.
J Appl Physiol (1985). 1999 Oct;87(4):1381-5.

※51:Food-derived opioid peptides inhibit cysteine uptake with redox and epigenetic consequences
The Journal of Nutritional Biochemistry
Volume 25, Issue 10, October 2014, Pages 1011–1018

※52:乳汁κ-カゼインの免疫抑制作用に関する研究
Immunosuppresive action of milk k-casein and its digests
Research Project Number:08660328

※53: Suppression of the Systemic Immune Response to Casein by Oral Administration of a Tryptic Digest of Casein
Bioscience, Biotechnology, and Biochemistry
Vol. 57, Iss. 10, 1993

※54:Ingestion of whey hydrolysate, casein, or soy protein isolate: effects on mixed muscle protein synthesis at rest and following resistance exercise in young men
Journal of Applied Physiology Published 1 September 2009 Vol. 107 no. 3, 987-992 DOI: 10.1152/japplphysiol.00076.2009

※55:Timing of postexercise protein intake is important for muscle hypertrophy with resistance training in elderly humans.
J Physiol. 2001 Aug 15;535(Pt 1):301-11.

※56:Effects of supplement timing and resistance exercise on skeletal muscle hypertrophy.
Exercise Metabolism Unit, Center for Ageing, Rehabilitation, Exercise and Sport; and the School of Biomedical Sciences, Victoria University, Melbourne, Victoria, Australia.

※57:Incretin, insulinotropic and glucose-lowering effects of whey protein pre-load in type 2 diabetes: a randomised clinical trial
Diabetologia. 2014 Sep;57(9):1807-11. doi: 10.1007/s00125-014-3305-x. Epub 2014 Jul 10.

※58:Whey protein delays gastric emptying and suppresses plasma fatty acids and their metabolites compared to casein, gluten, and fish protein.
J Proteome Res. 2014 May 2;13(5):2396-408. doi: 10.1021/pr401214w. Epub 2014 Apr 21.

※59:Ingested protein dose response of muscle and albumin protein synthesis after resistance exercise in young men.
Am J Clin Nutr. 2009 Jan;89(1):161-8. doi: 10.3945/ajcn.2008.26401. Epub 2008 Dec 3.

※60:Myofibrillar muscle protein synthesis rates subsequent to a meal in response to increasing doses of whey protein at rest and after resistance exercise.
Am J Clin Nutr. 2014 Jan;99(1):86-95. doi: 10.3945/ajcn.112.055517. Epub 2013 Nov 20.

※61：Timing and distribution of protein ingestion during prolonged recovery from resistance exercise alters myofibrillar protein synthesis.
J Physiol. 2013 May 1;591(9):2319-31. doi: 10.1113/jphysiol.2012.244897. Epub 2013 Mar 4.

※62：The response of muscle protein synthesis following whole-body resistance exercise is greater following 40 g than 20 g of ingested whey protein.
Physiol Rep. 2016 Aug;4(15). pii: e12893. doi: 10.14814/phy2.12893.

※63：Nutritional regulation of muscle protein synthesis with resistance exercise: strategies to enhance anabolism.
Nutr Metab (Lond). 2012 May 17;9(1):40. doi: 10.1186/1743-7075-9-40.

※64：Nutritional interventions to augment resistance training-induced skeletal muscle hypertrophy.
Front Physiol. 2015 Sep 3;6:245. doi: 10.3389/fphys.2015.00245. eCollection 2015.

※65：Protein Considerations for Optimising Skeletal Muscle Mass in Healthy Young and Older Adults.
Nutrients. 2016 Mar 23;8(4):181. doi: 10.3390/nu8040181.

※66：Protein Ingestion to Stimulate Myofibrillar Protein Synthesis Requires Greater Relative Protein Intakes in Healthy Older Versus Younger Men.
J Gerontol A Biol Sci Med Sci. 2015 Jan;70(1):57-62. doi: 10.1093/gerona/glu103. Epub 2014 Jul 23.

※67：Anabolic signaling and protein synthesis in human skeletal muscle after dynamic shortening or lengthening exercise.
Am J Physiol Endocrinol Metab. 2006 Apr;290(4):E731-8. Epub 2005 Nov 1.

※68：The time course for elevated muscle protein synthesis following heavy resistance exercise.
Can J Appl Physiol. 1995 Dec;20(4):480-6.

※69：Mixed muscle protein synthesis and breakdown after resistance exercise in humans.
Am J Physiol. 1997 Jul;273(1 Pt 1):E99-107.

※70：Changes in human muscle protein synthesis after resistance exercise.
J Appl Physiol (1985). 1992 Oct;73(4):1383-8

※71：Acute effects of resistance exercise on muscle protein synthesis rate in young and elderly men and women.
Am J Physiol. 1993 Aug;265(2 Pt 1):E210-4.

※72：Arginine stimulates wound healing and immune function in elderly human beings.
Surgery. 1993 Aug;114(2):155-9; discussion 160.

※73：Temporal expression of different pathways of 1-arginine metabolism in healing wounds.
J Immunol. 1990 May 15;144(10):3877-80.

※74：Role of collagen hydrolysate in bone and joint disease.
Semin Arthritis Rheum. 2000 Oct;30(2):87-99.

※75：Nutraceuticals as therapeutic agents in osteoarthritis. The role of glucosamine, chondroitin sulfate, and collagen hydrolysate.
Rheum Dis Clin North Am. 1999 May;25(2):379-95.

※76：The collagen derived dipeptide hydroxyprolyl-glycine promotes C2C12 myoblast differentiation and myotube hypertrophy.
Biochem Biophys Res Commun. 2016 Sep 23;478(3):1292-7. doi: 10.1016/j.bbrc.2016.08.114. Epub 2016 Aug 21.

※77：Absorption and Urinary Excretion of Peptides after Collagen Tripeptide Ingestion in Humans.
Biol Pharm Bull. 2016;39(3):428-34. doi: 10.1248/bpb.b15-00624.

※78：Orally Available Collagen Tripeptide: Enzymatic Stability, Intestinal Permeability, and Absorption of Gly-Pro-Hyp and Pro-Hyp.
J Agric Food Chem. 2016 Sep 28;64(38):7127-33. doi: 10.1021/acs.jafc.6b02955. Epub 2016 Sep 13.

※79：Dietary Supplementation with Specific Collagen Peptides Has a Body Mass Index-Dependent Beneficial Effect on Cellulite Morphology.
J Med Food. 2015 Dec;18(12):1340-8. doi: 10.1089/jmf.2015.0022. Epub 2015 Nov 12.

※80：Oral collagen-derived dipeptides, prolyl-hydroxyproline and hydroxyprolyl-glycine, ameliorate skin barrier dysfunction and alter gene expression profiles in the skin.
Biochem Biophys Res Commun. 2015 Jan 9;456(2):626-30. doi: 10.1016/j.bbrc.2014.12.006. Epub 2014 Dec 8.

※81：Oral supplementation of specific collagen peptides has beneficial effects on human skin physiology: a double-blind, placebo-controlled study.
Skin Pharmacol Physiol. 2014;27(1):47-55. doi: 10.1159/000351376. Epub 2013 Aug 14.

※82：Collagen hydrolysate intake increases skin collagen expression and suppresses matrix metalloproteinase 2 activity.
J Med Food. 2011 Jun;14(6):618-24. doi: 10.1089/jmf.2010.0085. Epub 2011 Apr 11.

※83：Effect of a specialized amino acid mixture on human collagen deposition.
Ann Surg. 2002 Sep;236(3):369-74; discussion 374-5.

※84：Collagen peptide supplementation in combination with resistance training improves body composition and increases muscle strength in elderly sarcopenic men: a randomised controlled trial.
Br J Nutr. 2015 Oct 28;114(8):1237-45. doi: 10.1017/S0007114515002810. Epub 2015 Sep 10.

※85：Increased mRNAs for procollagens and key regulating enzymes in rat skeletal muscle following downhill running.
Pflugers Arch. 1999 May;437(6):857-64.

※86：Eccentric training improves tendon biomechanical properties: a rat model.
J Orthop Res. 2013 Jan;31(1):119-24. doi: 10.1002/jor.22202. Epub 2012 Jul 30.

※87：Eccentric rehabilitation exercise increases peritendinous type I collagen synthesis in humans with Achilles tendinosis.
Scand J Med Sci Sports. 2007 Feb;17(1):61-6. Epub 2006 Jun 19.

Part2　タンパク質とアミノ酸(P202〜311)

※1：Nutraceutical Effects of Branched-Chain Amino Acids on Skeletal Muscle
J Nutr. 2006;136(2):529S–532S.

※2：Effects of branched-chain amino acid supplementation on plasma concentrations of free amino acids, insulin, and energy substrates in young men.
J Nutr Sci Vitaminol (Tokyo). 2011;57(1):114-7.」

※3：Branched-chain amino acid catabolism in exercise and liver disease.
J Nutr. 2006 Jan;136(1 Suppl):250S-3S.

※4：Role of leucine in the regulation of mTOR by amino acids: revelations from structure-activity studies.
J Nutr. 2001 Mar;131(3):861S-865S.

※5：Leucine promotes glucose uptake in skeletal muscles of rats.
Biochem Biophys Res Commun. 2002 Dec 20;299(5):693-6

※6：L-leucine, beta-hydroxy-beta-methylbutyric acid (HMB) and creatine monohydrate prevent myostatin-induced Akirin-1/Mighty mRNA down-regulation and myotube atrophy.
J Int Soc Sports Nutr. 2014 Aug 13;11:38. doi: 10.1186/1550-2783-11-38. eCollection 2014.

※7：Nutrient control of macroautophagy in mammalian cells.
Mol Aspects Med. 2006 Oct-Dec;27(5-6):426-43. Epub 2006 Sep 26.

※8：Branched-chain amino acids and arginine suppress MaFbx/atrogin-1 mRNA expression via mTOR pathway in C2C12 cell line.
Biochim Biophys Acta. 2008 Oct;1780(10):1115-20. doi: 10.1016/j.bbagen.2008.06.004. Epub 2008 Jun 18.

※9：Influence of branched-chain amino acid supplementation on urinary protein metabolite concentrations after swimming.
J Am Coll Nutr. 2006 Jun;25(3):188-94.

※10：Effects of carbohydrates-BCAAs-caffeine ingestion on performance and neuromuscular function during a 2-h treadmill run: a randomized, double-blind, cross-over placebo-controlled study.
J Int Soc Sports Nutr. 2011 Dec 7;8:22. doi: 10.1186/1550-2783-8-22.

※11：Effect of BCAA intake during endurance exercises on fatigue substances, muscle damage substances, and energy metabolism substances.
J Exerc Nutrition Biochem. 2013 Dec;17(4):169-80. doi: 10.5717/jenb.2013.17.4.169. Epub 2013 Nov 28.

※12：Branched-chain amino acids supplementation enhances exercise capacity and lipid oxidation during endurance exercise after muscle glycogen depletion.
J Sports Med Phys Fitness. 2011 Mar;51(1):82-8.

※13：Higher branched-chain amino acid intake is associated with a lower prevalence of being overweight or obese in middle-aged East Asian and Western adults.
J Nutr. 2011 Feb;141(2):249-54. doi: 10.3945/jn.110.128520. Epub 2010 Dec 15.

※14：Combined effects of caloric restriction and branched-chain amino acid supplementation on body composition and exercise performance in elite wrestlers.
Int J Sports Med. 1997 Jan;18(1):47-55.

※15：Increasing Dietary Leucine Intake Reduces Diet-Induced Obesity and Improves Glucose and Cholesterol Metabolism in Mice via Multimechanisms
Diabetes June 2007 vol. 56 no. 6 1647-1654

※16：Leucine in food mediates some of the postprandial rise in plasma leptin concentrations.
Am J Physiol Endocrinol Metab. 2006 Sep;291(3):E621-30. Epub 2006 Apr 25.

※17：Leucine supplementation improves leptin sensitivity in high-fat diet fed rats.
Food Nutr Res. 2015 Jun 25;59:27373. doi: 10.3402/fnr.v59.27373. eCollection 2015.

※18：Branched-chain amino acid ingestion can ameliorate soreness from eccentric exercise.
Med Sci Sports Exerc. 2010 May;42(5):962-70. doi: 10.1249/MSS.0b013e3181c1b798.

※19：Branched-chain amino acid supplementation before squat exercise and delayed-onset muscle soreness.
Int J Sport Nutr Exerc Metab. 2010 Jun;20(3):236-44.

※20：Exercise-induced muscle damage is reduced in resistance-trained males by branched chain amino acids: a randomized, double-blind, placebo controlled study.
J Int Soc Sports Nutr. 2012 Jul 12;9:20. doi: 10.1186/1550-2783-9-20. eCollection 2012.

※21：Post-exercise carbohydrate plus whey protein hydrolysates supplementation increases skeletal muscle glycogen level in rats.
Amino Acids. 2010 Apr;38(4):1109-15. doi: 10.1007/s00726-009-0321-0. Epub 2009 Jul 11.

※22：Branched-chain amino acid-containing dipeptides, identified from whey protein hydrolysates, stimulate glucose uptake rate in L6 myotubes and isolated skeletal muscles.
J Nutr Sci Vitaminol (Tokyo). 2009 Feb;55(1):81-6.

※23：Brain serotonin content: physiological regulation by plasma neutral amino acids. 1971.
Obes Res. 1997 Jul;5(4):377-80.

※24：Serotonin spillover onto the axon initial segment of motoneurons induces central fatigue by inhibiting action potential initiation.
Proc Natl Acad Sci U S A. 2013 Mar 19;110(12):4774-9. doi: 10.1073/pnas.1216150110. Epub 2013 Mar 4.

※25：A role for branched-chain amino acids in reducing central fatigue.
J Nutr. 2006 Feb;136(2):544S-547S.

※26：Branched-chain amino acids, arginine, citrulline alleviate central fatigue after 3 simulated matches in taekwondo athletes: a randomized controlled trial.
J Int Soc Sports Nutr. 2016 Jul 13;13:28. doi: 10.1186/s12970-016-0140-0. eCollection 2016.

※27：Branched-chain amino acids and arginine improve performance in two consecutive days of simulated handball games in male and female athletes: a randomized trial.
PLoS One. 2015 Mar 24;10(3):e0121866. doi: 10.1371/journal.pone.0121866. eCollection 2015.

※28：Amino acid availability and age affect the leucine stimulation of protein synthesis and eIF4F formation in muscle.
Am J Physiol Endocrinol Metab. 2007 Dec;293(6):E1615-21. Epub 2007 Sep 18.

※**29**:Effects of excess intake of leucine and valine deficiency on tryptophan and niacin metabolites in humans.
J Nutr. 1975 Oct;105(10):1241-52.

※**30**:Effects of a dietary excess of leucine and of the addition of leucine and 2-oxo-isocaproate on the metabolism of tryptophan and niacin in isolated rat liver cells.
Br J Nutr. 1989 May;61(3):629-40.

※**31**:Chronic exposure to leucine in vitro induces β-cell dysfunction in INS-1E cells and mouse islets.
J Endocrinol. 2012 Oct;215(1):79-88. doi: 10.1530/JOE-12-0148. Epub 2012 Jul 13.

※**32**:Isoleucine, a blood glucose-lowering amino acid, increases glucose uptake in rat skeletal muscle in the absence of increases in AMP-activated protein kinase activity.
J Nutr. 2005 Sep;135(9):2103-8.

※**33**:Hypoglycemic effect of isoleucine involves increased muscle glucose uptake and whole body glucose oxidation and decreased hepatic gluconeogenesis.
Am J Physiol Endocrinol Metab. 2007 Jun;292(6):E1683-93. Epub 2007 Feb 13.

※**34**:Isoleucine prevents the accumulation of tissue triglycerides and upregulates the expression of PPARalpha and uncoupling protein in diet-induced obese mice.
J Nutr. 2010 Mar;140(3):496-500. doi: 10.3945/jn.109.108977. Epub 2010 Jan 20.

※**35**:Consuming a supplement containing branched-chain amino acids during a resistance-training program increases lean mass, muscle strength and fat loss
J Int Soc Sports Nutr. 2009; 6(Suppl 1): P1.

※**36**:Dose-dependent increases in p70S6K phosphorylation and intramuscular branched-chain amino acids in older men following resistance exercise and protein intake.
Physiol Rep. 2014 Aug 7;2(8). pii: e12112. doi: 10.14814/phy2.12112. Print 2014 Aug 1.

※**37**:Intake of low-dose leucine-rich essential amino acids stimulates muscle anabolism equivalently to bolus whey protein in older women at rest and after exercise.
Am J Physiol Endocrinol Metab. 2015 Jun 15;308(12):E1056-65. doi: 10.1152/ajpendo.00481.2014. Epub 2015 Mar 31.

※**38**:Stimulation of muscle anabolism by resistance exercise and ingestion of leucine plus protein.
Appl Physiol Nutr Metab. 2009 Apr;34(2):151-61. doi: 10.1139/H09-006.

※**39**:Differential stimulation of muscle protein synthesis in elderly humans following isocaloric ingestion of amino acids or whey protein.
Exp Gerontol. 2006 Feb;41(2):215-9. Epub 2005 Nov 23

※**40**:Aging is associated with diminished accretion of muscle proteins after the ingestion of a small bolus of essential amino acids
2005 American Society for Clinical Nutrition

※**41**:Amino acid ingestion improves muscle protein synthesis in the young and elderly
American Journal of Physiology - Endocrinology and Metabolism
Published 1 March 2004Vol. 286no. 3, E321-E328DOI: 10.1152/ajpendo.00368.2003

※**42**:Activation of mTORC1 by leucine is potentiated by branched-chain amino acids and even more so by essential amino acids following resistance exercise.
Am J Physiol Cell Physiol. 2016 Jun 1;310(11):C874-84. doi: 10.1152/ajpcell.00374.2015. Epub 2016 Apr 6.

※**43**:[Effects of branched amino acids in endurance sports: a review].
Nutr Hosp. 2014 Nov 16;31(2):577-89. doi: 10.3305/nh.2015.31.2.7852.

※**44**:Effect of BCAA intake during endurance exercises on fatigue substances, muscle damage substances, and energy metabolism substances.
J Exerc Nutrition Biochem. 2013 Dec;17(4):169-80. doi: 10.5717/jenb.2013.17.4.169. Epub 2013 Nov 28.

※**45**:Nutritional regulation of muscle protein synthesis with resistance exercise: strategies to enhance anabolism.
Nutr Metab (Lond). 2012 May 17;9(1):40. doi: 10.1186/1743-7075-9-40.

※**46**:Nutritional interventions to augment resistance training-induced skeletal muscle hypertrophy.
Front Physiol. 2015 Sep 3;6:245. doi: 10.3389/fphys.2015.00245. eCollection 2015.

※47：Protein Considerations for Optimising Skeletal Muscle Mass in Healthy Young and Older Adults.
Nutrients. 2016 Mar 23;8(4):181. doi: 10.3390/nu8040181.

※48：Independent and combined effects of amino acids and glucose after resistance exercise.
Med Sci Sports Exerc. 2003 Mar;35(3):449-55.

※49：The response of muscle protein anabolism to combined hyperaminoacidemia and glucose-induced hyperinsulinemia is impaired in the elderly.
J Clin Endocrinol Metab. 2000 Dec;85(12):4481-90.

※50：Amino acid ingestion improves muscle protein synthesis in the young and elderly.
Am J Physiol Endocrinol Metab. 2004 Mar;286(3):E321-8. Epub 2003 Oct 28.

※51：Effect of glutamine on leucine metabolism in humans.
American Journal of Physiology. 271(4): 748-54.

※52：Glutamine alimentation in catabolic state.
Journal of Nutrition. Vol.131 Issue 95: 2569-78.

※53：Glutamine prevents downregulation of myosin heavy chain synthesis and muscle atrophy. American Journal of Physiology. Vol.268(4): 730-34.

※54：Alanyl-glutamine prevents muscle atrophy and glutamine synthetase induction by glucocoticoids.
American Journal of Physiology. Vol.271(5): 1165-1172.

※55：Glutamine supplementation stimulates protein-synthetic and inhibits protein-degradative signaling pathways in skeletal muscle of diabetic rats.
PLoS One. 2012;7(12):e50390. doi: 10.1371/journal.pone.0050390. Epub 2012 Dec 11.

※56：The Influence of Oral L-Glutamine Supplementation on Muscle Strength Recovery and Soreness Following Unilateral Knee Extension Eccentric Exercise.
Int J Sport Nutr Exerc Metab. 2015 Oct;25(5):417-26. doi: 10.1123/ijsnem.2014-0209. Epub 2015 Mar 26.

※57：A positive relationship between protein synthetic rate and intracellular glutamine concentration in perfused rat skeletal muscle.
FEBS Lett. 1987 May 4;215(1):187-91

※58：Stimulatory effect of glutamine on glycogen accumulation in human skeletal muscle.
Am J Physiol. 1995 Aug;269(2 Pt 1):E309-15.

※59：Increased plasma bicarbonate and growth hormone after an oral glutamine load.
Am J Clin Nutr. 1995 May;61(5):1058-61.

※60：L-glutamine supplementation induces insulin resistance in adipose tissue and improves insulin signalling in liver and muscle of rats with diet-induced obesity.
http://www.ncbi.nlm.nih.gov/pubmed/17604977

※61：Why is L-glutamine metabolism important to cells of the immune system in health, postinjury, surgery or infection?
J Nutr. 2001 Sep;131(9 Suppl):2515S-22S; discussion 2523S-4S

※62：Clinical applications of L-glutamine: past, present, and future.
Nutr Clin Pract. 2003 Oct;18(5):377-85.

※63：Glutamine supplementation prevents exercise-induced neutrophil apoptosis and reduces p38 MAPK and JNK phosphorylation and p53 and caspase 3 expression.

※64：Glutamine, exercise and immune function. Links and possible mechanisms.
Sports Med. 1998 Sep;26(3):177-91.

※65：Glutamine supplementation and immune function during heavy load training.
Int J Clin Pharmacol Ther. 2015 May;53(5):372-6. doi: 10.5414/CP202227.

※66：Low plasma glutamine in combination with high glutamate levels indicate risk for loss of body cell mass in healthy individuals: the effect of N-acetyl-cysteine.
J Mol Med (Berl). 1996 Jul;74(7):393-400.

※67:Inflammation and foveolar hyperplasia are reduced by supplemental dietary glutamine during Helicobacter pylori infection in mice.
J Nutr. 2009 May;139(5):912-8. doi: 10.3945/jn.108.097790. Epub 2009 Mar 4.

※68:Oral glutathione supplementation drastically reduces Helicobacter-induced gastric pathologies.
Sci Rep. 2016 Feb 2;6:20169. doi: 10.1038/srep20169.

※69:Safety and metabolic effects of L-glutamine administration in humans.
JPEN J Parenter Enteral Nutr. 1990 Jul-Aug;14(4 Suppl):137S-146S.

※70:Oral supplementation with L-glutamine alters gut microbiota of obese and overweight adults: A pilot study.
Nutrition. 2015 Jun;31(6):884-9. doi: 10.1016/j.nut.2015.01.004. Epub 2015 Jan 29.

※71:A clinical study of the effectiveness of oral glutamine supplementation during total parenteral nutrition: influence on mesenteric mononuclear cells.
JPEN J Parenter Enteral Nutr. 1999 Sep-Oct;23(5 Suppl):S41-4.

※72:The metabolic fate of 13N-labeled ammonia in rat brain.
J Biol Chem. 1979 Jun 25;254(12):4982-92.

※73:The dynamics of ammonia metabolism in man. Effects of liver disease and hyperammonemia.
J Clin Invest. 1979 Mar;63(3):449-60.

※74:Exercise-induced changes in branched chain amino acid/aromatic amino acid ratio in the rat brain and plasma.
Jpn J Pharmacol. 1987 Oct;45(2):243-8.

※75:Effect of acute ammonia intoxication on energy stores in the cerebral reticular activating system.
Exp Brain Res. 1981;44(3):325-30.

※76:Effect of acute ammonia intoxication on cerebral metabolism in rats with portacaval shunts.
J Clin Invest. 1977 Mar;59(3):386-96.

※77:Blood ammonia and lactate as markers of muscle metabolites during leg press exercise.
J Strength Cond Res. 2014 Oct;28(10):2775-85. doi: 10.1519/JSC.0000000000000496.

※78:小麦グルテン加水分解物(小麦プロテインE)の老齢マウスの筋肉量に及ぼす効果
日清ファルマ資料より

※79:Phosphoethanolamine Accumulation Protects Cancer Cells under Glutamine Starvation through Downregulation of PCYT2
Cell Rep. 2019 Oct 1;29(1):89-103.e7. doi: 10.1016/j.celrep.2019.08.087.

※80:Glutamine-to-glutamate ratio in the nucleus accumbens predicts effort-based motivated performance in humans
Neuropsychopharmacology. 2020 Jul 20. doi: 10.1038/s41386-020-0760-6.

※81:Effects of L- Arginine Supplementation on Antioxidant Status and Body Composition in Obese Patients with Pre-diabetes: A Randomized Controlled Clinical Trial.
Adv Pharm Bull. 2014 Oct;4(Suppl 1):449-54. doi: 10.5681/apb.2014.066. Epub 2014 Aug 25

※82:L-arginine availability regulates T-lymphocyte cell-cycle progression.
Blood. 2007 Feb 15;109(4):1568-73. Epub 2006 Oct 5.

※83:Effects of adding L-arginine orally to standard therapy in patients with COVID-19: A randomized, double-blind, placebo-controlled, parallel-group trial. Results of the first interim analysis
EClinicalMedicine. 2021 Sep 9;101125. doi: 10.1016/j.eclinm.2021.101125.

※84:Proline and hydroxyproline metabolism: implications for animal and human nutrition.
Amino Acids. 2011 Apr;40(4):1053-63. doi: 10.1007/s00726-010-0715-z. Epub 2010 Aug 10.

※85:Potential ergogenic effects of arginine and creatine supplementation.
J Nutr. 2004 Oct;134(10 Suppl):2888S-2894S; discussion 2895S.

※86:Effects of dietary histidine and arginine on nitrogen retention of men.
J Nutr. 1977 Nov;107(11):2067-77.

※87：Dietary L-arginine supplementation increases muscle gain and reduces body fat mass in growing-finishing pigs.
Amino Acids. 2009 May;37(1):169-75. doi: 10.1007/s00726-008-0148-0. Epub 2008 Aug 6.

※88：Dietary L-Arginine Supplementation Reduces White Fat Gain and Enhances Skeletal Muscle and Brown Fat Masses in Diet-Induced Obese Rats
J Nutr. 2009 Feb; 139(2): 230-237

※89：Dietary arginine and linear growth: the Copenhagen School Child Intervention Study.
Br J Nutr. 2013 Mar 28;109(6):1031-9. doi: 10.1017/S0007114512002942. Epub 2012 Oct 10.

※90：L-arginine destabilizes oral multi-species biofilm communities developed in human saliva.
PLoS One. 2015 May 6;10(5):e0121835. doi: 10.1371/journal.pone.0121835. eCollection 2015.

※91：Effects of oral supplementation of L-arginine in the treatment of pulmonary hypertension secondary to pulmonary embolism: a case report.
Fukushima J Med Sci. 2010 Dec;56(2):135-8.

※92：L-arginine supplementation prolongs exercise capacity in congestive heart failure.
Kardiol Pol. 2004 Apr;60(4):348-53.

※93：L-Arginine Affects Aerobic Capacity and Muscle Metabolism in MELAS (Mitochondrial Encephalomyopathy, Lactic Acidosis and Stroke-Like Episodes) Syndrome.
PLoS One. 2015 May 20;10(5):e0127066. doi: 10.1371/journal.pone.0127066. eCollection 2015.

※94：Branched-chain amino acids, arginine, citrulline alleviate central fatigue after 3 simulated matches in taekwondo athletes: a randomized controlled trial.
J Int Soc Sports Nutr. 2016 Jul 13;13:28. doi: 10.1186/s12970-016-0140-0. eCollection 2016.

※95：Branched-chain amino acids and arginine improve performance in two consecutive days of simulated handball games in male and female athletes: a randomized trial.
PLoS One. 2015 Mar 24;10(3):e0121866. doi: 10.1371/journal.pone.0121866. eCollection 2015.

※96：Oral L-citrulline supplementation enhances cycling time trial performance in healthy trained men: Double-blind randomized placebo-controlled 2-way crossover study.
J Int Soc Sports Nutr. 2016 Feb 19;13:6. doi: 10.1186/s12970-016-0117-z. eCollection 2016.

※97：l-Citrulline supplementation improves O2 uptake kinetics and high-intensity exercise performance in humans.
J Appl Physiol (1985). 2015 Aug 15;119(4):385-95. doi: 10.1152/japplphysiol.00192.2014. Epub 2015 May 28.

※98：Citrulline supplementation improves spatial memory in a murine model for Alzheimer's disease
Nutrition. 2021 Mar 26;90:111248. doi: 10.1016/j.nut.2021.111248.

※99：Citrulline Supplementation Induces Changes in Body Composition and Limits Age-Related Metabolic Changes in Healthy Male Rats
J Nutr. 2015 Jul;145(7):1429-37. doi: 10.3945/jn.114.200626. Epub 2015 May 27.

※100：Combined effect of citrulline and lactoserum on amino acid availability in aged rats
Nutrition. 2021 Feb 11;87-88:111196. doi: 10.1016/j.nut.2021.111196.

※101：L-citrulline inhibits body weight gain and hepatic fat accumulation by improving lipid metabolism in a rat nonalcoholic fatty liver disease model
Food Sci Nutr. 2021 Jul 16;9(9):4893-4904. doi: 10.1002/fsn3.2439. eCollection 2021 Sep.

※102：Ornithine ingestion and growth hormone release in bodybuilders
Nutrition Research (Impact Factor: 2.59). 03/1990; 10(3):239-245. DOI: 10.1016/S0271-5317(05)80265-9

※103：Low dose orally administered arginine is able to enhance both basal and growth hormone-releasing hormone-induced growth hormone secretion in normal short children.
J Endocrinol Invest. 1993 Jul-Aug;16(7):521-5.

※104：Arginine enhances the growth hormone-releasing activity of a synthetic hexapeptide (GHRP-6) in elderly but not in young subjects after oral administration.
J Endocrinol Invest. 1994 Mar;17(3):157-62.

※105：Endocrine and lipid effects of oral L-arginine treatment in healthy postmenopausal women.
J Lab Clin Med. 2000 Mar;135(3):231-7.

※106：A clinical evaluation to determine the safety, pharmacokinetics, and pharmacodynamics of an inositol-stabilized arginine silicate dietary supplement in healthy adult males.
Clin Pharmacol. 2015 Oct 7;7:103-9. doi: 10.2147/CPAA.S84206. eCollection 2015.

※107：L-arginine induces nitric oxide-dependent vasodilation in patients with critical limb ischemia. A randomized, controlled study.
Circulation. 1996 Jan 1;93(1):85-90.

※108：L-tryptophan in the treatment of impaired respiration in sleep.
Bull Eur Physiopathol Respir. 1983 Nov-Dec;19(6):625-9.

※109：Sleep induced by L-tryptophan. Effect of dosages within the normal dietary intake.
J Nerv Ment Dis. 1979 Aug;167(8):497-9.

※110：L-tryptophan supplementation can decrease fatigue perception during an aerobic exercise with supramaximal intercalated anaerobic bouts in young healthy men.
Int J Neurosci. 2010 May;120(5):319-27. doi: 10.3109/00207450903389404.

※111：Metabolomic analysis of amino acid and fat metabolism in rats with L-tryptophan supplementation.
Amino Acids. 2014 Dec;46(12):2681-91. doi: 10.1007/s00726-014-1823-y. Epub 2014 Aug 20.

※112：Aromatic amino acid activation of signaling pathways in bone marrow mesenchymal stem cells depends on oxygen tension.
PLoS One. 2014 Apr 11;9(4):e91108. doi: 10.1371/journal.pone.0091108. eCollection 2014

※113：A role for tryptophan in regulation of protein synthesis in porcine muscle.
J Nutr. 1988 Apr;118(4):445-9.

※114：Effect of dietary tryptophan on muscle, liver and whole-body protein synthesis in weaned piglets: relationship to plasma insulin.
Br J Nutr. 1991 Nov;66(3):423-35.

※115："Importance of serotonin (5-HT) and its precursor l-tryptophan for homeostasis and function of skeletal muscle in rats. A morphological and endocrinological study." Acta histochemica 117.3 (2015): 267-274.

※116：The aromatic amino acid tryptophan stimulates skeletal muscle IGF1/p70s6k/mTor signaling in vivo and the expression of myogenic genes in vitro.
Nutrition. 2015 Jul-Aug;31(7-8):1018-24. doi: 10.1016/j.nut.2015.02.011. Epub 2015 Mar 17.

※117：Oral tyrosine supplementation improves exercise capacity in the heat.
Eur J Appl Physiol. 2011 Dec;111(12):2941-50. doi: 10.1007/s00421-011-1921-4. Epub 2011 Mar 25.

※118：Tyrosine supplementation mitigates working memory decrements during cold exposure.
Physiol Behav. 2007 Nov 23;92(4):575-82. Epub 2007 May 22.

※119：The effects of tyrosine on cognitive performance during extended wakefulness.
Aviat Space Environ Med. 1995 Apr;66(4):313-9.

※120：Effect of tyrosine supplementation on clinical and healthy populations under stress or cognitive demands--A review.
J Psychiatr Res. 2015 Nov;70:50-7. doi: 10.1016/j.jpsychires.2015.08.014. Epub 2015 Aug 25.

※121：Amino Acid Intake Is Inversely Associated with Arterial Stiffness and Central Blood Pressure in Women1,2
First published July 22, 2015, doi: 10.3945/jn.115.214700 J. Nutr.jn214700

※122：Analgesic effectiveness of D-phenylalanine in chronic pain patients.
Arch Phys Med Rehabil. 1986 Jul;67(7):436-9.

※123：DL-phenylalanine versus imipramine: a double-blind controlled study.
Arch Psychiatr Nervenkr (1970). 1979 Jul 4;227(1):49-58.

※124：Histidine suppresses food intake through its conversion into neuronal histamine.
Exp Biol Med (Maywood). 2002 Jan;227(1):63-8.

※125：Histidine supplementation suppresses food intake and fat accumulation in rats.
Nutrition. 2004 Nov-Dec;20(11-12):991-6.

※126：Protective effects from carnosine and histidine on acetaminophen-induced liver injury.
J Food Sci. 2009 Oct;74(8):H259-65. doi: 10.1111/j.1750-3841.2009.01330.x.

※127：Free methionine supplementation limits alcohol-induced liver damage in rats.
Alcohol Clin Exp Res. 1998 Apr;22(2):352-8.

※128：Treatment of acetaminophen poisoning. The use of oral methionine.
Arch Intern Med. 1981 Feb 23;141(3 Spec No):394-6.

※129：Low methionine ingestion by rats extends life span.
J Nutr 123, 269–274 (1993).

※130：Success of L-lysine therapy in frequently recurrent herpes simplex infection. Treatment and prophylaxis.
Dermatologica. 1987;175(4):183-90.

※131：Effect of L-lysine monohydrochloride on cutaneous herpes simplex virus in the guinea pig.
J Med Virol. 1989 May;28(1):16-20.

※132：The effect of a controlled 8-week metabolic ward based lysine supplementation on muscle function, insulin sensitivity and leucine kinetics in young men.
Clin Nutr. 2012 Dec;31(6):903-10. doi: 10.1016/j.clnu.2012.03.008. Epub 2012 Apr 22.

※133：Pilot study of threonine supplementation in human spasticity
Can J Neurol Sci. 1982 May;9(2):141-5. doi: 10.1017/s031716710004384

※134：A double-blind study of L-threonine in patients with spinal spasticity
Acta Neurol Scand. 1993 Nov;88(5):334-8.

※135：Threonine, but Not Lysine and Methionine, Reduces Fat Accumulation by Regulating Lipid Metabolism in Obese Mice
J Agric Food Chem. 2020 Apr 29;68(17):4876-4883. doi: 10.1021/acs.jafc.0c01023. Epub 2020 Apr 15.

※136：Glycine administration attenuates skeletal muscle wasting in a mouse model of cancer cachexia.
Clin Nutr. 2014 Jun;33(3):448-58. doi: 10.1016/j.clnu.2013.06.013. Epub 2013 Jun 26.

※137：The sleep-promoting and hypothermic effects of glycine are mediated by NMDA receptors in the suprachiasmatic nucleus.
Neuropsychopharmacology. 2015 May;40(6):1405-16. doi: 10.1038/npp.2014.326. Epub 2014 Dec 23.

※138：Glycine ingestion improves subjective sleep quality in human volunteers, correlating with polysomnographic changes
Sleep Biol. Rhythms 5, 126–13110.1111/j.1479-8425.2007.00262.x

※139：第32回日本睡眠学会学術集会（2007）

※140：The effects of glycine on subjective daytime performance in partially sleep-restricted healthy volunteers.
Front Neurol. 2012 Apr 18;3:61. doi: 10.3389/fneur.2012.00061. eCollection 2012.

※141：Subjective effects of glycine ingestion before bedtime on sleep quality
Sleep and Biological Rhythms 4(1):75 - 77 · February 2006

※142：New therapeutic strategy for amino acid medicine: glycine improves the quality of sleep.
J Pharmacol Sci. 2012;118(2):145-8. Epub 2012 Jan 27.

※143：Glycine restores the anabolic response to leucine in a mouse model of acute inflammation.
Am J Physiol Endocrinol Metab. 2016 Jun 1;310(11):E970-81. doi: 10.1152/ajpendo.00468.2015. Epub 2016 Apr 19.

※144： Epigenetic regulation of the nuclear-coded GCAT and SHMT2 genes confers human age-associated mitochondrial respiration defects
Sci Rep. 2015 May 22;5:10434. doi: 10.1038/srep10434.

※145：Cystine levels, cystine flux, and protein catabolism in cancer cachexia, HIV/SIV infection, and senescence.
FASEB J. 1997 Jan;11(1):84-92.

※146：Role of cysteine and glutathione in signal transduction, immunopathology and cachexia.
Biofactors. 1998;8(1-2):97-102.

※147:From tyrosine to melanin: Signaling pathways and factors regulating melanogenesis.
Postepy Hig Med Dosw (Online). 2016 Jun 30;70(0):695-708. doi: 10.5604/17322693.1208033.

※148:Proline and hydroxyproline metabolism: implications for animal and human nutrition.
Amino Acids. 2011 Apr;40(4):1053-63. doi: 10.1007/s00726-010-0715-z. Epub 2010 Aug 10.

※149:Efficacy of L-proline administration on the early responses during cutaneous wound healing in rats.
Amino Acids. 2013 Jul;45(1):179-89. doi: 10.1007/s00726-013-1486-0. Epub 2013 Mar 19.

※150:Dietary L-proline supplementation confers immunostimulatory effects on inactivated Pasteurella multocida vaccine immunized mice.
Amino Acids. 2013 Sep;45(3):555-61. doi: 10.1007/s00726-013-1490-4. Epub 2013 Apr 13.

※151:Taurine supplementation increases skeletal muscle force production and protects muscle function during and after high-frequency in vitro stimulation.
J Appl Physiol (1985). 2009 Jul;107(1):144-54. doi: 10.1152/japplphysiol.00040.2009. Epub 2009 May 7.

※152:Effects of taurine on male reproduction in rats of different ages.
J Biomed Sci. 2010 Aug 24;17 Suppl 1:S9. doi: 10.1186/1423-0127-17-S1-S9.

※153:Antiobesity and hypolipidemic effects of lotus leaf hot water extract with taurine supplementation in rats fed a high fat diet.
J Biomed Sci. 2010 Aug 24;17 Suppl 1:S42. doi: 10.1186/1423-0127-17-S1-S42.

※154:The effect of acute taurine ingestion on endurance performance and metabolism in well-trained cyclists.
Int J Sport Nutr Exerc Metab. 2010 Aug;20(4):322-9.

※155:Effects of increased adrenomedullary activity and taurine in young patients with borderline hypertension.
Circulation. 1987 Mar;75(3):525-32.

※156:A taurine and caffeine-containing drink stimulates cognitive performance and well-being.
Amino Acids. 2000;19(3-4):635-42.

※157:An evaluation of a caffeinated taurine drink on mood, memory and information processing in healthy volunteers without caffeine abstinence.
Psychopharmacology (Berl). 2001 Nov;158(3):322-8.

※158:Effect of caffeine and taurine on simulated laparoscopy performed following sleep deprivation.
Br J Surg. 2011 Nov;98(11):1666-72. doi: 10.1002/bjs.7600. Epub 2011 Jul 14.

※159:Taurine promotes cognitive function in prenatally stressed juvenile rats via activating the Akt-CREB-PGC1α pathway.
Redox Biol. 2016 Oct 13;10:179-190. doi: 10.1016/j.redox.2016.10.004

※160:Effects of Taurine Administration on Carbohydrate Metabolism in Skeletal Muscle during the Post-Exercise Phase.
J Nutr Sci Vitaminol (Tokyo). 2016;62(4):257-264.

※161:Taurine supplementation reduces eccentric exercise-induced delayed onset muscle soreness in young men.
Adv Exp Med Biol. 2015;803:765-72. doi: 10.1007/978-3-319-15126-7_61.

※162:Effects of taurine administration on exercise.
Adv Exp Med Biol. 2009;643:245-52.

※163:Effect of Taurine Supplementation on the Alterations in Amino Acid Content in Skeletal Muscle with Exercise in Rat
J Sports Sci Med. 2011 Jun; 10(2): 306–314.

※164:Seafood diets: hypolipidemic and antiatherogenic effects of taurine and n-3 fatty acids
Atherosclerosis. 2008 Oct;200(2):396-402. doi: 10.1016/j.atherosclerosis.2007.12.021. Epub 2008 Feb 1.

※165:The effect of taurine administration on patients with acute hepatitis
Prog Clin Biol Res. 1983;125:461-8.

※166:Effects of Taurine Supplementation on Vascular Endothelial Function at Rest and After Resistance Exercise
Adv Exp Med Biol. 2019;1155:407-414.

※167：GABAA Receptors and Maternally Derived Taurine Regulate the Temporal Specification of Progenitors of Excitatory Glutamatergic Neurons in the Mouse Developing Cortex
Cereb Cortex. 2021 May 17;bhab106. doi: 10.1093/cercor/bhab106.

※168：Scallop protein with endogenous high taurine and glycine content prevents high-fat, high-sucrose-induced obesity and improves plasma lipid profile in male C57BL/6J mice.
Amino Acids. 2014; 46(7): 1659–1671.

※169：A combination of (ω-3) polyunsaturated fatty acids, polyphenols and L-carnitine reduces the plasma lipid levels and increases the expression of genes involved in fatty acid oxidation in human peripheral blood mononuclear cells and HepG2 cells.
Ann Nutr Metab. 2011;58(2):133-40. doi: 10.1159/000327150. Epub 2011 Apr 29.

※170：Improvement of high-fat diet-induced obesity by a mixture of red grape extract, soy isoflavone and L-carnitine: implications in cardiovascular and non-alcoholic fatty liver diseases.
Food Chem Toxicol. 2011 Sep;49(9):2453-8. doi: 10.1016/j.fct.2011.06.071. Epub 2011 Jul 2.

※171：Androgenic responses to resistance exercise: effects of feeding and L-carnitine.
Med Sci Sports Exerc. 2006 Jul;38(7):1288-96.

※172：Chronic oral ingestion of L-carnitine and carbohydrate increases muscle carnitine content and alters muscle fuel metabolism during exercise in humans.
J Physiol. 2011 Feb 15;589(Pt 4):963-73. doi: 10.1113/jphysiol.2010.201343. Epub 2011 Jan 4.

※173：Boosting fat burning with carnitine: an old friend comes out from the shadow.
J Physiol. 2011 Apr 1;589(Pt 7):1509-10. doi: 10.1113/jphysiol.2011.205815.

※174：Intestinal microbiota metabolism of L-carnitine, a nutrient in red meat, promotes atherosclerosis.
Nat Med. 2013 May;19(5):576-85. doi: 10.1038/nm.3145. Epub 2013 Apr 7.

※175：L-Carnitine in the Secondary Prevention of　Cardiovascular Disease: Systematic Review and Meta-analysis
Mayo Clin Proc. 2013 Jun;88(6):544-51. doi: 10.1016/j.mayocp.2013.02.007. Epub 2013 Apr 15.

※176：Effects of β-alanine supplementation and high-intensity interval training on endurance performance and body composition in men; a double-blind trial
Journal of the International Society of Sports Nutrition20096:5　DOI:10.1186/1550-2783-6-5

※177：Beta-alanine (Carnosyn™) supplementation in elderly subjects (60-80 years): effects on muscle carnosine content and physical capacity.
Amino Acids. 2012 Jul;43(1):49-56. doi: 10.1007/s00726-011-1190-x. Epub 2011 Dec 6.

※178：Effects of β-alanine supplementation on performance and body composition in collegiate wrestlers and football players.
J Strength Cond Res. 2011 Jul;25(7):1804-15. doi: 10.1519/JSC.0b013e3181e741cf.

※179：The impact of taurine- and beta-alanine-supplemented diets on behavioral and neurochemical parameters in mice: antidepressant versus anxiolytic-like effects.
Amino Acids. 2010 Jul;39(2):427-34. doi: 10.1007/s00726-009-0458-x. Epub 2010 Jan 23.

※180：Antiglycation effects of carnosine and other compounds on the long-term survival of Escherichia coli.
Appl Environ Microbiol. 2010 Dec;76(24):7925-30. doi: 10.1128/AEM.01369-10. Epub 2010 Oct 15.

※181：Effects of 28 days of beta-alanine and creatine monohydrate supplementation on aerobic power, ventilatory and lactate thresholds, and time to exhaustion.
Amino Acids. 2007 Sep;33(3):505-10. Epub 2006 Sep 5.

※182：Beta-alanine improves sprint performance in endurance cycling.
Med Sci Sports Exerc. 2009 Apr;41(4):898-903. doi: 10.1249/MSS.0b013e31818db708.

※183：Meal and beta-alanine coingestion enhances muscle carnosine loading.
Med Sci Sports Exerc. 2013 Aug;45(8):1478-85. doi: 10.1249/MSS.0b013e31828ab073.

※184：Effect of oral γ-aminobutyric acid (GABA) administration on sleep and its absorption in humans.
Food Science and Biotechnology 25.2 (2016): 547-551.

※185：Involvement of gamma-aminobutyric acid (GABA) B receptors in the hypotensive effect of systemically administered GABA in spontaneously hypertensive rats.
Jpn J Pharmacol. 2002 Aug;89(4):388-94.

※186：Mechanism underlying gamma-aminobutyric acid-induced antihypertensive effect in spontaneously hypertensive rats.
Eur J Pharmacol. 2002 Mar 1;438(1-2):107-13.

※187：Minireview: gamma hydroxybutyrate.
Life Sciences. 1977;20:1935–1944.

※188：Ingestion of Lactobacillus strain regulates emotional behavior and central GABA receptor expression in a mouse via the vagus nerve.
Proc Natl Acad Sci U S A. 2011 Sep 20;108(38):16050-5. doi: 10.1073/pnas.1102999108. Epub 2011 Aug 29.

※189：Growth hormone isoform responses to GABA ingestion at rest and after exercise.
Med Sci Sports Exerc. 2008 Jan;40(1):104-10.

※190：Oral Supplementation Using Gamma-Aminobutyric Acid and Whey Protein Improves Whole Body Fat-Free Mass in Men After Resistance Training
J Clin Med Res. 2019 Jun;11(6):428-434. doi: 10.14740/jocmr3817. Epub 2019 May 10.

※191：Effects of L-theanine on attention and reaction time response
J O U R N A L O F FUN C T I ONA L F O O D S 3 (2 0 1 1) 1 7 1 –1 7 8

※192：アクチグラフを用いたテアニンの睡眠改善効果の検討
日本生理人類学会誌 9(4), 143-150, 2004-11-25

※193：L-theanine and caffeine in combination affect human cognition as evidenced by oscillatory alpha-band activity and attention task performance.
J Nutr. 2008 Aug;138(8):1572S-1577S.

※194：Acute effects of theanine, caffeine and theanine-caffeine combination on attention.
Nutr Neurosci. 2016 Feb 11

※195：「PMSと健康食品：L-テアニンの月経前症候群改善効果に関する研究」、『女性心身医学』第6巻第2号、2001年

※196：Effect of theanine, r-glutamylethylamide, on brain monoamines and striatal dopamine release in conscious rats.
Neurochem Res. 1998 May;23(5):667-73.

※197：Theanine prevents memory impairment induced by repeated cerebral ischemia in rats.
Phytother Res. 2008 Jan;22(1):65-8.

※198：The role and molecular mechanism of D-aspartic acid in the release and synthesis of LH and testosterone in humans and rats.
Reprod Biol Endocrinol. 2009 Oct 27;7:120. doi: 10.1186/1477-7827-7-120.

※199：Three and six grams supplementation of d-aspartic acid in resistance trained men.
J Int Soc Sports Nutr. 2015 Apr 1;12:15. doi: 10.1186/s12970-015-0078-7. eCollection 2015.

※200：Improvement in the intestinal absorption of soy protein by enzymatic digestion to oligopeptide in healthy adult men
Food Sci. Technol. Res., 13, 45-53 (2007)

※201：Use of a peptide rather than free amino acid nitrogen source in chemically defined "elemental" diets.
JPEN J Parenter Enteral Nutr. 1980 Nov-Dec;4(6):548-53.

※202：Studies on the absorption of 'Small peptides' and free amino acids in elemental diets
Clinical Nutrition Volume 3, Issue 1, May 1984, Pages 17-21

※203：Histidine supplementation improves insulin resistance through suppressed inflammation in obese women with the metabolic syndrome: a randomised controlled trial.
Diabetologia. 2013 May;56(5):985-94. doi: 10.1007/s00125-013-2839-7. Epub 2013 Jan 30.

※204：Hormonal responses to resistance exercise after ingestion of carnosine and anserine.
J Strength Cond Res. 2011 Feb;25(2):398-405. doi: 10.1519/JSC.0b013e3181bac43c.

※205：Antioxidant activity of carnosine, homocarnosine, and anserine present in muscle and brain.
Proc Natl Acad Sci U S A. 1988 May;85(9):3175-9.

※206：On the Anticataractogenic Effects of L-Carnosine: Is It Best Described as an Antioxidant, Metal-Chelating Agent or Glycation Inhibitor?
Oxid Med Cell Longev. 2016;2016:3240261. Epub 2016 Oct 16.

※207：A possible new role for the anti-ageing peptide carnosine.
Cell Mol Life Sci. 2000 May;57(5):747-53.

※208：Carnosine as a potential anti-senescence drug.
Biochemistry (Mosc). 2000 Jul;65(7):866-8.

※209：Tuna extract reduces serum uric acid in gout-free subjects with insignificantly high serum uric acid: A randomized controlled trial.
Biomed Rep. 2016 Aug;5(2):254-258. Epub 2016 Jun 9.

※210：Effects of Anserine/Carnosine Supplementation on Mild Cognitive Impairment With APOE4
Nutrients. 2019 Jul 17;11(7):1626. doi: 10.3390/nu11071626.

※211：Anserine/Carnosine Supplementation Preserves Blood Flow in the Prefrontal Brain of Elderly People Carrying APOE e4
Aging Dis. 2018 Jun 1;9(3):334-345. doi: 10.14336/AD.2017.0809. eCollection 2018 Jun.

※212：Effect of soy-peptide intake on exercise-induced muscle damage.
Japanese Journal of Society of Clinical Sports Medicine Volume：15 Issue：2 Page：228-235

※213：Effects of soybean peptide and collagen peptide on collagen synthesis in normal human dermal fibroblasts.
Int J Food Sci Nutr. 2012 Sep;63(6):689-95. doi: 10.3109/09637486.2011.652597. Epub 2012 Jan 20.

※214：Antioxidant Activity of Designed Peptides Based on the Antioxidative Peptide Isolated from Digests of a Soybean Protein
J. Agric. Food Chem., 1996, 44 (9), pp 2619–2623

※215：Soy peptide dietary supplementation increases serum dopamine level and improves cognitive dysfunction in subjects with mild cognitive impairment
Jpn. Pharmacol. Ther., 41, 67-74 (2013)

※216：Behavioral evidence for beneficial effects of soy peptide supplementation on higher brain function in healthy young volunteers.
Jpn Pharmacol Ther. 41, 457-464 (2013)

※217：Fish protein hydrolysate elevates plasma bile acids and reduces visceral adipose tissue mass in rats.
Biochim Biophys Acta. 2009 Apr;1791(4):254-62. doi: 10.1016/j.bbalip.2009.01.016. Epub 2009 Jan 31.

※218：A fish protein hydrolysate alters fatty acid composition in liver and adipose tissue and increases plasma carnitine levels in a mouse model of chronic inflammation.
Lipids Health Dis. 2013 Oct 7;12:143. doi: 10.1186/1476-511X-12-143.

※219：Supplementation with a fish protein hydrolysate (Micromesistius poutassou): effects on body weight, body composition, and CCK/GLP-1 secretion.
Food Nutr Res. 2016 Jan 29;60:29857. doi: 10.3402/fnr.v60.29857. eCollection 2016.

※220：高血圧自然発症ラットを用いたα-トコフェロールとイワシタンパク質由来ペプチド併用による血圧調節作用の解析

※221：食品タンパク質由来機能性ペプチドによる血圧降下作用：イワシペプチド（Var-Tyr）による降圧食品の開発を中心として

Part3　脂肪酸とケトン体（P316～435）

※1：Diet and serum sex hormones in healthy men.
J Steroid Biochem. 1984 Jan;20(1):459-64.

※2：The effect of dietary fat and fiber on serum estrogen concentrations in premenopausal women under controlled dietary conditions.
Cancer. 1994 Aug 1;74(3 Suppl):1125-31.

※3:Dietary lipids: an additional regulator of plasma levels of sex hormone binding globulin.
J Clin Endocrinol Metab. 1987 May;64(5):1083-5.

※4:Influence of diet on plasma steroids and sex hormone-binding globulin levels in adult men.
J Steroid Biochem. 1989 Jun;32(6):829-33.

※5:Effect of a vegetarian diet and dexamethasone on plasma prolactin, testosterone and dehydroepiandrosterone in men and women.
Cancer Lett. 1979 Sep;7(5):273-82.

※6:Dietary and hormonal interrelationships among vegetarian Seventh-Day Adventists and nonvegetarian men.
Am J Clin Nutr. 1985 Jul;42(1):127-34.

※7:Testosterone, sex hormone-binding globulin, calculated free testosterone, and oestradiol in male vegans and omnivores.
Br J Nutr. 1990 Jul;64(1):111-9.

※8:Serum sex hormones and endurance performance after a lacto-ovo vegetarian and a mixed diet.
Med Sci Sports Exerc. 1992 Nov;24(11):1290-7.

※9:Perilipin-mediated lipid droplet formation in adipocytes promotes sterol regulatory element-binding protein-1 processing and triacylglyceride accumulation.
PLoS One. 2013 May 29;8(5):e64605. doi: 10.1371/journal.pone.0064605. Print 2013.

※10:Eicosapentaenoic acid improves hepatic steatosis independent of PPARα activation through inhibition of SREBP-1 maturation in mice.
Biochem Pharmacol. 2010 Nov 15;80(10):1601-12. doi: 10.1016/j.bcp.2010.07.031. Epub 2010 Aug 4.

※11:成熟脂肪細胞におけるラクトフェリンの脂肪分解促進作用の解析

※12:Inhibition of age-related cytokines production by ATGL: a mechanism linked to the anti-inflammatory effect of resveratrol.
Mediators Inflamm. 2014;2014:917698. doi: 10.1155/2014/917698. Epub 2014 Apr 8.

※13:Ursolic acid stimulates lipolysis in primary-cultured rat adipocytes.
Mol Nutr Food Res. 2010 Nov;54(11):1609-17. doi: 10.1002/mnfr.200900564.

※14:Effect of eicosapentaenoic acid, protein and amino acids on protein synthesis and degradation in skeletal muscle of cachectic mice
British Journal of Cancer (2004) 91, 408–412. doi:10.1038/sj.bjc.6601981

※15:Modulation of adipocyte differentiation by omega-3 polyunsaturated fatty acids involves the ubiquitin-proteasome system.
J Cell Mol Med. 2014 Apr;18(4):590-9.

※16:DHA Inhibits Protein Degradation More Efficiently than EPA by Regulating the PPAR /NF B Pathway in C2C12 Myotubes
BioMed Research International Volume 2013 (2013), Article ID 318981, 9 pages

※17:The effect of eicosapentaenoic and docosahexaenoic acid on protein synthesis and breakdown in murine C2C12 myotubes.
Biochem Biophys Res Commun. 2013 Mar 22;432(4):593-8. doi: 10.1016/j.bbrc.2013.02.041. Epub 2013 Feb 21.

※18:エイコサペンタエン酸が骨格筋萎縮と肥大に及ぼす効果
総合保健体育科学. v.37, n.1, 2014, p.58

※19:Omega-3 Fatty Acids and Skeletal Muscle Health.
Mar Drugs. 2015 Nov 19;13(11):6977-7004. doi: 10.3390/md13116977.

※20:Fish oil intake induces UCP1 upregulation in brown and white adipose tissue via the sympathetic nervous system
Scientific Reports, 2015; 5: 18013 DOI: 10.1038/srep18013

※21:Fish Oil Accelerates Diet-Induced Entrainment of the Mouse Peripheral Clock via GPR120.
PLoS One. 2015 Jul 10;10(7):e0132472. doi: 10.1371/journal.pone.0132472. eCollection 2015.

※22：Fatty acid intake in relation to reproductive hormones and testicular volume among young healthy men.
Asian J Androl. 2016 Oct 28. doi: 10.4103/1008-682X.190323.

※23：Relationships between types of fat consumed and serum estrogen and androgen concentrations in Japanese men.
Nutr Cancer. 2000;38(2):163-7.

※24：Trans fatty acid intake is inversely related to total sperm count in young healthy men. Hum Reprod 2014; 29: 429-40.

※25：High dietary intake of saturated fat is associated with reduced semen quality among 701 young Danish men from the general population. Am J Clin Nutr 2013; 97: 411-8.

※26：Trans-fatty acid levels in sperm are associated with sperm concentration among men from an infertility clinic. Fertil Steril 2011; 95: 1794-7

※27：What Is the Most Effective Way of Increasing the Bioavailability of Dietary Long Chain Omega-3 Fatty Acids--Daily vs. Weekly Administration of Fish Oil?
Nutrients. 2015 Jul 10;7(7):5628-45. doi: 10.3390/nu7075241.

※28：Effect of exercise on human arterial and regional venous plasma concentrations of prostaglandin E.
Prostaglandins Med. 1978 Dec;1(6):489-97

※29：Effect of prolonged exercise on plasma prostaglandin levels.
Prostaglandins Med. 1981 Apr;6(4):413-8.

※30：Stretch-induced prostaglandins and protein turnover in cultured skeletal muscle.
Am J Physiol. 1990 Aug;259(2 Pt 1):C232-40.

※31：Prostaglandin F2(alpha) stimulates growth of skeletal muscle cells via an NFATC2-dependent pathway.
J Cell Biol. 2003 Apr 14;161(1):111-8.

※32：Prostaglandin F2α stimulates PI3K/ERK/mTOR signaling and skeletal myotube hypertrophy.
Am J Physiol Cell Physiol. 2011 Mar;300(3):C671-82. doi: 10.1152/ajpcell.00549.2009. Epub 2010 Dec 29.

※33：Arachidonic acid supplementation enhances in vitro skeletal muscle cell growth via a COX-2-dependent pathway.
Am J Physiol Cell Physiol. 2013 Jan 1;304(1):C56-67. doi: 10.1152/ajpcell.00038.2012. Epub 2012 Oct 17.

※34：Effects of arachidonic acid supplementation on training adaptations in resistance-trained males
J Int Soc Sports Nutr. 2007; 4: 21.

※35：Effects of arachidonic acid supplementation on training adaptations in resistance-trained males.
J Int Soc Sports Nutr. 2007 Nov 28;4:21.

※36：Effects of Arachidonic Acid Supplementation on Skeletal Muscle Mass, Strength, and Power.
Poster, presented at NSCA National Conference 2014, Las Vegas, July 9-12.

※37：Effects of Arachidonic Acid Supplementation on Acute Anabolic Signaling and Chronic Functional Performance and Body Composition Adaptations
PLoS One. 2016; 11(5): e0155153.

※38：Modified Mediterranean diet score and cardiovascular risk in a North American working population.
PLoS One. 2014 Feb 4;9(2):e87539. doi: 10.1371/journal.pone.0087539. eCollection 2014.

※39：Mediterranean diet and brain structure in a multiethnic elderly cohort.
Neurology. 2015 Nov 17;85(20):1744-51. doi: 10.1212/WNL.0000000000002121. Epub 2015 Oct 21.

※40：Mediterranean Diet and Age-Related Cognitive Decline: A Randomized Clinical Trial.
JAMA Intern Med. 2015 Jul;175(7):1094-103. doi: 10.1001/jamainternmed.2015.1668.

※41：Mediterranean diet and telomere length in Nurses' Health Study: population based cohort study
BMJ. 2014 Dec 2;349:g6674. doi: 10.1136/bmj.g6674.

※42：The Association between a Mediterranean-Style Diet and Kidney Function in the Northern Manhattan Study Cohort
Clin J Am Soc Nephrol. 2014 Nov 7;9(11):1868-75. doi: 10.2215/CJN.01080114. Epub 2014 Oct 30.

※**43**：Monitoring of Quality and Stability Characteristics and Fatty Acid Compositions of Refined Olive and Seed Oils during Repeated Pan- and Deep-Frying Using GC, FT-NIRS, and Chemometrics
J. Agric. Food Chem., 2014, 62 (42), pp 10357–10367 DOI: 10.1021/jf503146f

※**44**：Glucagon-like peptide-1 (GLP-1) 産生に対する小胞体ストレスの影響の研究

※**45**：The Properties of Lauric Acid and Their Significance in Coconut Oil
J Am Oil Chem Soc (2015) 92:1–15

※**46**：Relation of ketosis to metabolic changes induced by acute medium-chain triglyceride feeding in rats.
J Nutr. 1976 Jan;106(1):58-67.

※**47**：Alzheimer's Disease: What If There Was a Cure?: The Story of Ketones

※**48**：Effect of Medium-Chain Fatty Acids-Containing Dietary Oil on Hepatic Fatty Acid Oxidation Enzyme Activity in Rats
J Oleo Sci. 2002;51:621–626.

※**49**：Nutritional Effects of Randomly Interesterified and Physically Mixed Oils Containing Medium-chain Fatty Acids on Rats
J. Oleo Sci. 51 (11)699-703 2002

※**50**：Comparison of diet-induced thermogenesis of foods containing medium- versus long-chain triacylglycerols.
J Nutr Sci Vitaminol (Tokyo). 2002 Dec;48(6):536-40.

※**51**：Dietary medium-chain triacylglycerols suppress accumulation of body fat in a double-blind, controlled trial in healthy men and women.
J Nutr. 2001 Nov;131(11):2853-9.

※**52**：Vaccenic acid favourably alters immune function in obese JCR:LA-cp rats.
Br J Nutr. 2009 Aug;102(4):526-36. doi: 10.1017/S0007114509231722. Epub 2009 Feb 16.

※**53**：Trans-11 vaccenic acid dietary supplementation induces hypolipidemic effects in JCR:LA-cp rats.
J Nutr. 2008 Nov;138(11):2117-22. doi: 10.3945/jn.108.091009.

※**54**：Trans-11 vaccenic acid reduces hepatic lipogenesis and chylomicron secretion in JCR:LA-cp rats.
J Nutr. 2009 Nov;139(11):2049-54. doi: 10.3945/jn.109.109488. Epub 2009 Sep 16.

※**55**：Antiobesity mechanisms of action of conjugated linoleic acid.
J Nutr Biochem. 2010 Mar;21(3):171-9. doi: 10.1016/j.jnutbio.2009.08.003. Epub 2009 Dec 1.

※**56**：Endurance exercise and conjugated linoleic acid (CLA) supplementation up-regulate CYP17A1 and stimulate testosterone biosynthesis.
PLoS One. 2013 Nov 5;8(11):e79686. doi: 10.1371/journal.pone.0079686. eCollection 2013.

※**57**：Effect of conjugated linoleic acid on testosterone levels in vitro and in vivo after an acute bout of resistance exercise.
J Strength Cond Res. 2012 Jun;26(6):1667-74. doi: 10.1519/JSC.0b013e318231ab78.

※**58**：Conjugated Linoleic Acid as an Immunity Enhancer: A Review

※**59**：Potent PPARα activator derived from tomato juice, 13-oxo-9,11-octadecadienoic acid, decreases plasma and hepatic triglyceride in obese diabetic mice.
PLoS One. 2012;7(2):e31317. doi: 10.1371/journal.pone.0031317. Epub 2012 Feb 9.

※**60**：A review on effects of conjugated linoleic fatty acid (CLA) upon body composition and energetic metabolism.
J Int Soc Sports Nutr. 2015 Sep 17;12:36. doi: 10.1186/s12970-015-0097-4. eCollection 2015.

※**61**：The contribution of blood lactate to brain energy metabolism in humans measured by dynamic 13C nuclear magnetic resonance spectroscopy.
J Neurosci. 2010 Oct 20;30(42):13983-91. doi: 10.1523/JNEUROSCI.2040-10.2010.

※**62**：In Vivo Evidence for a Lactate Gradient from Astrocytes to Neurons.
Cell Metab. 2015 Nov 18. pii: S1550-4131(15)00526-4. doi: 10.1016/j.cmet.2015.10.010.

※**63**：Physiology: Double function at the blood-brain barrier.
Nature. 2014 May 22;509(7501):432-3. doi: 10.1038/nature13339. Epub 2014 May 14.

※64：Suppression of oxidative stress by β-hydroxybutyrate, an endogenous histone deacetylase inhibitor.
Science. 2013 Jan 11;339(6116):211-4. doi: 10.1126/science.1227166. Epub 2012 Dec 6.

※65：The ketone metabolite β-hydroxybutyrate blocks NLRP3 inflammasome-mediated inflammatory disease.
Nat Med. 2015 Mar;21(3):263-9. doi: 10.1038/nm.3804. Epub 2015 Feb 16.

※66：BHBA suppresses LPS-induced inflammation in BV-2 cells by inhibiting NF-κB activation.
Mediators Inflamm. 2014;2014:983401. doi: 10.1155/2014/983401. Epub 2014 Apr 6.

※67：Nutritional or pharmacological activation of HCA(2) ameliorates neuroinflammation.
Trends Mol Med. 2015 Apr;21(4):245-55. doi: 10.1016/j.molmed.2015.02.002. Epub 2015 Mar 9.

※68：Exercise promotes the expression of brain derived neurotrophic factor (BDNF) through the action of the ketone body β-hydroxybutyrate.
Elife. 2016 Jun 2;5. pii: e15092. doi: 10.7554/eLife.15092.

※69：Acetoacetate Accelerates Muscle Regeneration and Ameliorates Muscular Dystrophy in Mice.
J Biol Chem. 2016 Jan 29;291(5):2181-95. doi: 10.1074/jbc.M115.676510. Epub 2015 Dec 8.

※70：Ketogenic diet treatment increases longevity in Kcna1-null mice, a model of sudden unexpected death in epilepsy.
Epilepsia. 2016 Aug;57(8):e178-82. doi: 10.1111/epi.13444. Epub 2016 Jun 27.

※71：Can serum beta-hydroxybutyrate be used to diagnose diabetic ketoacidosis?
Diabetes Care. 2008 Apr;31(4):643-7. doi: 10.2337/dc07-1683. Epub 2008 Jan 9.

※72：Starvation in man.
N Engl J Med. 1970 Mar 19;282(12):668-75.

※73：Low-carbohydrate diets and all-cause mortality: a systematic review and meta-analysis of observational studies.
PLoS One. 2013;8(1):e55030. doi: 10.1371/journal.pone.0055030. Epub 2013 Jan 25.

※74：Low carbohydrate-high protein diet and incidence of cardiovascular diseases in Swedish women: prospective cohort study.
BMJ. 2012 Jun 26;344:e4026. doi: 10.1136/bmj.e4026.

※75：Low carbohydrate-high protein diet and mortality in a cohort of Swedish women.
J Intern Med. 2007 Apr;261(4):366-74.

※76：Very-low-carbohydrate ketogenic diet v. low-fat diet for long-term weight loss: a meta-analysis of randomised controlled trials.
Br J Nutr. 2013 Oct;110(7):1178-87. doi: 10.1017/S0007114513000548. Epub 2013 May 7.

※77：Comparison of the Atkins, Zone, Ornish, and LEARN diets for change in weight and related risk factors among overweight premenopausal women: the A TO Z Weight Loss Study: a randomized trial.
JAMA. 2007 Mar 7;297(9):969-77.

※78：Weight loss with a low-carbohydrate, Mediterranean, or low-fat diet.
N Engl J Med. 2008 Nov 13;359(20):2170; author reply 2171-2.

※79：Adiponectin changes in relation to the macronutrient composition of a weight-loss diet.
Obesity (Silver Spring). 2011 Nov;19(11):2198-204. doi: 10.1038/oby.2011.60. Epub 2011 Mar 31.

※80：Long-term effects of a very-low-carbohydrate weight loss diet compared with an isocaloric low-fat diet after 12 mo.
Am J Clin Nutr. 2009 Jul;90(1):23-32. doi: 10.3945/ajcn.2008.27326. Epub 2009 May 13.

※81：Calorie for Calorie, Dietary Fat Restriction Results in More Body Fat Loss than Carbohydrate Restriction in People with Obesity.
Cell Metab. 2015 Sep 1;22(3):427-36. doi: 10.1016/j.cmet.2015.07.021. Epub 2015 Aug 13.

※82：A non-calorie-restricted low-carbohydrate diet is effective as an alternative therapy for patients with type 2 diabetes.
Intern Med. 2014;53(1):13-9.

※83：Fuel metabolism in starvation.
Annu Rev Nutr. 2006;26:1-22.

※**84**：Association of Dietary, Circulating, and Supplement Fatty Acids With Coronary Risk: A Systematic Review and Meta-analysis
Ann Intern Med. 2014 Mar 18;160(6):398-406. doi: 10.7326/M13-1788

※**85**：Saturated fatty acids induce endoplasmic reticulum stress in primary cardiomyocytes
Endoplasmic Reticulum Stress in Diseases. Volume 2, Issue 1, ISSN (Online) 2300-4266, DOI: 10.1515/ersc-2015-0004, March 2015

※**86**：Eicosapentaenoic acid attenuates statin-induced ER stress and toxicity in myoblast.
Biochem Biophys Res Commun. 2012 Jul 27;424(2):301-7. doi: 10.1016/j.bbrc.2012.06.111. Epub 2012 Jun 27.

※**87**：Chronobiological aspects of weight loss in obesity: effects of different meal timing regimens.
Chronobiol Int. 1987;4(2):251-61.

※**88**：Greater Weight Loss and Hormonal Changes After 6 Months Diet With Carbohydrates Eaten Mostly at Dinner
Obesity (Silver Spring). 2011 Oct;19(10):2006-14. doi: 10.1038/oby.2011.48. Epub 2011 Apr 7.

※**89**：Appetitive, dietary and health effects of almonds consumed with meals or as snacks: a randomized, controlled trial.
Eur J Clin Nutr. 2013 Nov;67(11):1205-14. doi: 10.1038/ejcn.2013.184. Epub 2013 Oct 2.

※**90**：A randomized controlled trial of a moderate-fat, low-energy diet compared with a low fat, low-energy diet for weight loss in overweight adults.
Int J Obes Relat Metab Disord. 2001 Oct;25(10):1503-11.

※**91**：Uncoupling effect of anacardic acids from cashew nut shell oil on oxidative phosphorylation of rat liver mitochondria.
Life Sci. 2000;66(3):229-34.

※**92**：Reduction of weight loss and tumour size in a cachexia model by a high fat diet.
Br J Cancer. 1987 Jul;56(1):39-43.

※**93**：Caffeine intake increases plasma ketones: an acute metabolic study in humans.
Canadian Journal of Physiology and Pharmacology (2016)

※**94**：The effects of a ketogenic diet on exercise metabolism and physical performance in off-road cyclists.
Nutrients. 2014 Jun 27;6(7):2493-508. doi: 10.3390/nu6072493.

※**95**：Metabolic adaptations to a high-fat diet in endurance cyclists.
Metabolism. 1999 Dec;48(12):1509-17

※**96**：Nutritional Ketosis Alters Fuel Preference and Thereby Endurance Performance in Athletes.
Cell Metab. 2016 Aug 9;24(2):256-68. doi: 10.1016/j.cmet.2016.07.010. Epub 2016 Jul 27.

※**97**："Fat adaptation" for athletic performance: the nail in the coffin?
Journal of Applied PhysiologyPublished 1 January 2006Vol. 100no. 1, 7-8DOI: 10.1152/japplphysiol.01238.2005

※**98**：Low-carbohydrate diets and performance.
Curr Sports Med Rep. 2007 Jul;6(4):225-9.

※**99**：Novel ketone diet enhances physical and cognitive performance.
FASEB J. 2016 Aug 15. pii: fj.201600773R. [Epub ahead of print]

※**100**：Ketogenic diets and physical performance
Nutr Metab (Lond). 2004; 1: 2.

※**101**：Leucine does not affect mechanistic target of rapamycin complex 1 assembly but is required for maximal ribosomal protein s6 kinase 1 activity in human skeletal muscle following resistance exercise.
FASEB J. 2015 Oct;29(10):4358-73. doi: 10.1096/fj.15-273474. Epub 2015 Jul 13.

※**102**：Pathway to diabetes through attenuation of pancreatic beta cell glycosylation and glucose transport.
Nat Med. 2011 Aug 14;17(9):1067-75. doi: 10.1038/nm.2414.

著者Profile

山本義徳（やまもと・よしのり）

1969年生まれ。ボディビルダー、トレーニング指導者。早稲田大学政治経済学部卒業後、ボディビルダーとして国内外の大会で活躍、優勝経験も多数。その後、アスレティック・トレーナーとして、メジャーリーガー、プロスポーツ選手、オリンピックアスリートのトレーニング指導および栄養指導を担当。また、一般社団法人 パーソナルトレーナー協会理事として後進の育成にも力を入れている。YouTubeチャンネル「山本義徳・筋トレ大学」は、60万人以上の登録者数を誇る。

著書に『「世界一キツい」から筋肉がデカくなる！ 山本式3/7法』（小社刊）、『“筋肉博士”山本義徳のかっこいいカラダをつくる筋トレ講座』（ベースボール・マガジン社）、『超初心者でもよくわかる！ 自宅でできる 筋トレ大学』（扶桑社）、『最高の健康 科学的に衰えない体をつくる』（KADOKAWA）などがある。

Staff

イラスト　前田はんきち
デザイン　株式会社FANTAGRAPH
校正　有限会社くすのき舎、株式会社聚珍社
編集協力　株式会社フロンテア

※本書は、2017年にPOD(Print on Demand)で発行された『アスリートのための最新栄養学 上下巻』に加筆し、イラストや図版などを加えて再編集したものです。

効率よく筋肉をつけるための
山本式・アスリート栄養学　上巻
〜三大栄養素編〜

2022年9月10日　第1刷発行
2023年5月10日　第2刷発行

著者　山本義徳
発行者　永岡純一
発行所　株式会社永岡書店
〒176-8518　東京都練馬区豊玉上1-7-14
代表☎ 03(3992)5155　編集☎ 03(3992)7191
DTP　株式会社暁和
印　刷　精文堂印刷
製　本　ヤマナカ製本

ISBN978-4-522-43994-4　C0075